기독교 세계관과 기독 지성의 의미와 함의를 저자만큼 유익하고 탁월하게 탐색해 온 복음주의 사상가는 없다. 이제 그의 해박한 지혜와 지식, 그리고 톡톡 튀는 기지가 녹아 있는 본서를 통해 우리는 그에게 더 큰 빚을 지게 되었다.

더글라스 그루튀스_ 덴버 신학대학원 철학교수

이 책은 사이어의 책 가운데 최고다! 기독 지성의 완성으로 향하는 과정에서 저자가 우리에게 소개해 주는 인물들만으로도 경이로울 따름이다. 지성과 경건, 거룩과 진리를 향한 열정 등, 결코 분리되어서는 안 될 중요한 고리들을 우리에게 지적해 주는 것 또한 이 책의 미덕이다.

테리 모리슨_ 기독학생회 교수 사역 대표

기독 청년들이 직면한 지적인 도전에 저자만큼 광범위하고 유익한 글을 써 온 사람은 없다. 그는 기독교 신앙, 특히 지적으로 풍성한 심오한 진리의 의미를 우리 세대 누구보다 발 빠르게 제시해 왔다. 이번에도 우리는 공부하고 사고하는 법을 배우면서 진리를 살아내라는 그리스도의 소명에 대한 무수한 담론들에 관한 주옥 같은 강의를 듣게 된다.

스티븐 가버_ 신앙·소명·문화를 위한 연구소 소장

지성적 삶을 그리스도인의 소명으로 받아들이는 이가 있다면, 그는 우리에게 어떤 경험과 조언을 들려주고자 할 것인가? 사이어의 「지식건축법」은 바로 이런 질문에 대한 소상한 안내서다. 대체 "지성"이라는 것이 무엇인지, 어떻게 지성을 발달시킬 수 있는지, 기독 지성인은 어떤 식으로 자신의 책임을 다해야 하는지를 상술한다. 이 책은 지성적 습관에 대해 말할 뿐 아니라 책 자체가 그런 습관의 산물임을 여실히 입증하고 있다. 우선 사이어는 지성적 습관의 주요 자료인 '사상'을 집요하게 추적하고 끈질기게 파헤친다. 그런데 이 작업은 처음부터 끝까지 수많은 '책'의 내용 섭렵을 통해 이루어진다. 그리고 '성찰'이야말로 이 모든 과정을 관통하는 지성적 활동의 핵심으로 등장한다. 「지식건축법」은 이처럼 자재와 골조, 공법과 기술 등 여러 면에서 지성적 삶의 진면목을 밝혀 주는 책이다.

    기독 신앙의 지성적 특성은 우리 그리스도인들 사이에서 제대로 그리고 의미 있게 부각된 적이 없을 뿐 아니라, 오히려 최근에는 더욱 퇴색해 간다는 느낌을 받는다. 소수로 남을지 모르지만, 지성적 삶을 소명으로 인정하고 예시하는 인물이 한층 더 필요한 시대가 된 것이다. 나는 그 소수자들에게 도전한다. 사이어의 「지식건축법」을 발판 삼아 오늘날 우리의 신앙 현장에서도 지성적 삶이 무엇인지 구현해 볼 것을!

송인규_ 합동신학대학원대학교 조직신학 교수

제임스 사이어는 본서에서 기독교 세계관과 현대사상만 열심히 공부한다고 저절로 지성의 제자가 되지 않는다고 말한다. 머리는 손·발과 연결되어 있기에 지식이라는 건축물을 모래가 아닌 반석에 세우기 위해서는 실천이 있어야 한다고 말이다. 이제 제대로 알아야 비로소 제대로 살 수 있다는 말은 하지 말자. 알아도 실천하지 않으면 아는 것이 아니다. 우리가 알고 있다고 하는 것들은 대부분 너무나도 추상적인 명제들인데, 선택의 순간마다 아는 것과 다르게 행동한다면 도대체 우리는 무엇을 안다고 할 수 있겠는가? 언제라도 아는 것을 실천하려는 각오가 몸에 배어 있어야 진리는 우리에게 모습을 드러내며, 그렇게 드러난 진리를 살아낼 때 우리는 비로소 진리를 안다고 말할 수 있는 것이다.

    그것이 우리가 잊고 있었던 요한복음과 야고보서의 핵심이고, 주목하지 않았던 본회퍼와 키르케고어의 가르침이며, 나아가 덕의 윤리학과 덕의 인식론이 말하려는 바다. 본서는 우리의 행동은 우리의 됨됨이를 결정하고, 우리의 됨됨이는 우리가 아는 것에 영향을 미치며, 그렇게 알게 된 지식은 다시 우리의 행동을 촉발함을 발견하게 해준다.

김종철_ 공익법센터 어필 변호사

지식건축법

IVP(InterVarsity Press)는
캠퍼스와 세상 속의 하나님 나라 운동을 지향하는
IVF(InterVarsity Christian Fellowship)의 출판부로서
생각하는 그리스도인을 위한 문서 운동을 실천합니다.

Habits of the Mind
Copyright © 2000 by James W. Sire
Translated by permission of InterVarsity Press
P. O. Box 1400, Downers Grove, IL. 60515, U. S. A.
All rights reserved.

Korean Edition © 2013 by Korea InterVarsity Press
352-18 Seokyo-Dong, Mapo-Gu, Seoul 121-838 Korea

지식건축법

기독 지성은 어떻게 완성되는가

제임스 사이어 | 윤종석 옮김

자신의 지성적 리얼리즘으로
내 낭만적 공상의 날개에 균형을 잡아 주는
메조리에게

차례

머리말 13

1. 어느 지성인 지망생의 고백 23
2. 기독 지성의 모델을 찾아 37
3. 지성은 어떻게 완성되는가? 67
4. 사고의 감정: 지성이란 무엇인가? 91
5. 지성의 윤리: 기독 지성이란 무엇인가? 111
6. 지성의 완성: 지성의 덕 135
7. 지성의 완성: 지성 훈련 161
8. 독서를 통한 사고 189
9. 논쟁자 예수 227
10. 기독 지성의 책임 263

주 287

머리말

> 소명이란 하나님이 우리를 단호하게 자신에게로 부르시어, 우리가 특별한 헌신과 역동과 방향으로, 우리의 모든 존재와 행위와 소유를 바쳐 그분의 부름에 응답하고 그분을 섬기며 살아간다는 진리다.
>
> 오스 기니스_「소명」

「지식건축법」의 주제는 지성적 삶, 특히 그 삶의 필연성이다. 첫째, 사고는 하나님이 원하시는 모습이 되어 가는 우리의 소명에 꼭 필요하다. 하나님은 우리 각자를 생각하도록, 그것도 최대한 잘 생각하도록 부르신다. 우리는 마음과 목숨과 힘만 아니라 뜻을 다하여 하나님을 사랑해야 한다(눅 10:27). 그간 우리의 사고가 어떻게 이와 달랐는가는 본서의 주제가 아니다. 우리는 그 사실에 마땅히 놀라야 하는데도 그렇지 못하지만, 그런 내용이라면 마크 놀(Mark Noll) 같은 사람들이 아주 잘 다룬 바 있다. 여기서 내 훨씬 큰 관심은 지성으로 하나님을 사랑하는 우리의 소명을 이해하는 데 있으며, 그러려면 주어진 지성으로 최대한 잘 생각해야 하는 것에 있다.

그러나 우리 중에는 특별히 지성의 삶으로 부름 받은 사람들이 있다. 물론 그 소명 때문에 우리가 더 낫거나 못한 사람이 되는 것은 아니다. 오히려 이 소명에는 주의가 필요하다. 오스 기니스의 말처럼 "하나님의 단호한 부름에 귀 기울이는 삶은, 다른 모든 청중을 앞서는 하나의 청중, 한 분의 청중 앞에 사는 삶이다. 부르시는 분은 하나님이다."[1] 본서의 중심 목표는 잘 생각함으로 하나님을 영화롭게 한다는 우리의 소명 수행에 중심 역할을 할, 지성의 습성들을 파악하고 기술하고 격려하는 것이다.

둘째, 사고란 차갑고 냉정하고 계산적인 논리가 아니다. 생각도 느낌이 있다. 나는 책을 읽다가—읽으면서 생각하다가—그 개념의 의미에 감동되고 뜨거워져 잠시 멈추고 머리를 식힐 때가 있다. 존 헨리 뉴먼(John Henry Newman)은 "천체의 음악"에 도취된 지성에 대해 말한다. A. G. 세르티앙즈(Sertillanges)는 진리의 폭신한 날개에 실려 떠오른다는 표현으로 이를 말하기도 했다. 생각과 감정의 통합은 과연 존재한다. 실제로 우리 인간의 모든 차원 배후에 통합이 있다. 그런 이유로 나는 고민하고 놀고 생각하고 느낄 때의 내 정서를, 본서의 한 중심 주제인 생각의 느낌으로 표출했다.

그만큼 본서는 아주 개인적인, 지금까지 내가 쓴 가장 개인적인 책이다. 다루는 주제들에 대한 내 느낌과 정서를 나는 주저하지 않고 드러냈다. 더욱이 나는 내 정서와 본능적 감정까지도 신뢰하는 법을 배우고 있으며, 그 과정을 선뜻 내보이려 했다. 혹자들은 내가 약점을 내보이는 법을 배우는 거라고 말할지 모르지만, 부분적으로 그리고 서글프게도 이 같은 말은 기독교 신앙을 하나의 치료 수단으로 보는 추세를 반영한 말이다. 그러나 행여 누가 정말 그렇다고 결론짓지 못하도록 미리 밝혀 두거니와, 나는 내 힘 닿는 한 추상적 지성을 모두 동원하여 그들과 끝까지 열심히 싸울 것이다!

정말이다!

이 책을 쓰면서 나는 살라만카 대학교 미구엘 데 우나무노(Miguel De Unamuno) 강의실에서 강의하는 특권을 누렸다. 묘하게도 주제는 "책임감 있는 테크놀로지" 즉 우리의 사회적 운명에 끼치는 테크놀로지의 함의를 분석하는 것이었다. 벽에서 듣고 있을 우나무노의 모습을 그려 보았다. 우나무노의 의견은 어떨까? 그가 뭐라고 생각했든 한 가지만은 분명할 것이다. 즉, 우나무노의 생각에 감정이 묻어났을 것이다. "우리의 운명에 대하여 생각하는 것만으로는 부족하다. 운명이 느껴져야 한다."[2] 그래서 나도 본서를 읽는 독자들에게 바라고 싶다. 당신의 생각을 느끼라. 당신의 느낌이 생각이 되게 하라. 그러면 우나무노의 목표가 곧 우리의 목표가 될 것이다. 즉 "살과 뼈의 사람, 태어나서 고생하다 죽는―무엇보다도 죽는―사람, 먹고 마시고 놀고 자고 생각하고 뜻하는 사람, 보고 듣는 사람, 형제, 진짜 형제"[3]―그런 사람으로서 그런 사람에게 말하는 것 말이다.

셋째, 잘 생각하는 것은 의로운 행동에 꼭 필요하다. 진리와 영성은 하나다. 진리를 아는 것은 곧 진리를 행하는 것이다. 둘 사이에 이분법이란 없다. 영적이 된다는 것은 곧 진리를 알고 행하는 것이다.

그래서 본서의 일차적 목표는 본서를 읽기 전보다 생각을 더 많이, 더 잘하도록, "지성의 완성"을 추구하도록, 지성의 바른 습성들을 즐기도록, 당신을 격려하는 것이다. 성경적·신학적·철학적 개념도 더러 자세히 논하겠지만, 내 훨씬 큰 관심은 일련의 개념을 제의하기보다는 건강한 기독교적 사고를 자극하고 그 실천을 독려하는 데 있다.

그러나 아무리 최선의 사고라 해도 내 사고는 딱할 정도로 나 자신에게마저 확정적이지 못하다. 이 책을 생각하고 쓰면서 나는 몇 년 동안 손을 놓았다 다시 댔다 하는 과정을 겪었다. 중요한 주제다. 아직도 유동적인 내 사고를 책으로 펴내기에는 주제가 너무 중요하다. 나는 확정적인 말, 최종적인 체계가 잡힐 때까지 기다리고 싶었다. 지성인의 삶에 대한 책이라면 마땅히 정립된 소신의 산물이어야 하지 않겠는가. 그래야 할 것 같았다. 그러나 이제 나는 그 목표를 포기했다. 설령 내 말이 확실하게 들릴 때도, 그 확실성은 절대적이지 못하다. 그보다, 솔직히 내 모든 말이 옛 지성인의 다음과 같은 지혜에 맞닿아 있길 이제는 바랄 뿐이다.

누군가가 솔직하게 55퍼센트 맞는다면 그 정도로 아주 좋으며 입씨름할 필요가 없다. 60퍼센트 맞는다면 그건 대단한 일이고 큰 행운이니 그 사람은 하나님께 감사하라. 75퍼센트 맞는다면 뭐라고 해야 할까? 지혜로운 사람들은 거기에 대해 수상쩍다고 말할 것이다. 그리고 100퍼센트 맞는다면? 누구든 자기가 100퍼센트 맞는다고 말하는 사람은 광신도요 흉한(兇漢)이며 최악의 불한당임을 알아야 한다.[4]

저자도 독자도 주의할 것이 있다. 누군가 다른 사람들에게 복잡한 문제에 관해 교훈하거나 조언하려 나설 때는, 언제나 큰 위험이 따른다. 돔 카밀로(Dom Camillo)가 그 위험성을 바르게 지적했다. 카밀로에 따르면 우리는 "어떤 새로운 문화나 이데올로기로 예수의 메시지를 다시 성육신 시키는" 모험을 하는데 "다른 모든 문화나 이데올로기처럼 그 모험도 결국 망할 수밖에 없고, 하나님의 생각을 담아내기에는 턱없이 부족하며, 장래의 그리스도인들을 고생시키기에 좋을 뿐이다." 우리의 최선의 그러나 잘못된 생각의 악한 결과에서 주께서 우리를—저자도 독자도—건져 주시기를.

잘못된 생각을 막는 한 가지 방책은 지성인 공동체들의 증언인데, 여기에는 기독 지성인과 일반 지성인이 모두 포함된다. 나는 내 생각을 이런 공동체들에 비추어 보려 했고, 그래서 지성적 사조를 폭넓게 넘나들며 다른 사람들의 말을 자주 참조하고 인용했다. 그중에서도 르네상스 시대의 한 이탈리아 작가에게서 여기에 대한 충분한 정당화를 찾은 것은 기쁨이었다.

그렇다, 나는 다른 이의 말을 자주 인용한다. 하지만 그 말들은 저명한데다 사실이며, 내 착각이 아니라면 흐뭇한 권위까지 담겨 있다. 사람들은 나에게 인용문을 줄일 것을 요구한다. 물론 그럴 수 있다. 아예 다 뺄 수도 있다. 아니, 완전한 내 글을 쓰지 않을 수도 있다. 어쩌면 완전한 절필이 가장 지혜로운 일일지도 모른다. 그러나 세상의 고난과 아픔을 뻔히 보면서 침묵하기란 어렵다.…누군가 내게 왜 그렇게 인용문을 많이 쓰고 거기에 대해 이처럼 애정을 가지고 길게 말하느냐고 묻는다면, 나는 내 독자들의 취향이 내 취향과 같다 생각하기 때문이라고 답할 수밖에 없다. 인용된 위인들의 격언들만큼 내게 감동을 주는 것은 없다. 나는 내 수준을 벗어나서 내 사고를 시험해 보기를 좋아한다. 내 사고에, 역경을 이겨 낼 뭔가 견실하고 고상하고 튼튼하고 견고한 것이 들어 있나 본다든지, 내 사고가 자신에 대해 내게 거짓말을 해왔는지 알아보는 것이다. 그러려면—가장 확실한 교사인 직접 경험을 빼고는—자신의 사고를 자신이 가장 닮고 싶어 하는 사람들과 비교하는 것보다 더 좋은 방법은 없다. 그렇기 때문에 나는 내 사고를 자주 인용되는 격언들에 비추어 시험해 볼 기회를 주는 저자들에게 감사하며, 내가 그러하듯 독자들도 내게 감사하기를 바란다.[5]

여섯 세기 하고도 절반이 지나 내가 그에게 말한다. "페트라르카, 감사

합니다. 격언들에 대한 당신의 격언은 매우 유용하며, 그중에서도 특히 저자로서의 자기기만에 대한 치열한 인정이 그렇습니다. 21세기 독자들인 우리의 사고가 자신에 대해 우리에게 거짓말을 해왔다면, 당신의 통찰이 거짓말을 탐지하는 데 도움이 되기를 빕니다!"

최근 그리스도인의 사고를 주제로 책을 펴낸 몇몇 학자들에게 내가 진 빚에 대해 쾌히 감사하고 싶다. 마크 놀, 오스 기니스(Os Guinness), 데이비드 길(David Gill), 브라이언 월시(Brian Walsh), 리처드 미들턴(Richard Middleton), 조지 마즈덴(George Marsden)은 저마다 내 견해의 발전에 기여했다. 그들의 작품은 가끔씩만 언급될 텐데, 그 이유는 그들이 나 자신의 사고 형성에 도움이 되지 않아서가 아니라, 오히려 그들의 작품이 내 사고에 완전히 녹아 있기 때문이다. 미국의 반지성주의와 복음주의 반지성주의를 굳이 자세히 기술하거나 설명할 필요가 없다. 그거라면 놀의 「복음주의 지성의 스캔들」(The Scandal of the Evangelical Mind, IVP)과 기니스의 「건강한 몸 비둔한 지성」(Fit Bodies, Fat Minds)에 이미 잘 기술되어 있다. 학계에 기독교의 존재가 쇠퇴해 온 역사도 굳이 개괄할 필요가 없다. 그거라면 마즈덴의 「미국의 대학 정신」(The Soul of the American University)에 되어 있다. 기독교 세계관을 개괄할 필요도 없다. 그거라면 월시와 미들턴의 「그리스도인의 비전」(The Transforming Vision, IVP), 「포스트모던 시대의 기독교 세계관」(Truth Is Stranger Than It Used to Be, 살림)에 되어 있기 때문이다. 아울러 나도 「기독교 세계관과 현대사상」, 「지성의 제자도」(IVP)에서 그 주제를 다룬 바 있다. 데이비드 길의 「기독 지성의 시작」(The Opening of the Christian Mind)은 기독 지성의 여러 차원에 살을 입혀 주었고, 진 에드워드 비스(Gene Edward Veith Jr.)의 「지성으로의 초대」(Loving God with All Your Mind, 생명의말씀사)도 마찬가지다. 내 책과 주제와 접근이 가장 유사한 책은, 본서가 내 머릿속과 종이 위에 한창 진행되고 있는 중에 출간된 J. P. 모어랜드(Moreland)의 「그리스도를 향하는 지성」(Love Your God with All Your Mind, 죠이출판사)이다. 이 두 책 사이의 판단은 다른 사람들에게 맡기겠다.

이 책만의 초점은 "지성의 삶" 자체에 있다. 즉 그리스도인이 무엇을 생각해야 하는가가 아니라 그리스도인이 어떻게 더 잘―삶에 미치는 함축적 의미에 더 주의하면서, 무슨 생각을 하든 하나님의 임재를 더 체험하고 인정하면서, 더 정확하게―생각할 수 있는가에 초점이 있다. 이를 위해 나는 동시대 복음주의자들의 말을 인용하기보다는 과거 여러 다른 전통의 풍부한 기독교 사상을 깊이 탐색했다.

이 책을 쓰는 데 몇 년이 걸렸다. 시작하기 전에 대충 개괄을 했지만, 주제가 금방 내게서 달아나면서 책이 탑시(Topsy)의 말마따나 "자랐다(growed)". 처음 구상할 때부터 본서는 줄기가 하늘로만 곧게 뻗은 소나무 같지는 않았다. 커질수록 점점 느릅나무나 참나무처럼 되었다. 가지와 잔가지들이 사방팔방 뻗어 나가 자랐다. 멀리서 보아야만―어쩌면 영원의 관점에서 보아야만―전체 형태가 보이는 나무처럼 말이다. 그리고 나무가 자라면서, 몇 가지 주제가 여러 다른 장(章)에 다른 형태로 나타났다. 나중에 보니, 독서에 대하여 쓴 내용이 지식과 행동에 대하여 쓴 내용과 전체 구조가 똑같았다. 지성 훈련이 영성 훈련과 거의 같다는 점도 보였다. 아울러 참여적/금욕적 훈련과 능동적/수동적 성품 사이에 깊은 유사성이 보였는데, 이는 사고만 아니라 독서에서도 마찬가지였다. 끝으로, 다른 시점에 다른 목표로 구상했던 다른 두 장이 갑자기 서로 거울에 비친 듯 똑같아져, 마지막 가지치기 때 완전히 잘라 내버렸다.

1장은 지성의 삶의 도입부로, 지성이라는 단어의 여러 정의를 살펴보고, 나 자신의 정의로 결론을 맺는다. 이 정의의 주요 출처는 존 헨리 뉴먼이다. 기독 지성으로서 뉴먼이라는 인물은(2장) 오랫동안 내 호기심을 끌어왔고, "지성의 완성"에 대한 그의 개념도(3장) 마찬가지다. 이후 두 장에서는 지성의 삶에 대한 나 자신의 개념을 검토하되, 우선 그 본래적인 사고의 차원과 연계시켜 살펴보고(4장), 이어 윤리적 차원과 연계시켜 살펴볼 것이다(5장).

다음 세 장에 걸쳐 지성의 덕(6장), 지성 훈련(7장), 독서를 통한 사고(8장) 등 지성의 실천을 상술한다. 사상가이자 나아가 "논리학자"인 예수에 관한 장(9장)에는, 우리도 사고할 수 있고 사고해야만 하는 한 가지 이유가(살펴볼 수 있는 몇 가지 이유 중에서) 나온다. 마지막 장(10장)은 우리 그리스도인들에게, 잘 생각하는 책임을 수용하며 이를 통해 먼저 하나님 나라를 구하고 하나님을 영화롭게 하라는 도전을 던져 준다(각 장 말미에 각 주제에 맞는 명언들을 담아 주제를 좀더 숙고해 보도록 해두었다—편집자). 이런 구조로 전체 논지를 떠받치고 있는 이 책이, 나는 죽은 가지들의 더미가 아니라 살아 있는 나무가 되었다고 믿는다.

내 전체 의도는 하버드 대학교 교수 윌리엄 제임스(William James)에 대한 조지 산타야나(George Santayana)의 말로 압축될 수 있다. "젊은이를 가르치는 철학자의 더 많은 관심은 사람들에게 바른 결론보다 바른 출발점을 주는 데 있다."[6] 우리 지성의 습성들이 우리를 공책의 지식 이상의 자리로 이끌어 주기를 빈다.

끝으로, 이 책의 원고를 검토하고 탁월한 조언을 해 준 사람들에게 감사하고 싶다. 여전히 흠이 많지만 그래도 이 책은 해럴드 K. 부시 주니어, 스티브 가버, 더글러스 그루티스, 돈 믹스, 테리 모리슨, 제임스 스트라우스 덕에 더 나아졌다. 여러 큰 혹평에서 나를 건져 준 내 충실한 오랜 편집자 제임스 후버에게 특히 감사한다. 산만한 원고의 최종 편집을 맡아 준 루스 고링에게도 감사를 전한다. 그러나 모든 결함은 전부 내 것이다.

  이렇게 나는 지성의 일부 바른 습성들에 대한 내 생각을 내놓는다. Tolle, lege. tolle, lege.[7]

1 어느 지성인 지망생의 고백

지금도 기억에 선하다. 1954년 가을의 어느 청명한 날이었다. 우리는 네브래스카 주 역사학회 박물관 앞에 서 있었다. 나는 훗날 내 아내가 될 아가씨에게 "난 정말 지성인이 되고 싶다오"라고 말했다.

43년이 지나 아내에게 그 일을 상기시켰더니, 아내는 "내가 당신하고 결혼하다니 재미있네요. 당신, 꽤나 똑똑한 척하는 속물이었거든요"라고 했다.

지성인이라는 말의 명예를 훼손하는 요인들이 분명 내 주변에 있었다. 도대체 사람들이 왜 지성인이 되고 싶을까 의아해 할 정도로 그런 요인들은 내게 많았다. 어쩌면 나는 대학 교수로 출세하려던 속물이었는지도 모른다. 분명 내 시작은 초라했다. 나는 이 농장에서 태어나—실제로 어머니는 농가에서 나를 낳았다—저 농장에서 자랐고, 고등학교만 나온 선생 하나가 저마다 학년이 다른 4-8명의 아이들을 개별 지도하던 교실 한 칸짜리 교사(校舍)에서 처음 6년 동안 공부했다. 거창한 몬테소리 초등 교육의 혜택과는 거리가 멀었다.

그러나 내 부모는 내게 독서욕을 심어 주셨다. 그런 시골 동네에서는 중요한 읽을거리였던 "새터데이 이브닝 포스트", "콜리어스"가 정기 배달되었다. 그래서 6학년이 끝나기 전에 나는 잘 읽는 법을 배웠고, 잘된 문학의 맛을 알았다. 중학교 1학년 때 우리는 인구 600명(지금은 500명)에 고등학교 재학생이 90명인 군청 소재지 버티로 이사했다. 당시 내 졸업 동창생은 모두 23명이었다.

농장의 대지가 좋았던 나는 어린 시절, 숲이 울창한 이글 크리크 계곡에 있던 조그만 우리 집 위쪽의 야트막한 산속을 헤집고 다녔다. 그러나 커가면서 나는 농장 일이 싫어지다 못해 지긋지긋해졌다. 소젖을 짜는 일은 그런대로 괜찮았다. 내키지는 않았지만 그래도 쉬웠다. 그러나 갓 벤 건초 더미를 들어 나르고, 밀 가리를 쌓고, 베지 않은 키다리 야생 대마초 밭으로 말을 타고 지나다니는 일 따위는 달랐다. 대마초 꽃가루가 사방에 뭉게구름처럼 피어오르면 눈물이 나면서 눈이 절로 감기고 콧물이 줄줄 흘러, 나는 길 찾는 일일랑 말한테 맡긴 채 농가까지 연신 재채기를 해대며 돌아오곤 했다.

그러다 버티로 이사하면서 나는 그런 고뇌에서 대폭 탈출했다. 그중에서도 대탈출은 네브래스카 대학교였다. 나보다 열여섯 살밖에 많지 않은 삼촌도 앞서 탈출했었다. 약사이자 아마추어 사진작가였던 삼촌은 롤리코드와 라이카 카메라가 있었고, 숙모도 약사이자 사진작가였다. 나는 그들을 사랑했고 그 카메라들을 사랑했다. 숙모는 원래 도회지 사람이었지만 삼촌은 시골 출신답게 나처럼 시골의 아름다움을 사랑하면서도 나처럼 육체노동은 싫어했다.

주(州) 역사학회 앞에서 내 미래의 아내와 나눈 대화는 어쩌면 당연한 것이었다. 내가 농장 일과 목장 일뿐 아니라, 아버지의 반지성주의 분위기까지 진작부터 거부했다는 사실을 감안한다면 말이다.

지성인: 대중적 버전

나는 아주 어려서부터 아버지한테, 지성인은 믿을 대상이 못 된다고 배웠다. 아버지는 목장주·농부·군청 말단직·7년간 군청 농무 사무관을 거쳐 다시 목장주·농부·크림 부서 관리자·소 사료 판매인으로 일했다. 2차 세계 대전이 끝나가던 1945년에 아버지는 군청 사무관직에 임명되었다. 통상적으로 대졸 학위가 요구되는 자리였지만 적격자가 없었다. 자격이 될 만한 남자들은 대부분 군대에 가 있었다. 아버지는 네브래스카 웨슬리언 대학교에 들어갔지만 질병과 쪼들리는 가정 형편 때문에 첫 학기도 끝내지 못하고 대학을 그만두어야 했었다. 그 뒤로 그는 4H 리더, 군청 말단직, 순종(純種) 헤리퍼드 소의 열성 사육자로 알려지게 되었다. 그래서 마침내 군청 사무관으로 임명되었던 것이다.

그러다 군인들이 제대하여 대학에 가서 우리 아버지보다 더 자격을 갖추게 되었다. 그래서 아버지는 자기보다 젊은 남자, 교육은 더 받았지만 지혜는 딸리는 사람한테 일자리를 잃었다. 내 생각에 평생 아버지는 아는 체하는 지식인들을 욕했던 것 같다. 일자리를 잃은 후로는 그런 말들이 더 다반사로 튀어나왔다.

내가 지성인들에 대한 아버지의 푸념을 마지막으로 들었던 때는 아버지가 돌아가시기 얼마 전이었다. 나는 아버지에게 니오브라라 강의 새 다리가 왜 이전보다 약 800미터쯤 하류 쪽으로 내려가 있는지 물었다. 아버지는 말했다. "손바닥만한 습지를 건진답시고 그리된 것 아니냐. 직선 도로로 건너면 되는 강을 그 아는 체하는 환경론자들, 정신 나간 과격파들이 난리법석을 떠는 통에 생돈을 처들여 저렇게 빙 돌아가게 만든 거다."

그러니 만일 아버지가 "새터데이 이브닝 포스트"에서 "라모의 조카"라는 기사의 첫 문단을 읽었다면 어떻게 폭발하셨을지 가히 상상이 된다.

비 오는 날이나 맑은 날이나 매일 오후 5시쯤이면 팔레-로얄에서 산책하는 것이 내 습관이다. 언제나 나는 그곳 알레 다르장송의 의자에 혼자 앉아 명상에 잠긴다. 나는 정치나 사랑이나 기호(嗜好)나 철학에 대해 나 자신과 토론을 벌인다. 처음 떠오르는 생각이 지혜로운 내용이든 미련한 내용이든 완전히 제멋대로 흘러가도록, 반짝이는 눈으로 웃음을 흘리는 들창코의 얼뜬 여자를 쫓다가 금세 버리고 딴 여자를 쫓으며 모두에게 수작은 걸되 아무와도 오래 있지 않는 알레 드 포이의 젊은 난봉꾼들처럼, 그렇게 자유롭게 이어지도록 놓아둔다. 내 경우, 내 생각이 곧 여자들이다.[1]

이런 사람을 가리켜 오늘 우리는 "시간이 남아도는 사람"이라 할지 모른다. 우리 아버지의 말은 감히 활자로 옮길 수 없을 것이다. 지성인에 대한 우리 아버지의 정의는 감히 입에 담기 곤란할 것이다.

아버지는 지성인을 단순히, 자기 지능 이상으로 교육받은 사람으로 정의했을 것이다.[2] 박사 학위까지 갈 것도 없이 대졸 학위만 있어도 다 그런 사람으로 보시는 것 같을 때도 있었다.[3] 그러나 어쩌면 우리 아버지는 대다수 사람이 정의하는 지성인에 꼭 들어맞을 버트런드 러셀의 말을, 자신도 모르게 따라하고 있었는지도 모른다.

나는 지성인으로 자칭한 적도 없고 여태 누구도 감히 내 앞에서 나를 그렇게 부른 일도 없다. 지성인이란 자신의 지식이 실제보다 더 많은 척하는 사람으로 정의될 수 있다고 본다. 내게는 이 정의가 해당되지 않기를 바란다.[4]

지성인: 이데올로기적 버전

지성인에 대한 부정적 정의에는 대중적 버전만 있는 것이 아니다. 학문적으로도 부정적인 정의들이 있다. 폴 존슨(Paul Johnson)—러셀처럼 그 자신도 지성인이다—은 세속 사상가 부류를 공격한다. 존슨은 세속 사상가들이 현대 세계—세속적이다 못해 신심(信心)이 전혀 없는—의 왕이요 대제사장으로 자처해 왔다고 보았다.[5] 계몽주의와 더불어 교회의 신뢰성이 깨어지면서 등장하기 시작한 최초의 지성인들에 대해 존슨은 이렇게 말했다.

> 세속 지성인은 이신론자일 수도 있고, 회의론자일 수도 있고, 무신론자일 수도 있다. 그러나 세속 지성인은 인생을 사는 법에 대해, 교황이나 사제 못지않게 인류에게 말해 줄 태세가 되어 있다. 애초부터 세속 지성인은 인류의 이익을 위한 특별 봉사를 선언했고, 자신의 교육으로 인류를 발전시킨다는 교회의 의무도 자임했다.[6]

현대의 프로메테우스처럼, 지성인은 자기가(단, 항상 남자였다) 과거의 어떤 혹은 모든 지혜를 택하거나 거부할 수 있고, 모든 사회악을 진단·처방·치료할 수 있고, "인간의 본성조차 더 좋게 변화될 수 있음"[7]을 예기할 수 있다는, 자신감이 있었다.

이런 말을 쓰면서 존슨은 자기가 "사실적으로 냉정하게" 말하려 한다고 했으나, 그의 책 자체가 그 반증(反證)이다. 존슨은 종종—실은 항상—사실적일지는 모르나, 냉정함과는 거리가 멀다. 존슨은 송곳칼보다 훨씬 뭉툭한 장비를 갈았고, 그렇게 갈아서는 가차 없이 휘둘렀다. 그러자 장-자크 루소부터 칼 마르크스, 버트런드 러셀부터 장-폴 사르트르에 이르기까지, 현대 사회라는 숲속의 일부 지성인 거목들이 쓰러진다. 이런 나무들을 쓰러뜨리는 거야 그럴 수 있다 쳐도, 지성인이라는 말을 존슨이 보기에 비난받아 마땅한 사람들에게만 한정하여 사용한다면, 그것은 정당한 이유도 없이 반지성주의를 표방하는 사람들에게, 놀아나는 처사다.

내가 만일 우리 아버지의 대중적 정의나 존슨의 학문적, 이데올로기적 정의를 마음에 두었다면, 나는 절대 그들의 숲에 내 가지를 펴고 싶지 않았을 것이다.

지성인: 근본주의자 버전

그러나 대중적 버전과 학문적 버전보다 더 나쁜 지성인이 하나 있었다. 성경 근본주의에 따른 지성인이었다. 내가 이 버전을, 바짝 열이 오른 형태로 만나지 않은 것은 행운이었다. 밥 존스 대학교로 상징되는 모습에서 나는 뭔가 잘못된 것을 보았다.

그래도 그 버전이 찾아온 형태는 강할 만큼 강했다. 내가 다니던 침례교회 목사는 "네가 불경한 네브래스카 대학교에 간다면 너는 신앙을 잃고 말 것이다"고 말했다. 그 목사는 그런 말을 안 했을지도 모르지만, 어쨌든 나는 들었다. 그가 자기 자식들처럼 나도 미네소타 주 세인트폴의 베델 대학에 가기 원한다는 것을 나는 알았다. 나도 기독교 교육을 원했으므로 그 대학에 가고 싶었다. 반지성주의에도 불구하고 아버지는 내가 교육을 받기 원했으나, 베델처럼 비싼 사립 학교는 아니었다. 우리 주(州)의 주요 공립 대학인 네브래스카 대학교여야 했다. 그래서 나는 거기로 갔다.[8]

다만 나는 약간의 떨림—많지는 않았다—과 네브래스카 농군의 지독한 옹고집을 안고 갔다. 나는 회의론, 무신론, 불가지론을 만났지만, 그중 어느 것도 내 믿음을 전혀 어지럽히지 못했다. 무신론자였던 인류학 교수는 내게 "자네는 책을 많이 읽는다만 죄다 엉뚱한 것들만 읽는다"고 말했다. 사실 그 교수의 말은 당시 내가 인정했던 것보다 옳았다. 내가 읽고 있던 내용은 지금 생각하면, 위대한 이집트학자 플린더스 페트리 경과 함께 일했다고 주장한 어떤 남자의 미친 헛소리였기 때문이다. 고고학자인 그 남자가 링컨 시(市) 어느 근본주의 교회에 꽉 들어찬 사람들 앞에서, 여호수아에 언급된 왕벌들은 실제로 이집트 항공기의 엔진들이라고 말하던 것이 기억난다. 조종사들의 제복에 붙어 있던 단추들이 고고학자들에게 발견되었다. 여기, 지성인의 탈을 쓰고서 교회를 섬긴다고 나선 사이비 지성인이 있었다.

내가 인류학 교수에게 이 고고학자를 만나본 적이 있느냐고 물었더니, 교수는 "그럼, 그가 나를 찾아왔었지. 점잖은 노인이시라네"라고 말했다. 그런 일이 있고서, 이성이 있는 사람치고 누가 기독 지성인이 되고 싶었겠는가? 그러나 나는 되고 싶었다.

머잖아 나는 나보다 똑똑한 다른 그리스도인들을 만났다. 우리는 서로 지원했고, 우리의 신앙은 매일의 예배, 그룹 성경공부, 기도회, 기독 지성인 강사들을 통하여 깊어졌다. 내가 들어갔던 IVF에는, 기독교가 지적인 면에서 어딘지 아류라는 식의 의혹은 추호도 없었다. 정녕 기독교는 그렇지 않았다.

그래도 내 목사와 기타 근본주의자들이 지성인에 대해 우려할 만한 중요한 이유가 있었다. 이 경고는 여태 나를 떠나지 않고, 오히려 전보다 지금 내 안에 더 강하게 살아 있다. 자기가 진리를 훤히 꿰뚫고 있다고 착각하는 사람들에 대해, 예수도 사도 바울도 엄하게 말했다. 특히 "지식은 교만하게 하며 사랑은 덕을 세우나니 만일 누구든지 무엇을 아는 줄로 생각하면 아직도 마땅히 알 것을 알지 못하는 것이요 또 누구든지 하나님을 사랑하면 그 사람은 하나님도 알아주시느니라"(고전 8:1-3)고 한 바울의 경고는 유명하다. 이는 지식적 교만을 경계하는 경고다.

그러나 바울의 가장 강력한 경고는 고린도전서 앞부분에 나온다.

지혜 있는 자가 어디 있느냐. 선비(학자)가 어디 있느냐. 이 세대에 변론가(철학자)가 어디 있느냐. 하나님께서 이 세상의 지혜를 미련하게 하신 것이 아니냐. 하나님의 지혜에 있어서는 이 세상이 자기 지혜로 하나님을 알지 못하므로 하나님께서 전도의 미련한 것으로 믿는 자들을 구원하시기를 기뻐하셨도다.…하나님의 어리석음이 사람보다 지혜롭고 하나님의 약하심이 사람보다 강하니라.

(고전 1:20-25)

골로새 교인들에게도 바울은 "누가 철학과 헛된 속임수로 너희를 사로잡을까 주의하라. 이것은 사람의 전통과 세상의 초등 학문을 따름이요 그리스도를 따름이 아니니라"고 썼다(골 2:8).

많은 그리스도인이 이런 성경 본문들을, 그리스도인은 학문과 철학의 세계를 피해야 한다는 뜻으로 해석해 왔다. 물론 바울의 말을 제대로 이해한 것이 아니다. 바울이 반대하는 것은 선한 사고가 아니라 부정확한 사고, 특히 자체적 정확성을 내세우는 부류의 사고다. 바울은 인간의 지식을 내세우는 태도를 하나님의 참 지식과 대비시키고 있다.[9]

지성의 삶을 완전히 배척한 그리스도인들이 있다는 사실이 나는 늘 신기했다. 예수께서 우리에게 지성의 구사를 명하셨기 때문이다. "네 마음을 다하고 목숨을 다하고 뜻(mind)을 다하고 힘을 다하여 주 너의 하나님을 사랑하라"(막 12:30). 그럼에도 반지성주의는 미국 기독교의 큰 계보이며, 이런 모습이 조만간 사라지지는 않을 것 같다.[10] 마크 놀의 말처럼 "복음주의 지성의 스캔들은 복음주의 지성이랄 것이 별로 없다는 것이다."[11]

좋은 지성인은 죽은 지성인뿐일까? 첫 세 정의가 암시하는 바로는 그렇다.[12] 그러나 그 셋이 전부일 수는 없다.

지성의 특징

대중주의, 이데올로기적 보수주의, 잘못된 근본주의가 낳은 반지성주의의 늪에서 헤어나는 한 가지 길은 지성의 본성적 특징을 살펴보는 것이다.[13] 분명 우리는 지성인이란 모종의 문화적 또는 종교적 천민이라는 결론보다 덜 편향적인 결론들에 도달할 수 있다. 미국의 반지성주의를 연구한 역사가 리처드 호프스타터(Richard Hofstadter)는, 지성의 삶의 특질을 꼽는 요긴한 목록으로, "사심을 벗어난 사고력, 일반화 능력, 자유로운 추론, 참신한 관찰, 창의적 창작, 철저한 비판"[14]을 제시했다.

분명 이들 각 특질에는 은연중에 어떤 능력이 들어 있다. 예컨대, 그 능력은 인간이 자신의 삶이나 자신의 공동체나 국가의 삶에 미칠 암시적 의미와 상관없이, 진리를 추구하는 사고력을 실제로 지닐 수 있음을 가정한다. 인간이 어떤 생활 방식이나 가치관에 대한 기존의 집착, 편견, 사리사욕 등에 제약받지 않고 추론할 수 있음도 가정한다. 더 이상 과거의 비전 때문에 흐려지지 않는 눈으로 볼 수 있는 능력도 가정한다. 새로운 비전과 신개념이 적어도 대개는 좋은 것임도 가정한다. 그리고 끝으로, 그 능력은 철저한 비판을 하나의 본질적 요소로 인식함으로써, 이상의 모든 것을 저해한다. 철저한 비판을 여타 특질들에 적용할 경우 그중 하나도 남아나지 못할 가능성이 있음을, 당장 보지 못하기 때문이다. 철저한 비판은 과연 지성의 숲에서 가장 예리한 도끼로, 의심 해석학파의 대가들—마르크스, 프로이트, 니체—이 그 비판을 어찌나 잘 휘둘렀던지 지성인이라는 개념 전체가 의심받고 있을 정도다.[15] 그러나 이는 내 이야기를 앞지르는 것이다. 이들 비평가들의 일부 작품은 나중에 살펴볼 것이다.

호프스타터는 **지능**과 지성을 구분한다.[16] 지능이란 단순히 여러 상황에서 머리를 잘 쓸 줄 아는 정신 능력이다. 이런 의미에서 변호사, 의사, 편집자, 회계사, 엔지니어 등 대다수 전문직 종사자는 거의 항상 지능을 사용한다. 그러나 호프스타터는 막스 베버(Max Weber)에게 수긍하면서, 그들 전문직 종사자들은 "사고를 위해 살지 않고 사고를 먹고 산다"[17]고 했다. 사고를 먹고 산다는 것은 수단적 지식을 기용하는 것이다. 지식 자체가 아닌 뭔가 다른 것을 위한 지식이다. 반면, 지성에는 그런 사고에 대한 거의 종교적인 헌신이 있다. 장난기로 균형을 잡아 주지 않으면 그런 사고는 순식간에 이데올로기적 광신으로 변할 수 있다.[18] 그러나 참된 지성인들은 사고와 재미있게 논다. 사고를 앞뒤로 돌리고, 물구나무 세우고, 역발상을 시도하고, 상상력으로 시험한다. 그들은, 야박하고 거만한 샌님이 될 정도로 자신의 머

리에 매혹되지 않는다.[19]

지성의 삶은 자연 발생적이다. 오로지 한 목표만을 향한 열의가 그 자극제가 되지는 않는다. 이 때문에 참된 지성인은 간혹, 뭔가를 보고, 옳은 말을 하고, 여태까지 거의 누구도 보거나 지니지 못했던 통찰도 품게 된다. 여기에 행여 위험이 있다면, 사고의 궤도가 단선인 점이 아니라 사고의 궤도가 너무 많아 동시에 여러 곳에 도달하거나 아예 역(驛)에서 나오지 못하는 것이다.

내 경험은 호프스타터가 말하는 지성의 삶에 맞아든다. 내가 마저리에게 "난 정말 지성인이 되고 싶다오"라고 말하던 그때는 아직 호프스타터가 책을 쓰기 전이었지만, 지금 보면 그때 내가 은연중에 품었던 생각은 호프스타터의 개념이 아니었나 싶다.

그렇다면 우리는 지성인이 되려는 열망에 대해 뭐라고 말해야 할까? 우리는 지성인이 되기를 동경해야 할까? 지성인이 위험하다면, 개인과 사회의 건강에 모두 위험하다면, 성경적으로 문제가 있다면, 그런데도 지성인이 될 가치가 있을까? 나는 이 질문에는 아직 답할 준비가 되어 있지 않다.

그러나 지성인이 무엇인가에 대한 초벌 정의와 그와 관련하여 기독 지성인에 대한 정의는 제시할 준비가 되어 있다. 이 정의는 현재로서는 하나의 안(案)이다. 앞으로 차차 이 두 정의에 대한 다른 긍정적 기여들을 살펴볼 것이고, 아직도 "기독 지성인이 되기 원하는" 사람이 어떻게 그 방향으로 긍정적 발걸음을 내딛을 수 있는지 제시할 것이다. 그러나 우선 정의부터 보자.

지성인이란 사고를 사랑하는 사람, 즉 헌신적으로 사고를 다듬고, 사고를 개발하고, 사고를 비판하고, 사고를 뒤집고, 사고의 함축된 의미를 보고, 사고를 쌓아 올리고, 사고를 배열하고, 새 사고가 튀어나와 낡은 사고의 자리 배열이 달라지는 듯할 때 잠잠히 앉아 있고, 사고를 가지고 놀고, 관련 단어로 말놀음을 하고, 사고를 웃고, 사고의 충돌을 지켜보고, 조각들을 주워 모으고, 다시 시작하고, 사고를 판단하고, 사고에 대한 판단을 보류하고, 사고를 바꾸고, 사고를 다른 사고 체계들의 대응물들과 접촉시키고, 사고를 초대하여 함께 먹고 춤추되, 또한 일상생활에 소용되도록 사고를 맞추는 사람이다.

기독 지성인이란 위 모두를 하나님의 영광을 위하여 하는 사람이다.

존 헨리 뉴먼의 시각을 살펴보면 이 두 정의에 대해 더 깊은 시각을 얻게 될 것이다. 정녕 그는 19세기의 위대한 지성인이다. 물론 뉴먼은 좋은 지성인이면서 또한 죽은 지성인 가운데 하나다. 하지만 우리에게 그의 죽음은 차라리 환영(幻影)이다. 뉴먼은 지금 하나님 안에 멀쩡히 살아 있을 뿐 아니라, 나를 비롯하여 20세기의 많은 지성 안에 살아 있는 지성인으로 존재하는 까닭이다. 다음 두 장에서 그 이유를 밝히려 한다.

지식건축법

○
지성인이란? 지적으로 으스대며 점잔빼는 사람으로, 대개 교수나 교수의 하수인. 근본적으로 피상적이다. 모든 문제에 지나치게 감정적으로 여자처럼 반응한다. 남을 얕보고, 자만이 넘쳐흐르며, 보다 건전하고 안정된 남자들의 경험을 경멸한다. 본래 사고가 혼란스럽고, 감상주의와 폭력적 교화의 혼합물 속에 파묻혀 있다. 니체의 케케묵은 철학적 도의에 경도되어 자주 감옥이나 불명예를 자초한다. 자의식에 젖어 학자연한다. 문제의 모든 면을 살펴보는 버릇 때문에 완전히 혼란에 빠져 늘 같은 자리를 맴돈다. 빈혈증에 걸린 샌님.　　　　　　　　　　루이스 브롬필드_「지식인의 승리」

○
근본주의는 지성의 삶에 여러 방식으로 큰 문제들을 야기했다. 첫째, 근본주의는 전반적 반지성주의에 새로운 힘을 더해 주었다. 둘째, 근본주의는 19세기 복음주의와 미국이 만나 이루어진 복합물의 일부 특성들—그 자체부터 문제가 많은—에 대한 보수 복음주의의 집착을 더 굳혀 주었다. 셋째, 근본주의의 주된 신학적 강조점들은 세상에 대한 기독교적 사고력의 구사에 찬물을 끼얹었다.　　　　　마크 놀_「복음주의 지성의 스캔들」

○
내게 있어 [지성인이란] 특정 역할을 수행하는 사람을 뜻한다. 곧 대중 정책 사안들에 대한 대중적 토론에 가담하며, 굳이 정치권력을 추구하지 않으면서도 가장 광의에서 정치에 참여하는, 사상가나 작가의 역할이다.
　　　　　　　　　　　　　　　　　　티모시 가튼 애쉬_「프라하」

○
내게 있어 지성인이란, 세상사와 사안의 더 넓은 정황에 대한 일반적 의미의 사고에, 자신의 삶을 바친 사람이다…그러니까 지성인들의 주업은 공부하고 읽고 가르치고 쓰고 출판하고 대중에게 말하는 것이다…그로 인하여 종종 지성인들은 세상의 현실과 미래에 대해 더 넓은 의미의 책임감을 받아들이게 된다.
바츨라프 하벨_「불가능의 예술」

○
도덕적으로 선한 삶을 살려면 자신의 지성을 잘 사용해야 한다. 다시 말해, 지성의 삶을 영위해야 한다. 그러나 우리 중에는 지성의 삶을 영위하지 않는 사람들이 많다. 우리 중에는 반지성인이 많다. 어쩔 수 없이 사용해야 하는 경우—지각, 기억, 상상의 행위에서 지성이 감각 능력과 협력할 때—를 빼고는 지성을 사용하지 않는 사람들이 많다.
모티머 애들러_「물질 위의 지성」

○
반지성주의란 진리의 중요성과 지성의 삶을 깎아내리는 성향이다. 지난 세대의 미국 복음주의자들은, 감각적인 문화와 갈수록 감정에 치우치는 민주주의 속에 살면서, 몸은 강해졌으나 동시에 지성은 둔해졌다. 결과는? 고대 스토아 철학자들이 말한 "본질적 향락주의"의 현대판—건강한 몸, 비둔한 지성—으로 고생하는 사람들이 많다.
오스 기니스_「건강한 몸 비둔한 지성」

2

기독 지성의 모델을 찾아

나는 존 헨리 뉴먼과 사랑에 빠진 지 오래되었다. 그를 처음 접한 것은 30년도 더 전에 대학원에서 들었던 하워드 풀윌러 교수의 19세기 산문 과목을 통해서였다. 뉴먼의 「자기 생애를 위한 변호」(*Apologia Pro Vita Sua*)와 「대학의 개념」(*The Idea of a University*)을 처음 읽던 순간부터 나는 푹 빠졌다. 그 과목에서 뉴먼은 흠모의 대상으로 안성맞춤이었다. 풀윌러는 거침없이 자인하는 고교회파 감독교인인데다, 분명 뉴먼은 그가 가장 좋아하는 작가 중 하나였던 것이다.

이유가 하나 더 있었던 것 같다. 우리 과에서 나는 발언은 활발하지만 반감은 주지 않는 그리스도인, 그것도 남침례교 교인으로 알려져 있었다. 이 사실이 수업 중에 풀윌러 박사—박사 학위를 받은 지 얼마 안 되던—에게 거침돌이 되었다. 풀윌러 박사에게 나는 "복음주의자들"이 현재 무엇을 믿고 있거나, 아마도 내 경우에는, 실제로 무엇을 생각하고 있는지에 대한 시론(時論)의 출처였다. 대학원 영문학 과목에서 대개는 이런 문제가 제기되지 않는다. 그러나 존 스튜어트 밀, 토머스 헉슬리, 그리고 물론 뉴먼 같은 19세기 작가들의 경우, 종교적 신념의 문제는 분명 관련성이 깊었다. 당대의 주요한 종교적 성향들—비국교회, 복음주의 국교회, "넓은 교회" 국교회, 고교회파 국교회, 천주교, 그리고 일체의 종교적 신념을 버린 점증하는 무리—을 갈라놓는 사안들이 뉴먼의 삶 전체를 에워싸고 있었다. 그래서 풀월러는 쓴웃음을 지으며 내게 이렇게 물은 적이 한두 번이 아니다. "그렇다면 복음주의자들은 이 문제에 대해 어떻게 생각하나?"

그러나 내게 남아 있는 그 시절의 기억은, 아일랜드의 첫 천주교 대학교 설립에 대한 뉴먼의 강연들이다. 그 강연들에 나오는 그리스도인의 지성에 대한 뉴먼의 웅변적이고 뜨겁기까지 한 묘사가 지금도 대부분 기억난다. 그리스도인의 지성을 뉴먼은 다양하게 "지성의 완성" "지고한 지성" "지성의 철학적 습성" 등으로 불렀다. 특히 다음 문단에서 나는 거의 말문이 막혔다.

각자의 분량대로 개인들에게 주어져야 할, 교육의 결과인 지성의 완성과 그 아름다운 이상은, 유한한 지성이 수용할 수 있는 한 모든 것에 대한 분명하고 평온하고 정확한 비전과 이해이며, 이때 각각의 것은 제 개성을 지닌 채 제자리를 지킨다. 지성의 완성은 역사에 대한 지식으로 보면 예언에 가깝고, 인간 본성에 대한 지식으로 보면 심령의 감찰에 가깝고, 소소함과 편견에서 해방되었으므로 초자연적 순결에 가깝고, 지성을 깜짝 놀라게 할 것이 없으므로 믿음의 안식에 가깝다. 지성의 완성은 천상의 묵상에 가까운 멋과 조화가 있으며, 만물의 영원한 질서 및 천체의 음악과 아주 친밀하다.[1)]

「대학의 개념」이라는 책에서 튀어나오는, 적절한 화려체 산문의 대목은 결코 이것만이 아니다. 출간된 강연 시리즈 전체가 그 자체로 19세기 산문의 하이라이트 중 하나다. 짐짓 키케로 풍의 장중한 산문체로 뉴먼은, 지금도 우리를 피 끓게 하고 상상력에 불을 지피고 사고가 팽팽 돌아가게 할 수 있다.

뉴먼의 "지성의 완성" 개념은 다음 장에서 살펴보기로 하고, 우선 이번 장에서는 뉴먼 자신―그의 지성의 특징, 그가 "철학적" 습성이라 부른 습성들의 실제―에 초점을 맞출 것이다. 뉴먼은 물론 반평생 동안 천주교인이었다. 더욱이 그가 개신교에서 천주교로 전격 전향한 데는 많은 지적 에너지가 소요되었다. 나 같은 개신교인들은 천주교인들한테서, 특히 기독 지성인이 무엇인가에 대해 그토록 웅장하게 대변한 뉴먼 같은 사람한테서, 배울 것이 많다. 그러나 내가 뉴먼을 택한 주된 이유는 우리에게 "완성"에 대해 이처럼 생생한 그림을 보여 준 그리스도인 사상가―학자이든 성직자이든 또는 뉴먼처럼 둘 다이든―는 다시없기 때문이다.

그래서 여기서 우리는 뉴먼의 지성의 개인적 특징을 볼 것이다. 그러려면 먼저 뉴먼이라는 사람과 그의 시대를 좀더 알 필요가 있다.

인간 뉴먼

1801년에 태어난 뉴먼은 평범한 기독교 가정에서 자랐고 사립 학교에 다녔다. 열다섯 살 때 병을 앓은 후, 뉴먼은 깊은 신앙적 회심을 했다. 비록 이 체험에 "특유의 복음주의적 체험들"이 따르지 않았고 뉴먼의 부모도 복음주의자가 아니었지만, 뉴먼의 초기 종교 교육은 복음주의적이었다. 예컨대 그는 "교황이 적그리스도라고 굳게 확신했다."[2)] 공부에 열심이었던 뉴먼은 시험 점수가 좋아 옥스퍼드 트리니티 대학에 입학했다.[3] 그 후 아주 초라한—그러나 오도하는—학부 성적에도 불구하고, 뉴먼은 우수한 논문을 써서 오리엘 대학 특별 연구원으로 뽑혔다.

뉴먼은 일찍부터 신앙생활에 끌렸고 자기가 "교회에 들어가기 원함"[4]을 알았다. 1824년 뉴먼은 성직에 들어서 옥스퍼드 성 클레멘트 교회 부목사가 되었고, 1828년에는 옥스퍼드 성모 마리아 교회 교구 목사가 되었다. 그 직위에서 뉴먼은 점차 늘어나는 옥스퍼드 대학생들과 교수들에게 매우 정교한 설교를(강의에 가까운 것도 많았다) 전했다. 그의 신앙적 헌신의 기본 성향은 한 번도 바뀌지 않았다. 비록 뉴먼이 회의와 간혹 심한 우울을 경험했고 또 교회론과 신학에 극적인 반전을 겪게 되지만, 그는 늘 확신을 품은 그리스도인이었고 자신의 길고 생산적인 생애 동안 논쟁도 벌이고 논문과 공개서한도 많이 썼다.[5]

몇 가지 중요한 전환점을 살펴보면, 뉴먼의 지성의 특징에 대하여 내가 그리려는 상세도의 배경이 완성될 것이다. 어려서 복음주의자로 교육받을 때 뉴먼은 계몽주의의 합리주의에 처음 끌렸다. 그래서 그는 "모든 의문을 지적인 정밀 검사에 부쳤고" 결국 당시 복음주의 신앙의 특징이던 "신앙의 확신에 감정과 직관으로 접근하던 방식"에 대한 믿음을 잃었다.[6] 뉴먼은 자신에게 "스스로 사고하는 법"[7]을 가르쳐 준 공을 사실, 온건한 회의론자인 리처드 웨이틀리(Richard Whately)에게 돌렸다. 그러나 이는 잠시의 서곡일 뿐이었고, 그 뒤로 뉴먼은, 기독교 신앙과 교회론에 대하여 보다 전통적인 천주교적 접근을 지향하는, 새로운 운동에 점차 관심이 깊어졌다. 사실 뉴먼은 이 이른바 옥스퍼드 운동의 주요 인물이 되었다. 옥스퍼드 운동은 1833년 존 케블(John Keble)의 설교 한 편으로 시작되어 「시국 소책자」(Tracts *for the Times*) 시리즈로 박차가 가해졌는데, 그중 다수는 뉴먼이 쓴 것이다.

1841년에 뉴먼은 영국 국교회의 교리를 규정하는 39개 신조가 사실은 개신교보다 천주교에 더 가까움을 암시하는, 유명한 또는 악명 높은 「소책자 90」(*Tract 90*)을 썼다. 이는 많은 국교 성직자들과 지성인들 사이에 격분을 불러일으켰고, 뉴먼이 자신의 지속적이고 설득력 있는 부인(否認)에도 불구하고 곧 천주교로 개종하려 한다는 소문이 나돌았다. 그리고 소문을 퍼뜨린 사람들―비국교도, 국교도, 천주교도 등 기독교 신앙의 모든 계파―의 두려움과 희망은 결국 현실이 되었다. 1845년 뉴먼은 천주교회에 영입되었다.

뉴먼은 곧 로마에서 교황에게 사제 서품을 받고, "규율대로 살되 서원은 하지 않는 교구 거주 사제 공동체"인 오라토리오회에 들어갔다. 수도원 성격이 약한 수도회인 만큼 사유 재산을 지킬 수 있었는데, 뉴먼에게 가장 중요한 것은 자신의 장서였다.[8] 1852년 북아일랜드 아마(Armagh)의 폴 컬런 주교가 뉴먼에게, 아일랜드 천주교 대학 설립을 위한 몇 차례의 강연을 부탁했다. 거기서 나온 강연들이 「대학의 개념」이 되었고, 이어 뉴먼은 그 대학의 초대 학장으로 임명되어 1856년까지 재임했다.

뉴먼이 다음번 크게 움직인 때는, 인기 소설가 찰스 킹슬리(Charles Kingsley)가 "이 천주교 성직자에게, 진리 자체를 위한 진리는 한 번도 미덕이었던 적이 없다. 뉴먼 신부는 우리에게 그럴 필요가 없다고, 전체적으로 그래서는 안 된다고 가르친다"[9]고 썼을 때다. 뉴먼은 여기에 「자기 생애를 위한 변호」로 응했는데, 이는 킹슬리를 향한 답변일 뿐 아니라 결국 종교계 전반에 뉴먼에 대한 찬사를 불러일으켰다. 늘 소수에게만 칭송받던 그가 마침내 다수의 존경을 얻게 된 것이다.

뉴먼은 집필, 설교, 행정 등 다양한 일로 계속 천주교회를 섬기면서, 점차 자신을 직간접으로 아는 대다수 사람의 칭송을 얻었다. 뉴먼의 모교인 옥스퍼드 트리니티 대학은 노년의 그를 첫 명예 교수로 추대하여 경축했고(1878년), 교황 레오 13세는 천주교에 대한 뉴먼의 공헌을 기려 그를 추기경으로 임명했다(1879년). 1890년 8월 11일 폐렴으로 죽기까지 뉴먼은 생애의 마지막 10년 동안 계속 글을 쓰고 편집했다. "뉴먼의 관을 덮은 보에는 그가 추기경의 모토로 삼았던 '마음은 마음에 말한다'(cor ad cor loquitur)라는 말이 적혀 있었고, 그의 기념비에는 생전에 직접 정해 두었던 '비실체를 벗어나 실체 속으로'(Ex umbris et imaginibus in veritatem)라는 말이 새겨졌다."[10]

뉴먼의 지성의 특징

뉴먼 같은 사람의 삶의 특성과 중요성을 제대로 밝히려면 직위나 업적을 간략히 늘어놓아서는 어림도 없다. 이언 커(Ian Ker)의 방대한(745페이지) 명작 전기로도 안 된다. 본서는 물론 그보다 주제도 좁지만 분량도 적다. 그래도 뉴먼의 지성의 특징을 파악할 수 있다면, 본서의 주목적—모든 독자에게 기독 지성의 개발을 격려하는 것—에 진척을 가져다줄 것이다.

이상하게도, 기독 지성에 관한 책에 뉴먼이 절대로 모범 인물이 될 수 없다고 말하는 사람들도 있다. 예컨대 토머스 칼라일은 "뉴먼에게는 중치 크기 토끼의 두뇌도 없었다"[11]고 말했다. 또 앙리 브레몽(Henri Bremond)은 "지난 세기의 대등한 지성인들 중에서 그는 가장 탐구 정신이 적었다"고 했다. 그러나 역사와 사실은 칼라일과 브레몽의 말이 공히 오류임을 보여 주었다. 뉴먼은 우수하고 독창적인 지성의 소유자였다. 신학적, 철학적 담론에 있어 그는, 기존의 잘 다져진 길들을 답습한 것이 아니라, 자기만의 길을 취하여 누구도 이루어 낼 수 없는 통찰을 내놓았다. 기독교 교리의 발전의 이해에 대한 그의 공헌, 칭의의 신학에 대한 그의 분석, 믿음의 정당성에 대한 그의 혁신적 논술―이 모두에, 뉴먼 특유의 상상력과 추론 능력의 도장이 찍혀 있다.[12] 오웬 채드윅(Owen Chadwick)의 말처럼 "그는 활기찬 지성의 소유자"였고 그 지성은 언제나 활동하고 있었다.[13]

「대학의 개념」에서 뉴먼은 "사고와 말은 서로 불가분의 관계다.…문체란 언어로 소리 내어 하는 생각이다"[14]라고 썼다. 생애 말년에 뉴먼은 "그도 손에 펜을 들지 않고는 절대로 잘 생각할 수 없었는데 '이제 나도 펜을 자유로이 놀릴 수 없게 되니 사고를 활용할 수 없다'"[15]고 했다. 이 때문에 우리는 영국 국교회의 정당성을 회의하기 시작하기 직전의, 뉴먼의 지성의 작용을 엿볼 수 있다.

나는 쓴다―다시 쓴다―6개월 동안 세 번째로 쓴다―세 번째 원고를 꺼낸다―말 그대로 종이가 교정 내용으로 빽빽해져, 남이 못 읽을 정도가 된다―그래서 나는 인쇄공을 위해 깨끗이 다시 쓴다―치워 둔다―꺼낸다―다시 교정을 시작한다―그 정도로 안 된다―고친 부분이 점점 많아진다―몇 페이지를 다시 쓴다―깨알 같은 글씨가 줄줄이 끼어들어 난무한다―페이지 전체가 지저분해진다―나는 다시 쓴다. 이 과정이 몇 번이나 계속되는지 셀 수 없다. 전체 작업을 썩 볼품없는 일에 견줄 수 있을 뿐이다.…해면(海綿)에서 바닷모래와 바다 냄새를 씻어 내는 것과 같다. 내 책, 「칭의 강론」(Lectures on Justification)에 깨끗한 물이 많이 들어올 수만 있다면.[16]

지금처럼 컴퓨터로 문서를 작성했다면 어땠을지 궁금하다.

진리를 향한 열정

뉴먼의 사고는 늘 진리를 향한 열정에 이끌렸고, 따라서 그의 글도 마찬가지였다. 회심 후 얼마 안 되어 뉴먼은 토머스 스캇(Thomas Scott)의 「진리의 힘」(The Force of Truth)을 읽고 깊은 감동을 받았다. 뉴먼에 따르면 스캇은 "유니테리언주의에서 출발하여 성 삼위일체에 대한 열렬한 믿음에 이르기까지, 진리가 이끄는 곳이면 어디나 따라갔다."[17] 이 말 속에 뉴먼의 삶 전체의 특징이 될 두 가지 주제가 완벽한 연합으로 공존하고 있다. 진리와 진리에 대한 순종이다. 잠시 후 여기에 대해 살펴볼 것이다.

진리를 향한 열정은 뉴먼의 모든 사고와 행동의 기본 전제였다.[18] 당시 기독교 사상의 특징을 이루기 시작한 이성의 퇴조를 질타하면서, 뉴먼은 이렇게 썼다. "그렇다면 진리가 있다는 것, 유일한 진리가 있다는 것, 종교적 오류도 그 자체로 불멸성이 있다는 것,…진리의 추구는 호기심 충족이 아니라는 것,…진리와 허위는 우리의 심령을 시험코자 우리 앞에 놓여 있다는 것,…이것이 교의상의 원칙이다."[19]

뉴먼은 이 원칙을 자신이 거부한 자유주의 원칙과 대비했다.

종교의 진리와 허위는 한낱 입장 차이라는 것, 이 교리도 좋고 저 교리도 좋다는 것, 우리가 진리를 얻는 것이 세상의 통치자의 뜻하신 바가 아니라는 것, 진리가 없다는 것,…믿음이란 마음과 상관없이 머리만의 일이라는 것, 믿음의 문제들을 우리 자신에게 안심하고 맡겨도 되며, 다른 인도자는 필요가 없다는 것이다.[20]

존 헨리여, 부르짖나니 우리에게 당신이 필요할 때 당신은 어디 있는가! 수백 년 동안이 흘렀지만, 상황은 우리가 생각하는 것만큼 크게 달라지지 않았을 것이다. 여기서는 일단 본론으로 돌아가자.

뉴먼은 진리 자체에 대해 열정적이되, 진리의 끝없는 추구에만 아니라, 피비린내 나도록 리얼하게 구현되는 현실 자체에도 그렇다. 그리고 그는 진리를 습득할 수 있는 방법과 그 습득한 것을 확인할 수 있는 방법 둘 다에 매료되었다.

첫째, 진리를 어떻게 습득할 수 있나? 이 질문은 즉시 우리를 주제의 나머지 절반으로 데려간다. 즉, 진리일 수 있다고 지각되기 시작할 때, 그대로 기꺼이 따라야 한다는 것이다. 뉴먼은 "훌륭한 사람들만이 훌륭한 사고를 입증하거나 이해할 수 있다. 도덕적 진리는 '참을성 있는 연구와 차분한 묵상을 통해 마치 이슬이 내리듯 고요히 얻어지는' 것이며, '한 시간의 논쟁 속에서는' 잘 보이지 않는 법이다"[21]고 썼다. 지식과 행동, 믿음과 순종, 이론과 실제 등의 밀접한 관계는, 평생에 걸쳐 뉴먼의 저작에 다양한 방식으로 나타난다. 다음 예들을 생각해 보라.

[1833년, 지중해 여행 중에] 선한 사고란 에누리 없는 순종의 통로로 쓰이는 만큼만 선할 뿐이다. 아니면, 적어도 선한 사고가 그 선함의 주요 부분이다.[22]

[1841년?] 덕이 지성에 대한 통어(通御)라면, 덕의 목표가 행동이라면, 덕의 완성이 내면의 질서와 조화와 평화라면, 우리는 도서관과 서재보다 더 중대하고 더 거룩한 곳들에서 덕을 구해야만 한다.[23]

[1845년 4월 20일] [국교회를 떠나 천주교로 가려는 마음이] 이성의 부름인지 양심의 부름인지 무척 알기 어렵습니다. 나를 재촉하는 것이 내게 확실해 보이는 그 무엇인지 아니면 의무감인지 나는 분간할 수 없습니다.[24]

[1856년, 천주교 대학의 특성에 대해] 나는 한 지붕 아래 지성 훈련과 덕성 훈련이 함께 있기를 원한다.[25]

거룩을 향한 열정

뉴먼에게 진리를 향한 열정이 있었고 그 의미는 반드시 순종이 뒤따라야 한다는 것이었다고, 그렇게만 말하면 충분히 강하지 못하다. 사실 뉴먼은 그 무엇과의—진리, 감정, 쾌락 등 무엇이든—연관성과 무관하게, "거룩을 향한 부단한 추구"가 있었다.[26] 목회 사역 초기인 성 클레멘트 교회 시절에 뉴먼은 이렇게 썼다. "편안함을 설교의 대주제로 삼는 사람들은 사역의 목표를 오해하는 것 같다. 중대한 목표는 거룩이다. 이 부분에 씨름과 노력이 있어야 한다. 편안함은 강장제이지만, 아침부터 밤까지 강장제를 마시는 사람은 아무도 없다."[27]

뉴먼은 거룩을 어떻게 보았을까? 가장 분명한 설명 중 하나가 옥스퍼드 성모 마리아 교회에서 아직 국교회 목사로 있을 때 전한 두 편의 설교에 나온다.

어떤 장해물에도 굴할 수 없는 각오로 우리 형제들을 사랑하는 것, 우리를 미워하는 자들을 구원할 수만 있다면 스스로 저주라도 달게 받으려 하는 것, 가망 없는 고난 속에서도 하나님의 일로 수고하는 것, 닥쳐오는 삶의 사건들을 성령께서 주시는 해석대로 읽되 마치 낯선 언어가 아닌 듯 즉각 읽는 것, 우리의 모든 일상사를 가장 근신하여 행하는 것, 모든 악한 생각을 살피고 사고 전체를 그리스도의 법 앞에 사로잡아 오는 것, 인내하고 즐거워하고 용서하고 온유하고 정직하고 진실해지는 것, 죽는 날까지 이 선한 일에 인내하며 완성을 향하여 새롭게 또 새롭게 진보하는 것, 그리고 무엇보다 끝까지 자신이 무익한 종임을 고백하는 것, 자신이 타락한 죄인이며 하나님이 그리스도 안에서 자비를 베푸시지 않았다면 여전히 잃은 영혼일 것임을(아무리 능력이 많아도) 느끼는 것─이것이 신앙적 순종의 몇 가지 어려운 현실이거니와 우리는 거룩을 추구해야 하며, 사도들도 거기에 높이 도달했고, 하나님이 거룩을 능히 우리 것으로 삼게 하시면 우리는 그분의 거룩한 이름을 송축하여 마땅합니다.[28]

두 번째 설교의 주제도 거룩에 이르는 길이다.

거룩을 향한 사랑이 우리 안에 창조되도록 힘쓰고 기도합시다. 그러면 어떻게 행동해야 할지 굳이 고민하지 않아도, 때가 되면 자신과 자신의 상황에 맞는 행동이 따라오게 되어 있습니다. 죄인 것과 그저 무방한 것 사이에 정확한 선을 그으려 할 필요가 없습니다. 그리스도를 바라보고, 그분이 버리라고 하시는 것 같으면 무슨 일이든 그 성격을 불문하고 자신에게 부인하십시오. 많이 사랑하면 굳이 계산하고 따질 필요가 없습니다. 과감히 그분을 따라갈 마음만 있으면 호기심 거리들로 고민할 필요가 없습니다. 물론 때때로 어려움도 있겠지만 드물 것입니다. 그분은 우리를 불러 십자가를 지라 하십니다. 그러니 날마다 기회를 잘 살려, 양보할 필요가 없을 때도 남들에게 양보하고, 피할 수 있는 달갑잖은 봉사도 나서서 하십시오. 그분은 가장 높아지려는 자들을 불러 가장 낮게 살라 하십시오. 그러니 야심찬 생각일랑 버리고 (신앙적으로, 할 수 있는 한) 스스로 권위와 지배권을 갖지 않기로 결심하십시오. 그분은 팔아 구제하라고 우리를 부르십니오. 그러니 자신에게 돈을 쓰는 것을 미워하십시오. 칭찬이 커지거든 칭찬에 귀를 닫고, 세상이 조롱하거든 얼굴에 철판을 깔고 그 위협을 웃어넘기십시오. 마음이 격하게 폭발하거나 처량한 슬픔에 주저앉거나 무리한 정에 녹으려 하거든, 자기 마음을 다스리는 법을 배우십시오. 혀에 재갈을 물리고, 유혹에 빠지지 않도록 눈길을 돌리십시오. 긴장이 풀리는 위험한 분위기를 피하고, 마음을 다잡아 위엣것에 두십시오. "낮이 한창일 때" 기도에 깨어 있고, "밤에 침상에서" 유일한 참 신랑이신 그분을 구하십시오. 그러면 자아 부인이 자연스러워져 눈에 띄지 않게 조금씩 변화가 찾아올 것입니다. 그리고 야곱처럼 우리도 광야에 누우면 곧 천사들이 보이고 천국 길이 우리 앞에 열릴 것입니다.[29]

이런 거룩이 쉽게 오지 않음을 뉴먼은 알았다. 본인이 변화를 원해야 하며, 그 열망 자체도 가꾸어야만 한다. "거룩이란 인내로 반복하는 많은 노력과 순종의 결과가 아닙니까? 그것이, 우선 우리 마음을 고치고 변화시켜, 점차 우리를 만들어 가는 것 아닙니까?"[30]

천주교로 개종하기 몇 년 전, 뉴먼은 거룩을 혹독한 금욕이 아닌 평범한 훈련을 통해 얻는 것임을 깨달았다.[31] 그는 성인(聖人)의 삶이란 "도덕적 통합성, 정체감, 성장, 연속성, 성품 등의 개념…하나의 능동적 사고 원리, 하나의 개성 등의 실재…내면 생활―이 모든 것으로 독자들에게 감화를 끼치는 하나의 내러티브"[32]라고 썼다. 뉴먼은 성인으로 인정받기를 동경한 적은 없지만, 도덕적 통합성과 "하나의 능동적 사고 원리"를 갖춘 삶을 동경했던 것은 분명하다. 사실, 진리를 향한 열정과 더불어 거룩을 향한 뉴먼의 열정은 그의 삶 전체—개인, 지성인, 목사, 교수, 성직자로서의 삶—를 떠받치는 숨은 기초다.[33]

진리의 습득

진리를 향한 열정도 있고 진리를 알기만 하면 그대로 살려는 의지도 있다면, 그럼 진리는 어떻게 습득되나?

이 부분에서 뉴먼은 혁신가가 아니다. 인간 지성은 진리를 위해 지음 받았고, 뉴먼은 당대에 행해지던 예술과 학문을 주변 세계에 대한 지식을 습득하는 주된 길들로 보았다. 그러나 신앙 진리에 도달하는 주된 길은 이성과 계시(성경, 기독교 전통, 개인의 양심)를 통한 것이다.[34] 「소책자 73」에 뉴먼은 이 주제를 꽤 길고 세밀하게 다루었다. 첫째, 계시된 진리와 관련하여 이성의 일정한 역할이 있다.

계시된 진리와 관련하여, 무엇이 이성으로 확인 가능하고 무엇이 그렇지 않은지 이성을 사용하여 확인하려 하는 것은 이성주의가 아니다. 명시된 계시가 없는 상태에서 우리에게 천성으로 주어지는 종교 진리들을 조사하는 것, 주어진 어떤 계시를 수용하려면 어떤 증거들이 필요한지 분간하는 것, 증거 부족을 이유로 어떤 계시를 거부하는 것, 어떤 계시를 하나님의 것으로 인정한 후 그 진술의 의미를 연구하고 그 언어를 해석하는 것도 이성주의가 아니다…이것은 이성주의가 아니다.[35]

그러나 이성의 한계도 있다.

그러나 계시를 수용한 뒤에 적당히 얼버무리는 것은 이성주의다. 계시를 하나님 말씀이라 해 놓고 인간의 말처럼 취급하는 것도 그렇다. 계시가 스스로 말하지 못하도록 막는 것도 그렇다. 하나님이 우리를 왜 그리고 어떻게 상대하시는지 들었다는 주장도⋯그분께 우리 자신의 동기와 크기를 부여하는 것도 그렇다. 하나님이 주실 수 있는 부분적 지식에 실족하는 것도 그렇다. 모호한 내용은, 마치 말씀하신 적이 없었다는 듯, 제쳐 두는 것도 그렇다. 들려주신 말씀을 절반만 수용하고 절반은 수용하지 않는 것도 그렇다. 계시 내용이 또한 계시의 증거라고 가정하는 것도 그렇다. 내용에 대한 근거 없는 가설을 세워 놓고는 계시를 견강부회 식으로 재단하고 윤색하고 쳐내고 잘라 내고 깎아 내고 왜곡하여, 결국 우리가 기준으로 정해 둔 개념에 꿰어 맞추는 것도 이성주의다.[36]

모든 전통적 그리스도인처럼 뉴먼도 성경을 최고의 계시로 보았다. 다만 뉴먼이 천주교에 점점 더 끌리게 된 이유의 하나는, 그가 교회의―처음에는 공의회들의, 나중에는 더 중요하게 교황의―교육 직무의 역할을 점점 크게 보았다는 것이다. 뿐만 아니라 교회사를 공부하면서 뉴먼은 "'만인이 스스로 성경에서 복음의 참 교리들을 얻을 수 있다'는 '극단적 개신교 원리'"[37]―그의 표현―를 배척하게 되었다. 오히려 초대 교회 때는, "성경의 가르침을 옹호하여"[38] 성경만 가지고 교리들을 정립한 주체는, 교회였다. 요컨대, 뉴먼은 교회가 가르치면 성경이 교회의 가르침을 정당화해 준다고 믿었다(개신교는 그렇게 믿지 않는다).

분명 뉴먼은 진리의 지식을―일반 진리든 신앙 진리든―인간 지성의 능력으로 쉽게 얻을 수 있다고 낙관하지 않았다. 지성이란 복잡다단한 도구다. 지성은 온갖 딴 욕심에 끌려 곁길로 빠지기 쉽다. 지성은 발작적으로 움직이며, 확실성을 얻는 과정에서 힘을 잃고 축 늘어질 때가 많다. 지성의 작용을 묘사한 다음 대목은 뉴먼의 가장 웅변적인 글 중 하나다.

> 지성은 이리저리 활보하며 활짝 퍼져 앞으로 나아가되 정평이 날 정도로 신속하게, 조사를 따돌릴 정도로 정교하고 능수능란하게, 그린다. 지성은 이것에서 저것으로 넘어가되 어떤 암시로 이것을 얻고, 확률로 다른 것을 얻고, 이어 연상을 이용하고, 이어 외부에서 받은 어떤 법칙에 의존하고, 다음은 증언을 붙잡고, 이어 어떤 대중적 감화나 내적 본능이나 희미한 기억에 내맡긴다. 이렇게 지성의 움직임은 가파른 벼랑을 오르는 사람과 다르지 않은데, 그는 기민한 눈빛과 신속한 손놀림과 견고한 발동작을 동원하여 자기도 모르는 방식으로 오르되, 규칙대로가 아니라 자신의 자질과 실천으로 오르며, 뒤에 자취를 남기지 않으며, 남에게 가르쳐 줄 수도 없다. 노련한 등반가의 험한 바위산 등정처럼, 위대한 천재들이 진리의 산을 오르는 걸음 또한 일반인들에게는 안전하지 않고 위험하다 해도 과언이 아니다. 이는 그들만이 갈 수 있는 길이며, 그들의 성공이 정당성을 입증한다. 재능이 있든 없든 모든 인간이 평소 추론하는 방식도 주로 그와 같다. 즉, 우리는 규칙대로 추론하는 것이 아니라 내적 능력으로 한다.[39]

물론 이는, 활발히 활동하는 모든 지성의 작용에 대한 말이지만, 우리는 이 묘사가 다분히 뉴먼 자신의 지성의 작용에 대한 깊은 내성(內省)에서 왔다고 확실히 말할 수 있다. 뉴먼은 "내적 능력"에 대해 심사숙고한 끝에, 결국 "추리 감각"이라는 용어를 찾아내, 「동의의 문법」(The Grammar of Assent)

에서 그 말로 구체적 명칭을 붙였다.[40] 그 책에 나오는 뉴먼의 논의는 본 장에 요약하기에는 너무 복잡하다. 여기서는 뉴먼이 논리적 추론이나 직관과 동등하게 여길 수 없는 별개의 정신 능력을 염두에 두었다고 말하는 정도로 족하다. 한 편지에 나오는 뉴먼의 말에서 그 내용을 엿볼 수 있다. "당신 안에 영혼의 눈이 빚어지려면 인내해야 하고 기다려야 합니다. 종교적 진리에 도달하는 길은 이성적 추론이 아니라 내적 지각입니다. 이성적 추론은 아무나 할 수 있지만, 지각은 훈련과 교육으로 개발된 지성만이 할 수 있습니다."[41] 또는 이런 말도 있다. "우리는 자신의 원칙에 따라 자신의 빛으로 스스로 판단한다. 우리에게 진리의 기준은, 명제들의 조작이라기보다는 명제들을 주장하는 사람의 지적·도덕적 성품, 그리고 그의 논증이나 결론이 우리의 지성에 미치는 조용한 궁극적 효과다."[42]

특히 제1원칙들—흔히 내가 전제들이라 부르는—은 이성이 아니라 양심으로 터득되도록 되어 있다.[43]

> 양심은…우리에게 하나님이 계시다는 것뿐 아니라 그분이 어떤 분인지 가르쳐 준다. 양심은 예배의 한 매체로서, 지성에게 그분의 바른 이미지를 제시한다. 양심은 그분의 법칙으로서, 우리에게 옳고 그름의 법칙과 도덕적 본분의 법전을 준다. 나아가 양심은 구성이 아주 탄탄하여, 그대로 순종하기만 하면 그 명령들이 점점 분명해지고 그 영역이 점점 넓어져, 자신의 초반 교훈들의 우발적 미약함을 교정하고 완성해 준다.[44]

또는 이런 말도 있다.

양심이란 피조물과 창조주를 이어 주는 원칙이며, 신학적 진리의 가장 확고한 이해는 개인 신앙의 습성들을 통해 얻어진다. 모든 일을 하나님을 생각하며 시작하고 또 그분을 위하고 그분의 뜻을 이루기 위하여 행할 때, 자신과 자신의 삶에 그분의 복을 구하고 자신이 바라는 목표들을 위하여 그분께 기도하고 자신의 기도에 맞든 맞지 않든 사건들 속에서 그분을 볼 때, 우리는 벌어지는 모든 일이 자신에게 그분에 관한 진리들—다양하고 비현실적인 진리들일지라도 우리의 상상 속에 살고 있는—을 확증해 주는 경향이 있음을 깨닫게 된다.[45]

그러나 진리는 전적으로 개인의 지성, 영혼의 눈, 양심의 분별의 영역만은 아니다. 만일 그렇다면 뉴먼이 평생 배척한 원리가 떠받들어지게 된다. 곧 "개인적 의견"의 원리, 개신교 종교개혁에서 유래하여, 뉴먼이 보는 한, 비참한 결과들을 초래한 원리다. 이미 본 것처럼 뉴먼이 배척한 "이성주의"가 바로 이 원리에서 왔다.[46] 그보다, 진리란 진리 주장들 사이의 충돌의 결과일 때가 많다.[47] 나아가 "진리는 많은 지성의 거리낌 없는 공동 작업으로 도출되는 것이다."[48]

"개인적 의견"—뉴먼 자신의 독창적 사고도 그런 특징을 보이는 듯할 때가 많다—과 뉴먼의 동료들, 특히 교회 전통의 의견, 이 둘에 대한 그의 논증에 긴장이 있음은 말할 것도 없다.[49] 이언 커의 말대로 "사실, 바로 이 탐구적인 편지들 속에서 우리는, 교회의 교육 직무에 대한 균형 잡힌 이론을 정립하는 실제 과정에 있어, 매우 독립적이고 독창적이면서도 권위와 전통 의식(意識)에 깊이 고취되어 있는 뉴먼의 지성을 본다."[50] 교황의 무오성—1870년에 발표된 교리로 뉴먼은 개인적으로 반대했다—문제를 고민하고 정리하면서 뉴먼은 균형 잡힌 주장을 조심스레 내놓았다. 커는 "「자기 생애를 위한 변호』의 마지막 장이 결국 그토록 감명 깊은 것은, 다른 고려 사항들과 요인들을 배제한 채 하나의 특정한 입장만 채택하지 않은 데 있다"[51]고 말했다.

그러나 내게 가장 강하게 와 닿는 것은, 양심의 주제—그는 양심을 "인간 개개인의 사고를 통하여 이해되는 하나님의 법"[52]이라 했다—에 대한 유명한 마지막 말이다.

> 양심은 그리스도의 원초적 대리자로서, 그 정보로는 선지자, 그 절대성으로는 왕, 그 축복과 저주로는 제사장이다. 비록 교회 전반의 영원한 제사장직은 종결될 수 있을지라도, 성직권의 원리는 양심 속에 계속 남아 통치할 것이다.[53]

양심의 "지시"가 교황의 지시보다 우선되는 것은 가장 극단적 상황에서만 적절하다. "자기가 교황의 명령에 따를 수도 없고 감히 따르지도 않겠다고 하나님 존전에서 스스로에게 말할 수 없는 한, 인간은 거기에 순종해야 하며, 불순종하면 큰 죄를 짓게 된다."[54] 이어 뉴먼은 이렇게 결론을 맺었다. "한 가지 덧붙인다. 내가 만일 종교를 식후의 건배 소재로 삼아야만 한다면(사실 그럴 일은 없어 보이지만), 분명 나는 마시되—괜찮다면 교황을 위해—그래도 먼저 양심을 위해 마시고, 그 다음에 교황을 위해 마실 것이다."[55]

우리는 뉴먼이 양심을 어느 개인 혼자의 의견으로 보지 않았음에 잘 주목해야 한다. 그는 양심이란 "피조물과 창조주를 이어 주는 원칙"[56]이라 했다. 그럼에도 불구하고 내가 보기에 뉴먼도 일개 사상가로서 자기도 모르게 "개인적 의견"의 원리대로 행했다. 하지만 이는 사람이 행동할 수 있는 유일한 길이 아닌가? 타인의 의견에 맡길 때, 우리는 그 맡김이 옳다는 개인적 의견을 구사하는 것이다. 부모, 친구, 배우자, 교사, 교황 등 타인에게 동의하지 않을 때 우리는 "개인적 의견"을 경험한다.

우리가 뉴먼에게서 그리고 전통적 기독교의 가르침 전반에서 얻는 것은, 우리의 개인적 의견이 유난히 오류에 빠지기 쉬우며—그 의견이 교회(교회를 천주교, 개신교, 메노파, 정교회 등 어떻게 정의하든)의 통상적 이해와 모순되어 보일 때는 특히 더—그러므로 개인적 의견에 극도의 조심성과 겸손이 필요하다는 가르침이다. "여호와를 경외함이 곧 지혜의 근본이라"(시 111:10). 이 진리를 받들어 순종하면 그나마 우리 마음이 제자리에 있게 된다.

확신에 대한 열정

뉴먼의 지성이 작용하는 구체적 사례를 살펴보기에 앞서 한 가지 열정을 더 살펴보자. 확신에 대한 열정이다.[57] 이 열정에 수반되는 것은 정확함에 대한 열정(자신의 생각을 정확히 그대로 표현하려는 열정)과 자신의 신념이 그저 관념이 아니라 실체여야 한다는 열정이다.

먼저 정확함에 대한 열망부터 살펴본다. 뉴먼은 펜으로 사고한 사람인지라 모든 것을 정확히 자기가 말하기 원하는 대로 기록하려 했다. 비평가들을 상대로 간행된 뉴먼의 방대한 답변과 사신(私信)에서 보다시피, 그는 언제나 자기가 기록한 내용의 결과를 감수할 자세가 되어 있었다. 그만큼 뉴먼은 모든 것을 변호할 수 있고, 철회할 것이 별로 없도록 쓰려고 무척 애썼다.[58] 자신의 두 동료의 작품—뉴먼의 개념을 수용한 뒤 한걸음 더 발전시킨 것으로 추정되는—에 관하여 뉴먼은 E. B. 푸시(Pusey)에게 이렇게 썼다.

그들에게 내 동정이 가는 것은 같으나, 정말 내 의견이 있는지 어떤지는 분간을 못하겠습니다. 어디까지가 나 자신의 의견인지 잘 모르겠습니다. 워드[두 동료 중 하나]가 만일 이것이나 저것이 내 말을 발전시킨 것이라 말해도, 나는 가타부타 말할 수 없습니다. 물론 개연성이 있고, 사실일 수 있습니다. 사실이 아니라고 나는 주장할 수 없습니다. 그렇다고, 어떤 사람들에게 있는 예리한 지각으로, 그 사실을 인정할 수도 없습니다. 확실한 것 이상을 부득이 말해야 한다면 그것은 내게 달갑잖은 일입니다.[59]

여기까지이고 그 이상은 아니라는 것이 뉴먼의 주장이다. 사람이 믿는 것은 그저 이론이나 관념이 아니라 실체여야 한다. 이 구분은 명목상의 그리스도인과 실제 그리스도인에 대한 복음주의적 구분에 뿌리를 두고 있지만, 뉴먼은 그 내용을 훨씬 더 풍부한 형태로 발전시켰다. 첫 저서 「4세기의 아리우스파」(The Arians of the Fourth Century, 1833)에서 뉴먼은 참과 거짓의 개념 자체를 실체와 비실체의 관점에서 정의했다. 「교구 설교집」(Parochial Sermons, 1834)에서 뉴먼은 "모든 종교는 '실체여야 한다'고 주장한다. 어떤 종교적 신념을 진리라고 고백하면서 '그것이 진리인 것처럼 느끼고 생각하고 말하고 행동할' 수 없다면, 이는 '비현실적 방식으로' 믿는 것이다."[60] 물론 이 주장은 진리에 대한 뉴먼의 열정이, 순종을 특징으로 하는 거룩을 향한 열정과 맞물려 있음을, 다른 식으로 말한 것이다.

그러나 뉴먼이 실체와 비실체의 구분을 가장 세세히 표현한 곳은 「동의의 문법」(1870)이다.[61] 거기 보면 그 구분이, 믿음의 정당성이라는 그의 극히 독창적이고 복잡한 연구를 떠받치고 있다. 오래 전부터 뉴먼은 우리 그리스도인이 진리를 왜 믿는가의 문제를 연구하기 원했었다. 지성의 성숙을 통해 그에게 때가 왔고, 그 결과 우리 믿음의 정당성을 향하여, 설득력까지는 몰라도 독창성 있는 진보를 이루었다. 자신의 가장 철학적인 이 작품에서 뉴먼은 우리가, 합리적 연구로 엄격히 입증할 수 없는 기독교 신앙의 교리들을 믿는 것이, 어째서 정당한지를 이해하는 작업에 착수한다.

종종 고통스럽게 진행되는 이 논증을 나는 감히 요약할 수 없다.[62] 몇 군데 인용하여 맛을 보는 정도로 족하다.

> 확신이란…진리를 지각하되 그것이 진리라는 지각 하에 그리하는 것이다. 확신이란 "나는 내가 안다는 것을 안다"든지 "내가 안다는 것을 안다는 것을 안다"든지 단순히 "나는 안다"는 말로 표현되는, 그 앎을 의식하는 것이다.[63]

> 확신의 특징은 그 대상이 진리라는 것, 어떤 참인 명제처럼 진리라는 것이다. 옳은 소신과 그릇된 소신이 있는데, 옳은 소신만이 확신이다. 옳되 옳다는 의식이 없다면 그 확신은 확신이 아니다. 진리란 변할 수 없다. 한번 진리는 항상 진리다. 인간 지성은 진리를 위해 지음 받았고, 그래서 진리 안에서 쉬지만 허위 안에서는 쉴 수 없다. 그렇다면 인간 지성이 한번 소유한 진리를 무엇이 빼앗을 것인가? 이점 확실해야 한다. 그러므로 한번 확신은 항상 확신이다.[64]

이 확신을 가져오는 것은 "추리 감각"이다. 이는 뉴먼의 독창적 용어는 아니지만, 거의 사용되지 않던 것이다. "이성적으로 추론하고 그 추론을 통제하는 것은, 단어와 명제라는 기술적 장치가 아니라 지성이다. 판단하고 결론짓는 위력이 완성된 상태에 이르면, 나는 그것을 추리 감각이라 부른다."[65]

세 열정—각각 진리, 거룩, 확신에 대한 열정—중 내가 보기에 문제가 되는 것은 마지막 것이다. 확신에 대한 추구가—아니, 열정이—계몽주의 운동을 자극했다. 최초의 진정한 현대 철학자 데카르트는 자기가 철학적 확신을 확보하는 길을, 자성(自省)을 통하여 발견했다고 생각했다. 그 뒤로 데이비드 흄(뉴먼 이전)과 프리드리히 니체(뉴먼 이후) 같은 철학자들이 이 낙관론에 깊은 도전을 가했지만, 이후의 지성 문화는 철학적 확신이 가능하다는 개념을 수용했고, 주로 과학의 방법들을 그런 확신의 길로 삼았다.[66] 뉴먼은 확신을 찾는 과학적 방법들과 데카르트의 회의(懷疑) 방법을 둘 다 배척했지만, 그래도 철학적 확신을 타당하고 도달 가능한 목표로 수용했다. 뉴먼은 다만, 인간의 이성이 어떻게 추리 감각의 형태로 하나님 아래서 그 기능을 수행하는지 보이려 했다. 뉴먼의 치열한 추구와 정교한 추론에도 불구하고 오늘날 그가 목표를 달성했다고 보는 사람은 별로 없다.

그래도 우리는 이 추리 감각이 뉴먼의 경우에 실제로 어떻게 작용하는지 볼 필요가 있다. 평생 그에게 가장 큰 어려움을 주었던 문제에 대한, 뉴먼의 지성의 작용을 보면, 추리 감각을 엿볼 수 있다. 국교회와 천주교 중 어느 쪽이 참된 교회인가?

뉴먼의 지성의 작용

뉴먼의 지성의 작용을 보는 최선의 길은 어쩌면 국교회를 중도(中道)로—복음주의와 천주교의 적당한 중간 지점으로—보던 뉴먼의 시각에 회의가 들기 시작하던 때부터 그를 쭉 따라가는 것이다. 더 정확히 말해 에이버리 덜레스(Avery Dulles)의 표현으로, "뉴먼과 그 동료들은 천주교에 세 분파 즉 정교회 쪽, 로마 쪽, 영국 국교회 쪽이 있다고 주장했다."[67] 약 6년간 옥스퍼드 운동가들―뉴먼과 그 친구들에 대한 명칭―은, 1호 소책자에서부터 마지막 「소책자 90」에 이르기까지 논쟁을 벌였다. 「소책자 90」을 고비로 옥스퍼드 주교는 더 이상 소책자를 발간하지 말 것을 명했다.

우리가 시작할 곳은 1839년의 사연이다. 1833년 「시국 소책자」 1호가 간행된 후로 뉴먼은 옥스퍼드 운동의 주요 인물이었다. 그는 다수의 소책자를 썼는데, 주목표는 복음주의자들(뉴먼 일행이 영국 국교 39개 신조를 읽을 때 있었던 개신교도들)과 천주교인들 사이의 중도 입장을 증진하는 것이었다. "1839년 봄, 국교회에서 내 지위는 최고에 달했다. 나는 논란이 되던 내 신분에 대해 더없는 확신이 있었고, 그 확신을 다른 사람들에게 권하는 일에도 큰 성공을 거두었을 뿐 아니라 계속 성공 일로에 있었다."[68] 물론 이런 지위는 오늘날 영국 국교회의 일반적 현상보다는 국교회의 천주교 버전에 더 가까웠다.

뉴먼의 회의의 시작은, 전혀 무관해 보이는 학문 연구에 임하면서 갑작스럽고도 예기치 않게 찾아왔다. 그는 초대 교회의 한 논쟁에 주목해 왔었다. 그 논쟁의 정확한 성격은 여기 상술할 필요가 없다. 도나티스트파와 단성론(單性論)이라는 옛 이단들에 관련된 것이었다. 천주교 학자 니콜라스 와이즈먼(Nicholas Wiseman)은 한 기사에서, 이 이단들의 신봉자들이 옛 전통에 호소하여 자기들 입장을 정당화해 왔으나 "살아 있는 권위(교회)로 인하여 말문이 막혔다"[69]고 지적했었다. 핵심 어휘는 성 아우구스티누스가 발표한 "세상은 확신을 가지고 판단한다(Securus judicat orbis terrarum)"[70]였다. 전체 문장은 이렇다. "세상 어느 곳에서든 스스로 나머지 세상과 분리되는 자들은 선한 사람들이 아니라고 세상은 확신을 가지고 판단한다"[71]. "계획적 판단은 그런 탈퇴 분파들에 대한 무오한 처방이자 최종 선고이며, 교회 전체는 마침내 그 판단에 순종하여 안식을 얻는다"[72]는 개념에 부합하는 것은 천주교 입장뿐이다. 이는, 어느 버전의 교회나—비국교도들, 국교 복음주의자들만 아니라 중도를 증진하던 옥스퍼드 운동 국교도들까지도—배교 교회라는 뜻이었다. 뉴먼은 커다란 충격을 받았다. "교회사의 길고 다양한 노정을 해석하고 압축한 고대 신부의 그 위대한 말 앞에서, 중도 이론은 완전히 와해되고 말았다."[73]

그러나 뉴먼은 금세 천주교로 개종하지 않는다. 1주일 후 그는, 와이즈먼의 글을 연구하고 답변해야 함을 느꼈다. 그러다 며칠 후 뉴먼은 한 친구에게 "은혜가 '종파로 분립된 교회에서도 베풀어질' 수 있음"[74]에 성 아우구스티누스도 동의할 것 같다고 말했다. 더 후에, 뉴먼의 옥스퍼드 운동론에 대한 그런 도전은 사그라졌다. "얼마 후 나는 침착해졌고, 내 상상에 미친 생생한 영향도 사라졌다.…내 기존 확신은 전처럼 남아 있었다."[75] 숙고 끝에 뉴먼은, 자신이 "내 상상이 아니라 내 이성의 지도를 받기로 결심했다"[76]고 말했다.

뉴먼이 이 문제를 해결하여, 1839년의 "벽 위의 손 그림자"가 현실이 된 것은, 그로부터 6년이 더 지나서였다. 중간 입장에 대한 확신을 점점 견지할 수 없게 되자 뉴먼은, "'그 이상'은 믿지 않으면서 국교회 천주교파 사람들처럼 '그렇게 많이 믿는다는 것이 불합리하게'"[77] 느껴졌다. 그러나 1844년 10월 그가 헨리 윌버포스(Henry Wilberforce)에게 설명한 것처럼, 변화는 점진적이었다.

[내 논거]는 없어졌습니다—흔적은 남아 있지만 논증 과정은 건물이 준공될 때 치워지는 발판 같습니다. 내 소신을 구축하는 데 들어간 모든 항목을 떠올릴

수 없습니다. 또 그 항목들을 처음 내 사고에 떠올랐을 때처럼, 그렇게 힘껏 다른 사람에게 대변할 수도 없습니다. 대체로 확증들도 별개의 사고 노선들에서 비롯된, 또는 특정한 사고의 틀이 있어야 인식할 수 있는 사실 뭉치들에서 비롯된, 우연의 일치입니다.[78]

1844년 7월에 뉴먼은 자신의 딜레마를 반추하며 존 케블에게, "나 자신이 매우 비현실적으로 느껴집니다"[79]라고 썼다. 그의 문제는 자기가 왠지 거룩하지 못하다는 두려움에도 일부 있었다. 뉴먼에게는 자신의 추리 감각의 활동을 막는 은밀한 허물이 있었을까? 자기 누이에게 뉴먼은 자신이 "내일"이라도 개종할 수 있으나, "이 상태로 더 기다리도록 나를 묶어 두는 것은 두려움—내 믿음의 원인이기도 한 뭔가 은밀한 허물이 있다는 두려움—이다"[80]고 했다.

결국 뉴먼은 개종했다. 커는 "그가 천주교에 들어간 진짜 이유는 하나뿐이니 곧 국교회가 분열되어 있다는 그의 믿음이었다"[81]고 결론지었다. 그러나 뉴먼은 그것으로 족했다. 1845년 10월 9일 뉴먼은 천주교에 받아들여졌다. 최종 확정한 이 판단에서 그는 한 번도 흔들리지 않았다.

이제 우리는 물을 수 있다. 뉴먼은 옳았나? 천주교회를 제외한 다른 교회들은 다 배교자인가? 개신교와 천주교는 거기에 동의하지 않을 것이다. 내 요지는 이 한 가지—물론 중요하기는 하지만—사안에서 뉴먼의 세부적 논거를 따라가는 것이 아니다. 내 요지는 뉴먼의 지성이 어떻게 작용했는지 제시하는 것, 그리고 뉴먼을 본받아 우리도, 진리로 인식한 것과 그에 따른 결과를 행동으로 옮기자고 격려하는 것이다.

우리는 뉴먼의 지성의 전반적 작용을 훨씬 더 상세히 분석할 수도 있다.

다른 어떤 지성인 못지않게—어쩌면 그 이상으로—뉴먼은 「자기 생애를 위한 변호」와 서신들을 통해 우리에게 간단없는 기록을 남겼다. 위선에 대한 두려움, 뉴먼과 그의 사상에 대한 끊임없는 신랄한 인신공격, 자기가 확실하다고 생각한 것이 정말 진리임을 확인하려는 자성(自省)—이런 것들이 자극이 되어 뉴먼은 자기 지성의 작용을 생생히 드러냈다. 설령 우리에게 뉴먼의 표현력이 있다 해도, 그렇게까지 선뜻 투명해질 사람이 우리 중에 누가 있을까?

뉴먼의 지성에 대한, 역사가 오웬 채드윅의 명쾌한 요약으로 본 장을 마치려 한다. 여태까지 내가 말한 내용이 뉴먼의 결론의 정당성을 보이는 데 도움이 되기를 바란다.

우리는 그를 하나의 통합된 지성으로 여기자. 그는 옛 진리를 묵상함으로, 또는 그보다는 드물지만 책들에 나오는 새로운 정보에서, 새로운 진리를 배양하고 표현하고 배열하고 습득했다. 그러면서도 그의 사고는 평생 동일했다. 44세에 한 번 개종했음에도 불구하고 동일했다. 원칙이 분명한 그의 사고는, 일찍부터 형성된 후 확장되고 다듬어지고 고쳐졌으나, 그래도 누구나 알 수 있을 만큼 동일한 원리들이었다. 오죽하면 그가 천주교인 시절에 여러 주제를 다루며 책에 썼던 최고의 글들이 그가 개신교인이 되어 저술한 책들에도 나올 정도다. 그의 사고가 정체되어 있었다는 말이 아니다. 뉴먼처럼 사고가 끊임없이 움직인 사람도 없었다. 단, 그 움직임은 절대로 격변이 아니라 언제나 성장이었다. 이따금씩 그는 사고의 막다른 골목에 들어갔다가 물러섰다. 그러나 물러서야만 했던 일이 대다수 사상가보다 훨씬 적었다. 막다른 골목처럼 보이는 곳에 들어서면 그는, 멈추어 숙고하고 주변을 응시하며 기다리다가, 마침내 전진의 길

이 있음을 발견하곤 했다.[82]

그렇다면 뉴먼은 앞 장 마지막에 제시한 지성인의 정의를 예시해 주는 사람인가? 뉴먼은 지성의 삶을 어떻게 이해했나? 다음 장에서 우리는 이런 질문을 좀더 살펴볼 것이다.

지식건축법

○
신앙 지성은 늘 경탄하거니와 신앙 없는 사람들은 그렇게 경탄한다는 이유로 신앙 지성을 비웃고 조소한다. 신앙 지성은 늘 자기 밖을 내다보고, 늘 하나님 말씀을 묵상하고, 늘 천사들로 더불어 말씀을 "살펴보고" 늘 자기가 의지하는 분이요 모든 진리와 선의 중심이신 그분을 깨닫는다. 세상적인 교만한 지성들은 자아로 만족한다. 그들은 집에 안주하기를 좋아하며, 신비에 대해 들어도 길을 조금이라도 벗어나 그 기이한 광경을 가서 보려는 거룩한 호기심이 전혀 없다. 그리고 신비가 실제로 자기 길에 내려오면 교만한 지성들은 거기에 걸려 넘어진다. 존 헨리 뉴먼_「교구 설교집」

○
나이 서른다섯을 넘기면서 그는 고독한 사상가가 되었다. 그의 사고는 스스로의 묵상을 통해 발전되었다. 그는 책을 많이 읽었고, 읽은 내용으로 생각도 많이 했고 수시로 토론도 벌였다. 그러나 그의 지성은 자기 고유의 것이었다. 오웬 채드윅_「뉴먼」

○
인간은 자잘한 본분을 수행할 때가 아니라 그것을 무시할 때, 자기만족에 빠집니다. 불순종은 양심을 눈멀게 하지만, 순종은 양심을 민감하고 예리하게 합니다. 행함이 많을수록 우리는 그리스도를 더 의지하게 됩니다.

존 헨리 뉴먼_「교구 설교집」

○
성례 때 뉴먼을 본 사람들은 그가 철저히 하나님과 함께 있음을 의식했다. 단, 그는 자기 방식으로 기도했다. 그는 활기찬 지성의 소유자였고, 침묵 속에 오래 머물 수 없었다. 그는 기도하려면 많은 자료가 필요했고, 성경 본문이나 경건한 저자들의 글을 많이 생각해야 했다. 특이한 방식이었다. 그는 펜과 종이가 있어야 생각이 가장 잘 됐는데, 기도도 예외가 아니었다.
　　　　　　　　　　　　　　　　　　　　　　오웬 채드윅_「뉴먼」

○
종교라는 주제에서 진리를 사랑하고 추구하되, 진실하게 그리하려면, 오류—죄일 수도 있는 오류—에 대한 두려움이 항상 따라야 한다. 종교의 영역에서 탐구하는 자는, 자신의 이유들과 그 내용의 문제점에 책임을 져야 한다.
　　　　　　　　　　　　　　　　　　　　　　존 헨리 뉴먼_「중도」

○
한낱 공상의 충족, 지성의 유희, 당파심, 교육의 편견, 인간 교사들의 지론에 대한 애착(아무리 애틋할지라도), 고대 철학자들이 자칭 근엄하고 진지한 토론으로 스스로 감화를 입으려 했던 기타 어떤 감정—이런 것들에 희생되기에는 진리란 너무 성스럽고 종교적인 것입니다.
　　　　　　존 헨리 뉴먼_「1836-1843년 옥스퍼드 대학교에서 전한 열다섯 편의 설교집」

3 지성은 어떻게 완성되는가?

지성인이 된다는 것은 무슨 뜻인가? 지성이 개발되었거나 개발 중이라는 뜻인가? 지성의 태도는 무엇인가? 영역은 무엇인가? 과제는 무엇인가? 지성은 무엇을 하는가? 잘 생각하고 책임감 있게 생각한다는 것은 무슨 뜻인가?

이는 방대한 주제다. 여기서는 작은 부분만 다룰 것이다. 그러나 일천(一千) 사고의 철학도 하나의 명제로 시작되는 법이다. 적잖은 수의 사고들, 즉 존 헨리 뉴먼의 가장 중요한 사고들이 하나의 명제에 뒤따를 것이다.

우리가 살펴볼 내용의 출처

약 160년전, 정확히 말해 1852년에 존 헨리 뉴먼은 아일랜드 더블린에 설립될 새 천주교 대학교의 지적 기초를 놓아 달라는 부탁을 받았다. 뉴먼은 이 주제로 다섯 차례 강연을 했고, 후에 다른 강연들이 거기에 더해졌다. 그 내용은 다양한 형태로 출간되었으나, 결국 「대학의 개념」으로 가장 널리 알려지게 되었다. 뉴먼의 과제는 구체적이었고, 그의 말 중 일부는 역사적 정황—국교회 대학에서 수학할 수밖에 없는 처지에 있던 아일랜드 학생들의 교육을 위해 따로 천주교 대학을 설립한다는—의 산물로서 그 범주에 국한되었다. 그럼에도 불구하고 그때 뉴먼이 한 말의 많은 부분은, 지난 1세기 반 동안 고등 교육의 이론과 실제에 심오한 영향을 미쳐 왔다.

프랭크 터너(Frank M. Turner)는 이렇게 말했다.

영어권 작품 중 고등 교육의 공적인 이상(理想)에 이보다 큰 영향을 미친 책은 일찍이 없었다. 대학의 성격과 목적에 대한 그 어떤 책도, 학계의 논객들에게 이렇게 자주 인용되고 칭송받지는 못했다.…뉴먼은 대학과 고등 교육 전반의 관심사, 성격, 목적을 논할 어휘와 개념과 이상을 제시했다.[1]

이 책이 오늘날의 기독교 교육계에 미치는 함축적 의미만을 주제로 책 한 권을 따로 써도 좋을 만큼, 이 책은 매우 중요하고 아이디어가 충만하며 세세한 부분까지 통찰력 있고 포괄적이다.[2] 본 장에서는 중심 개념 중 하나인 "지성의 완성"에만 집중하려 한다. 때로 뉴먼은 그것을 "지고한 지성"이라 부르기도 했다.

지성의 완성: 뉴먼의 원문들

뉴먼의 지성의 완성 개념을 어떻게 제시할 것인지 나는 심사숙고하며 고민했다. 그 개념이 설명되어 있는 원문들은 너무 풍부하고, 하위 개념들이 엉켜 있지는 않을지라도 서로 깊이 맞물려 있어, 개념의 주안점들이 한 문구씩 인용하기 좋게 표면에 나와 있는 것이 아니라, 수도원의 외뿔 소 융단만큼이나 복잡하고 수려한 융단으로 짜여 있다. 그래서 나는 뉴먼 자신에게 충분히 말할 기회를 주기로 했다. 그래서 우리의 분석의 준비 단계로 지금부터 「대학의 개념」에서 다섯 부분, 그리고 그전의 설교인 "암시적, 명시적 이유"에서 한 부분을 소개한다.

당신이 19세기 산문을 읽는 데 익숙하지 않다면, 우선 심호흡을 하고서 본문을 천천히 읽기 바란다. 서핑하기 좋은 날 와이키키 해변의 피할 수 없는 높은 파도처럼, 당신의 사고 해안에 밀려오는 말들이 들릴 것이다.

훈련된 지성

그러나 훈련되어 그 힘의 완성에 이른 지성, 알 뿐 아니라 알면서 생각하는 지성, 빽빽한 밀도의 사실들과 사건들을 신축성 있는 이성의 힘으로 발효시키는 법을 배운 지성—이런 지성은 편파적일 수 없고, 배타적일 수 없고, 충동적일 수 없고, 당황하여 쩔쩔맬 수 없으며, 인내심과 평정과 대단한 침착함을 보일 수밖에 없다. 그 지성은 모든 시작에서 끝을, 모든 끝에서 시원을, 모든 중단에서 법칙을, 모든 지연(遲延)에서 한계를 분별해 내기 때문이고, 자기가 어디에 서 있고 자기의 길이 어떻게 이 지점에서 저 지점으로 이어지는지 늘 알기 때문이다.[3]

지성의 확장

[지성의] 확장은 여태까지 몰랐던 수많은 개념을 사고 속에 수동적으로 수용하는 것으로만 되지 않고, 밀려오는 그 개념들을 소재와 대상과 배경 삼아 왕성하고 동시적인 사고 활동을 할 때 이루어진다. 지성은 형성 능력이 있어, 습득한 내용물의 질서와 의미를 도출해 낸다. 이는 우리 지식의 대상들을 주관적으로 우리 것으로 삼는 일이며, 또는 친숙한 표현을 써서 말한다면, 우리의 기존

사고 상태의 알맹이 속에 받아들인 것을 소화하는 일이다. 이 일이 없이는 확장도 따를 수 없다. 사고 앞에 다가오는 개념들을 서로 비교하여 체계적으로 분류하지 않는 한 확장은 없다. 그럴 때, 즉 배울 뿐만 아니라 배운 바를 이미 알고 있는 것과 연관시킬 때, 우리는 지성의 성장과 확장을 느낀다. 이는 단지 지식의 증가 즉 깨달음이 아니라 그 정신적 중심부의 이동이요 전진이며, 우리가 아는 것과 배우고 있는 것—축적되는 우리 요건들의 부피—은 둘 다 그 중심부로 끌린다. 그러므로 정말 위대한 지성, 아리스토텔레스나 성 토마스나 뉴턴이나 괴테의 지성처럼 인류의 중론으로 그렇게 인정받는 지성은(이런 지성을 말할 때 나는 일부러 천주교 반경의 안과 밖에서 사례를 취한다) 옛것과 새것, 과거와 현재, 멀고 가까운 것에 대한 시각이 일관된 지성, 이 모든 것이 서로에게 미치는 영향을 통찰하는 지성이다. 그 지성이 없이는 전체도 없고 중심부도 없다. 이런 지성은 사안들 자체만 아니라 사안들의 참된 상호 관계에 대한 지식을 소유하고 있거니와, 그 지식은 그저 습득한 내용물 정도가 아니라 철학으로 통한다.[4]

지성의 완성

각자의 분량대로 개인들에게 주어져야 할, 교육의 결과인 지성의 완성과 그 아름다운 이상은, 유한한 지성이 수용할 수 있는 한 모든 것에 대한 분명하고 평온하고 정확한 비전과 이해이며, 이때 각각의 것은 제 개성을 지닌 채 제자리를 지킨다. 그것은 역사에 대한 지식으로 보면 예언에 가깝고, 인간 본성에 대한 지식으로 보면 심령의 감찰에 가깝고, 소소함과 편견에서 해방되었으므로 초자연적 순결에 가깝고, 그것을 깜짝 놀라게 할 것이 없으므로 믿음의 안식에 가깝다. 그것은 천상의 묵상에 가까운 멋과 조화가 있으며, 만물의 영원한 질서 및 천체의 음악과 아주 친밀하다.[5]

지고한 지성의 철학

대학이란 모름지기 그래야 한다고 나는 생각하거니와, 지고한 지성의 철학은 단순화보다는 식별력에 기초한다. 지성의 철학의 참 대표자는 분석하기보다 규정짓는다. 그는 해당 지식 주제들의 완전한 목록이나 해석을 꾀하는 것이 아니라, 더없이 신비롭고 불가해한 것을 인간이 할 수 있는 한 끝까지 따라간다. 참 대표자는 모든 학문들, 방법들, 수집 사실들, 원리들, 교리들, 진리들―즉 인간의 지성에 굴절된 우주―을 자기 소관으로 받아들여 그 모두를 인정하고, 하나도 무시하지 않는다. 하나도 무시하지 않는다는 것은 하나라도 한도를 넘거나 다른 것을 잠식하게 두지 않는 것이다. 그의 구호는 "살라 그리고 살게 하라"이다. 그는 사안들을 있는 그대로 받아들이며, 그 사안들이 가는 데까지 그 모두에 따른다. 참 대표자는 주제와 주제 사이에 흐르는 넘기 힘든 구분선들을 인식한다. 그는 별개의 진리들이 어떻게 서로 연관성이 있고, 어디서 일치하고, 어디서 갈라지며, 어디서 너무 멀리까지 가면 더 이상 진리가 아니게 되는지 관찰한다. 각 사고 영역에서 얼마나 알 수 있는지, 언제 모르는 대로 만족해야 하는지, 어떤 방향일 때 연구가 절망적이거나 반대로 전망이 밝은지, 어디서 나락으로 치닫는지 등을 분간하는 것이 참 대표자의 직무다. 실제 어려움과 외견상의 어려움의 징조들, 특정 주제에 맞는 방법들, 각각의 특정한 경우마다 합리적 회의론의 한계들은 무엇이고, 최종적 믿음의 주장들은 무엇인가 따위와 친해지는 것의 참 대표자의 소관이다. 그의 철학에 중요한 원칙이 하나 있다면, 진리와 진리는 모순될 수 없다는 것이다. 두 번째 원칙이 있다면, 진리와 진리는 모순되어 보일 때가 많다는 것이다. 세 번째 원칙이 있다면, 우리가 그런 외관들을 정말 난공의 문제로 서둘러 단언하지 말고 인내해야 한다는 실제적 결론이다.[6]

지성의 작용

지성은 이리저리 활보하며 활짝 퍼져 앞으로 나아가되 정평이 날 정도로 신속하게, 조사를 따돌릴 정도로 정교하고 능수능란하게, 그리한다. 지성은 이것에서 저것으로 넘어가되 어떤 암시로 이것을 얻고, 확률로 다른 것을 얻고, 이어 연상을 이용하고, 이어 외부에서 받은 어떤 법칙에 의존하고, 다음은 증언을 붙잡고, 이어 어떤 대중적 감화나 내적 본능이나 희미한 기억에 내맡긴다. 이렇게 지성의 움직임은 가파른 벼랑을 오르는 사람과 다르지 않은데, 그는 기민한 눈빛과 신속한 손놀림과 견고한 발동작을 동원하여 자기도 모르는 방식으로 오르되, 규칙대로가 아니라 자신의 자질과 실천으로 오르며, 뒤에 자취를 남기지 않으며, 남에게 가르쳐 줄 수도 없다. 노련한 등반가의 험한 바위산 등정처럼, 위대한 천재들이 진리의 산을 오르는 걸음 또한 일반인들에게는 안전하지 않고 위험하다 해도 과언이 아니다. 이는 천재들만이 갈 수 있는 길이며, 그들의 성공이 정당성을 입증한다. 재능이 있든 없든 모든 인간이 평소 추론하는 방식도 주로 그와 같다. 즉, 우리는 규칙대로 추론하는 것이 아니라 내적 능력으로 한다.[7]

활력을 주는 지성

사람의 지성은…또 그의 눈이나 귀에 활력을 주며, 어떤 모습들과 소리들 속에서 그 너머의 것을 지각한다. 지성은 오감이 제시하는 것을 포착하고 연합한다. 지성은, 그 구성 부분들 외에는 보거나 들을 필요가 없었던 것들을, 터득하고 정리한다. 지성은 아름다운 것과 그렇지 않은 것을 선과 색으로 또는 논조로 분별한다. 지성은 그것들에 의미를 입히고 개념을 부여한다. 지성은 늘어선 음표들을 모아서 전체로 표현하고 그 음표 모음을 곡조라 부른다. 지성은 각도와 곡선, 빛과 그림자, 음영과 색조에 대한 예리한 감각이 있다. 지성은 규칙과 예외, 우발과 계획을 분간한다. 지성은 현상들에서 일반 법칙을, 특성들에서 주제를, 행위들에서 원리를, 결과들에서 원인을 뽑아낸다. 한마디로, 지성은 철학한다. 내가 보기에 과학과 철학의 기본 개념이란, 오감이 사고에 제시하는 대상들을 바라보는 습성(그렇게 말할 수 있다면), 체계를 잡아 단일 형태로 연합하여 결론짓는 습성에 다름 아니기 때문이다.[8]

추론의 본질

[추론]이란 우리의 사상적 질서의 대원칙이다. 추론은 혼돈을 조화로 바꾸어 준다. 추론은 축적되는 지식을 분류해 준다. 추론은 자기의 분리된 부분들의 관계를 우리에게 세밀히 그려 준다. 추론은 우리에게 추론 자체의 실수들을 바로잡을 기회를 준다. 추론은 피차 행하고 반응하는 다수의 독립된 지성이 그 집단적 힘을 모아 하나의 동일한 주제나 동일한 질문에 임할 수 있게 해 준다. 언어가 인간에게 주어진 값진 선물이라면, 논리력은 그 언어를 우리가 사용할 수 있도록 준비시켜 준다. 추론은 진리를 확인하는 데까지는 가지 못하지만, 그래도 진리가 어느 방향에 있고 명제들이 어떻게 서로를 향하여 있는지 우리에게 가르쳐 준다. 무엇이 개연성 있는지, 무엇이 그렇지 않은지, 요점의 입증에 무엇이 필요한지, 이론에 무엇이 부족한지, 이론이 어떻게 조리가 서는지, 이론을 인정할 경우 무엇이 뒤따르는지 등을 아는 것도 적지 않은 유익이다. 추론 자체로 미지의 영역을 발견하지는 못해도, 추론은 발견을 이루는 한 가지 주된 길이다.[9]

뉴먼의 시각의 개괄

당신이 일곱 대목을 한자리에서 다 읽었다면, 키케로 풍의 장중한 뉴먼의 산문을 서평하고도 파도에 휩쓸리지 않았다면, 그래도 당신은 우선 숨이 가쁘고 다음은 외경심에 젖어 헐떡이고 있지 않은가? 이 중 하나라도 다시 읽을 때마다 나는 그렇다. 솎아서 다듬은 몇몇 구절들을 다시 들어 보라.

> 알면서 생각하고 생각하면서 아는 지성.
> 지성: 인내심과 평정과 대단한 침착함. 모든 시작에서 끝을, 모든 끝에서 시원을, 모든 중단에서 법칙을, 모든 지연(遲延)에서 한계를 분별함.
> 지성: 자기가 어디에 서 있고 자기의 길이 어떻게 이 지점에서 저 지점으로 이어지는지 늘 안다. 옛것과 새것, 과거와 현재, 멀고 가까운 것에 대한 시각이 일관되어 있다.
> 지식: 그저 습득한 내용물이 아닌 철학으로서의 지식.
> 추론: 혼돈을 조화로 바꾸어 주고, 우리의 실수들을 바로잡을 기회를 준다.
> 천상의 묵상에 가까운 멋과 조화, 만물의 영원한 질서와의 친밀함, 천체의 음악.

싹둑 잘라 낸 이 짤막한 구절들만 보고도 우리는 "와!" 하고 반응할 수 있다. 이런 대목을 얼마든지 더 인용할 수 있다. 이런 말들은 우리의 잠자는 지성을 깨운다. 그 도저한 생명의 약동으로 우리를 전율케 한다.

그러다 우리는 황홀경에서 내려오고, 정반대 반응이 찾아든다. 세상에! 어떻게 뉴먼은 그 시대에 그런 말을 할 수 있단 말인가. 우리 시대보다 중세기에 100년이 더 가까우면서도 또한 충분히 멀어서, 한낱 진흙 피조물인 인간의 지적 능력에 대한 깊은 회의(懷疑)의 역사와 실재에 이미 유린당한 그 시대에 말이다.

두 반응 모두 정당하다. 지성의 완성에 대한 뉴먼의 기술은 웅변적이다.

그러나 그는 현실과 동떨어진 공상적 기미도 보인다. 그는 정말 진지했던 것일까?

이언 커(Ian Ker)는 이렇게 설명한다.

「대학의 개념」을 읽는 현대 독자들이 봉착하는 한 가지 확실한 어려움은, 그 책에 과장의 요소가 강하다는 것이다. 빅토리아 시대 사람들에게 당연하게 받아들여지던 수사적 과장은, 사실주의를 칭송하고 이상주의를 폄하하는 문화의 구미에는 맞지 않는다. 고로 「대학의 개념」의 특징인 과장법은, 뉴먼과 당대의 독자들이 진리의 과장된 "근사치" 정도로 보았을 내용을 문자적으로 받아들이는, 현대 독자들을 오도하여 혼란에 빠뜨릴 소지가 있다.[10]

글쎄, 과장은 맞는 것 같다. 하지만 나는 커가 과장을 너무 강조했다고 본다. 이상주의와 과장법 속에서도, 극도의 사실주의가 가닿을 수 있는 차원보다 더 깊은 진리의 어조가 들려온다. 뉴먼은 근육질 기독교, 즉 하나님의 지혜와 능력과 의를 강조하는 기독교의 완전한 진리를 확신했다. 그 하나님은 우리 인간을 지으실 때, 뭔가를 알 수 있는 존재로 계획하셨다. 계획도 없고 지휘도 없이 자연주의적 진화에 의해 만들어진—느리지만 과정 전체가—언어를 가지고 그저 생각하고 의견을 말하고 짐작하고, 더 나아가, 지식을 구축하는 그런 존재로 계획하신 것이 아니다.

그러므로 위에 인용한 일곱 원문의 풍부한 융단을 자세히 고찰하기 전에, 지성의 완성처럼 숭고한 개념에 어째서 상당한 **실체**가 있는지 그 이유부터 살펴보면 유익할 것이다. 뉴먼에게 있어 실체란 곧 진리와 통했다.[11]

창조주 하나님의 본질

뉴먼의 지성의 완성 개념은 총체적 신학의 정황 안에 견고히 자리하고 있으며, 그 신학은 물론 하나님의 본질로 시작된다.

하나님은 보이지 않고 독립적이고 완전무결하고 변함없는 존재다. 지적이고 살아 계시며 현존하시는 인격체다. 전능하시고 모든 것을 보시며 모든 것을 기억하신다.…우주를 창조하셨고 붙들고 계신다.…그분은 친히 정해 두신 것들을 주관하시고 그 가운데 운행하시되 그로부터 독립적이다.…그분께는 모든 사건마다 목적이 있고, 모든 행위마다 기준이 있으며, 그리하여 지식의 책에 펼쳐지는 각 특정한 학문 주제에 대하여 그분만의 관계를 지니신다.[12]

이 정의 속에, 인간 지식의 가능성을 떠받치는 데 필요한 것들이 전부는 아닐지라도 대부분 들어 있다. 각 요소를 하나하나 살펴보자. 첫째, 하나님의 존재가 철저히 먼저다. 둘째, 존재하시는 하나님의 본질이다. 즉 그분은 지적이고 전능하신, 살아 계신 인격체다. 이는 그분이 계실 뿐 아니라 또한 아시고 뜻하시며 주권자로 다스리신다는 뜻이다. 셋째, 하나님은 합리적이고 질서정연한 우주를 계획적으로 창조하셨으며 그 우주는 하나님 자신이 아니다. 나중에 뉴먼이 말한 것처럼 "창조 시에 [하나님은] 만물 위에 저마다의 본질을 새기셨고, 각자에게 본분과 사명을 그리고 정해진 자리에 머물 길고 짧은 연한도 주셨다."[13]

이런 이유로 인해 지식이란 여러 학문 분야에서 따로따로 주워 모은 단편적 조각들로 이루어지지 않는다.

모든 지식은 하나의 전체를 이룬다. 주제가 하나인 까닭이다. 길고 넓은 우주는 너무도 긴밀하게 서로 얽혀 있어, 우리는 추상적 지식을 떼어 낼 수 없다. 지식의 창조주와 관련해서도, 비록 그분의 존재 자체가 당연히 지식과 무한히 별개이며 신학에는 인간의 지식과 무관한 부분들이 있음에도 불구하고, 그분은 친히 지식과 밀접하게 결탁되어, 지식을 가슴속에 품으시고 지식 안에 임재하시고 지식을 섭리하시고 지식 위에 자신의 흔적을 남기시고 지식을 통해 영향력을 행사하시므로, 우리는 그분을 생각하지 않고는 참으로 또는 온전히 지식을 생각할 수 없다.[14]

이렇듯 우주는 알 수 있는 존재다. 먼저 하나님이 우주를 아셨고 또한 인간도 우주를 안다. 우리의 하나님 지식 즉 우리의 신학은 그 자체로, 우리의 우주를 아는 지식에 혜택을 준다. 뉴먼의 말대로 "신앙 진리는 일반 진리의 부분만이 아니라 조건이다."[15]

이는 하나님이 우리를, 알 수 있는 존재로 지으셨음을 강하게 시사한다.

[하나님은] 합리적 존재들 위에 도덕법을 새기셨고, 그들에게 도덕법에 순종할 능력도 주셨고, 예배와 섬김의 본분도 부과하셨고, 그 전지하신 눈으로 합리적 존재들을 속속들이 감찰하고 살피시며, 그들 앞에 현재의 시련과 장차 올 심판을 두셨다.[16]

또는 이런 말도 있다.

우주의 구조가 우리에게 그 구조를 지으신 분을 말해 주듯이, 사고의 법칙은

단지 정해진 질서의 표현만이 아니라 그분 뜻의 표현이다.[17]

다시 말해, 하나님이 항상 모든 것을 아시는 분이기에 그분의 형상대로 지음 받은 우리도 때로 어떤 것을 아는 자가 될 수 있다.

요컨대, 뉴먼의 지성의 완성 개념은 모든 기독교 전통—개신교, 천주교, 정교회—에 표준이 되는, 일련의 우선된 전제들에 그 기초를 두고 있다.[18]

지성의 태도

뉴먼의 지성의 완성 개념을 이루는 구체적 개념들이나 하위 개념들을 파악하는 한 가지 방법은, 그것을 태도, 영역, 과제의 틀 안에서 생각하는 것이다. 하나씩 차례로 살펴보자.

우선 살펴볼 특성들은 지적이기보다는 도덕적, 심미적으로 보인다. 뉴먼에게는 인간 지성 자체가 기본 조건들을 전제하고 있으므로, 이는 지당한 일이다.

2장에서 본 것처럼, 도덕성을 겸비한 지성만이 가장 온전한 진리에 접근할 수 있다. 뉴먼은 "훌륭한 사람들만이 훌륭한 사고를 입증하거나 이해할 수 있다. 도덕적 진리는 '참을성 있는 연구와 차분한 묵상을 통해 마치 이슬이 내리듯 고요히 얻어지는' 것이며, '한 시간의 논쟁 속에서는' 잘 보이지 않는 법이다."[19]라고 썼다. 기본 원리들—지성의 적절한 작용에 가장 중요한 원리들—을 결정하는 것은, 양심으로 깨닫는 계시(성경 또는 자연)이지 인간의 이성이 아니다.[20]

그래서 지성의 완성을 보이는 사고는 편파적이지 않고 인내심과 대단한 침착함을 보인다. 사실 그 사고의 특징은 "소소함에서 해방되었으므로 초자연적 순결에 가깝고" 또 "믿음의 안식에 가깝다."

우리 자신을 조금만 성찰해 보면 이런 특징들을 확인할 수 있다. 편견과 불안 속에서 인내심 없이 사고하면, 그 결과를 신뢰할 수 없음을 우리는 안다. 희열 속에서 얻어지는 통찰─때로 그렇게 얻어진다─도, 꼭 냉철한 이성은 아닐지라도 적절한 이성의 숙고를 거쳐야 한다. 알려던 바의 진리에 대해 우리가 분명한 확신에 도달하면, 정말 편협한 고집과 "소소함에서의 해방"도 있고, 또 자신이 아는 것이 신앙의 확신만큼이나 확실하다는 의식도 생긴다.

그러나 뉴먼은 "천상의 묵상에 가까운 멋과 조화"도 지성의 특징이라 했다. 이는 약간 도를 넘어선 듯 보인다. 이 부분이 커가 지적한 과장일까? 맞다, 그러나 이는 적절하다. 분명 뉴먼은 **가깝**다고 했고, 그것이 그를 완전한 이상주의에서 건져 준다. 사실, 지성에 활기가 넘치고 지성이 아주 잘 작용하고 있을 때, 우리의 사고의 느낌이 어떤가를 그밖에 달리 어떻게 나타낼 것인가? 그것은 정말 "천체의 음악과 친밀해" 보인다. 행여 우리가 이 모두를 우리 스스로 하고 있다고 생각하게 된다면, 하나님이 주변 아무데도 없다고─그리고 계실 필요도 없다고─느끼게 된다면, 그때 우리는 속히 필사적으로 멈추어야 한다. 이 모두는 하나님의 선물이요 "초자연적 순결" 이다. "우리 지성의 완전에 가까운 작용"이 암시하는 바가 무엇이든, 우리 자신이나 다른 어느 누구의 "인간 지성의 자율"을 뜻하는 것은 아니다.

지성의 영역

뉴먼은 인간 지성의 영역을 넓은 파노라마로 그린다. 역사에 대한 지식으로 보면, 최고조에 달한 지성은 "예언에 가깝다." 지성은 "옛것과 새것, 과거와 현재, 멀고 가까운 것에 대하여 일관된 시각"을 취하되, 그 영역들 서로 간의 영향력을 이해하면서, 그리고 그 모두를 한 세계로—존재와 지식의, 사물과 언어의 한 우주로—모아 주는 구심점을 보면서, 그리한다.

인간 본성에 대한 지식으로 보면, 지성은 "심령의 감찰에 가깝다." 뉴먼은 이 대목을 상술하지 않았지만, 완성된 지성은 우리 인간이 어떤 존재인지 깊이 이해하고 있다는 암시가 들어 있다. 최고의 작가들—표도르 도스토옙스키, 제프리 초서, 에밀리 디킨슨, 윌리엄 포크너 등—은 정말 인간의 심령을 꿰뚫지 않던가?

앞서 보았듯이, "만물의 영원한 질서 및 천체의 음악"과의 친밀함으로 보면, 완성된 지성은 "천상의 묵상에 가까운 멋과 조화"가 있다. 뉴먼은, 분명 점점 시적(詩的)이 되어 가면서, 하나님이 계시—첫째는 성경이지만 또한 앞서 간 사람들—로 우리에게 주신 지식의 방대한 창고를 생각했는지도 모른다. 우리 대부분이 계시로 지식을 습득한다는 것은 비밀이 아니다. 누군가가 우리에게 말해 준다. 물이 수소 분자 둘과 산소 분자 하나로 구성되어 있음을 아는 사람들의 태반은 계시 때문에, 즉 고등학교 화학 교과서나 교사 때문에 안다. 물론 "만물의 영원한 질서"란 하나님을 아는 인격적 지식, 그리고 어쩌면 신학과 철학에 대한 학문적 지식을 암시한다.

뉴먼은 옥스퍼드 대학에 개설된 학문 분야들의 전 영역을 그리스도인들에게도 열어 놓았다. 사실 「대학의 개념」에서 뉴먼은 신학만이 아니라(당시 신학이 대체로 무시되었기 때문에 뉴먼은 신학을 맹렬히 옹호했다) 천문학, 동물학, 물리학, 화학, 사학, 문학, 심지어 여행 등 폭넓은 파노라마를 언급했다.[21] 법학과 의학도 적합한 공부다. 뉴먼이 무엇을 포함시키지 않았을지 말하기 어렵다. 그의 핵심 논지는 단순히, 그 어떤 분야도 신학적 이해의 울타리 없이 자체로만 배우면, 필연적으로 그 분야가 고유의 제한된 영역 너머까지 지배하게 된다는 것이다. 뉴먼은 그 논지를 명백히 천주교적 관점에서 표현했다.

> 요즘 사람들이 철학 연구에서 천주교의 엄격한 교훈을 제쳐 두듯이 회화 학교들에서 그 교훈을 밀쳐 내 보라. 머잖아 교회의 위계, 은둔자와 동정녀 순교자, 고해 신부와 학자, 그리스도 수난상, 영원한 삼위일체는, 신성한 이름들로 위장된 일종의 이방 신화로, 뛰어난 천재성으로 영혼을 빨아들일 듯 멋있게 만들어 낸 짜릿하고 현혹적인 인공물로, 대체될 것이다. 그러나 그런 것들에는 종교의 대의에 복무한 것이 하나도 없었고, 반면 타락한 본성과 어둠의 세력을 직간접으로 수종하지 않은 것이 하나도 없었다.[22]

정말 뉴먼을 예언자로 예시하고 싶다면, 이 본문을 인용하면 좋을 것이다. 조지 마즈덴과 제임스 턴스테드 버첼(James Tunstead Burtchaell)이 미국의 개신교 및 천주교 대학들에 관하여 보여 준 것처럼, 명백히 기독교 신학 원리에 입각하여 설립된 학교들이 그 특수성을 버리면서 기독교적 성격의 흔적마저 잃고 말았다. 마즈덴의 표현으로, 이 대학 저 대학에서 기독교가 계획적으로 해체되고 대신 불신이 확립되어 왔다.[23]

완성된 지성이 동경하는 지식의 영역은 무한하지만, 구심점이 될 해석의 틀 없이 그저 사실들의 축적만은 절대 아니다. 그것은 "사안들 자체만 아니라 사안들의 참된 상호 관계에 대한 지식, 그저 습득한 내용물 정도가 아니라 철학으로 통하는 지식"이어야 한다. 그리고 이 지식이 지성의 특징적 과제로 이어진다.

지성의 과제

완성된 지성의 주요 과제는 지식에 질서를 부여하는 것이다. 완성된 지성은 사실들을 최대한 끌어안아 사실들의 관계를 식별한다. 뉴먼은 이 중심 주제를 여러 인상적인 방식들로 표현했다. 여기서 나는, 물론 그의 허락 없이, 키케로 풍의 장중한 뉴먼의 산문을 어쭙잖게 세네카 풍으로 풀어낸 다음 번호까지 붙여 혁신을 꾀했다! 정열적인 화려체 산문의 수호성인 성 뉴먼이여, 나를 용서하시라!

1. [완성된 지성은] 알 뿐 아니라 알면서 생각한다.
2. [완성된 지성은] 빽빽한 밀도의 사실들과 사건들을 신축성 있는 이성의 힘으로 발효시키는 법을 배운다.
3. [완성된 지성은] 여태까지 몰랐던 수많은 개념을 사고 속에 수동적으로 수용하는 것으로 이루어지되 단, 그것만으로 되지는 않는다.
4. [완성된 지성은] 밀려오는 그 개념들에 대한 왕성하고 동시적인 사고 활동으로 이루어진다. 지성은 형성 능력이 있어, 유입되는 사실들에 질서를 부여한다.
5. [완성된 지성은] 사고의 고전 법칙들, 즉 동일률(同一律, A는 A다), 모순율(矛盾律, A는 A 아닌 것이 아니다), 배중률(排中律, X는 A이거나 A가 아니거나 둘 중 하나

다)을 수용한다.

6. [완성된 지성은] 우리 지식의 대상들을 주관적으로 우리 것으로 삼는다. 즉, 지성은 우리가 우리의 기존 사고 상태의 알맹이 속에 받아들인 것을 소화한다.
7. [완성된 지성은] 개념들을 서로 비교하여 체계적으로 분류한다.
8. [완성된 지성은] 배울 뿐만 아니라 배운 바를 이미 알고 있는 것과 연관시킨다.
9. [완성된 지성은] 통일된 정신적 중심부를 향한, 이동 즉 전진으로 깨닫는다.
10. [완성된 지성은] 자기가 어디에 서 있으며, 자기가 가려는 곳에 어떻게 이를 수 있는지를 안다.

뉴먼은 글을 잠시 멈추어 지성의 "형성 능력"의 의미를 더 설명하지 않았다. 그는 자신의 시각이 본격적인 인식론으로 발전되는 것을 피했다. 그마나 인식론에 가장 가까운 것은 뉴먼의 「동의의 문법」이다. 그러나 독창성이 돋보이는 이 작품마저도―「동의의 문법을 돕기 위한 소고」라는 전체 제목에 저자의 겸손이 나타나 있다―사실은 이언 커의 말마따나, 인식론이라기보다는 "평소 우리가 확신이나 확실성이라 부르는 사고 상태에 대한, 그리고 그와 연관된 인지 행위들에 대한, 철학적 분석"[24]이다. 뉴먼의 관점들을 아퀴나스, 데카르트, 로크, 칸트, 에드워즈, 키르케고르, 비트겐슈타인과 연관시키는 작업은 보다 철학적 성향이 강한 학자들에게 맡겨 두기로 하자.[25]

위에 열거한 열 가지 개념 중 설명이 필요한 것이 하나 있다. 완성된 지성은 "알 뿐 아니라 알면서 생각한다"는 개념이다. 완성된 지성의 이 특징은 고지식한 신앙주의(fideism)를 기독 사상가의 반경 밖으로 영영 몰아낸다. 모든 사람이 알면서 생각해야만 하는 것은 아니다. 인류의 대다수는 그렇지 않다. 대다수 지성인도 그렇지 않다. 우리 모두는 자기가 안다고 자처하는 것을 정말 대부분 아는 것처럼 행동하며, 대개 거기에 대해 생각하지 않는다. 물론 이는 우리가 모른다는 뜻이 아니라, 알더라도 "지성의 완성"은 보이지 않는다는 뜻이다. 뉴먼이 원하는 것은, 우리가 스스로 안다고 생각하는 모든 것에 대해 끊임없이 생각하거나, 혹은 모든 행동을 사유 과정에 부치는 것이 아니다. 그렇게 살 수는 없다. 그러나 우리는 지금보다 훨씬 자주, 훨씬 충분히 자신의 사고를 활용할 수 있고, 또 그래야 한다.

우리가 이런저런 진리를 발견하는 과정에 있거나 어떤 중요한 주장이 사실 내지 참 이론인지 평가하는 과정에 있을 때, 우리의 사고가 최대한 활용되어야 한다. 그러려면 생각해야 할 다수의 가능한 주제들 중에서 몇 가지 주제를 사려 깊게 선택해야 한다. 우리는 각자 마음이 끌리는 문제들의 범위가 다르다. 각자 처해 있는 이데올로기적 정황도 다르다. 각자 과거도 다르고 잠재적 미래도 다르다. 그러나 뭔가 중대한 문제를 안다고 주장할 때, 우리는 알 뿐 아니라 알면서 생각해야 한다. 그래야 공론가가 되지 않을 수 있다. 공론가가 되는 것은 스스로 사유한다고 생각하는 모든 사람에게, 가장 큰 유혹 중 하나다.

이 목록의 몇 가지 개념은 물론 공상처럼 보인다. 우리는 자기가 어디 있는지 정말 알 수 있나? 자기가 가려는 곳에 이르는 법을 정말 알 수 있나? 사실, 우리는 자신의 목표들이 옳고 가치 있음을 확신할 수 있나? 우리 자신의 지성의 완성으로 나아가려면 이러한 특징 목록 이상의 것이 필요하다. 그래도 그의 시각은 빛을 비추어 준다. 우리도 그 빛을 향하여 나아가자.

지성의 작용

뉴먼이 기술한 지성의 작용은 지성이 실제로 하고 있는 일을 밝혀 주기도 하고 숨겨 주기도 하는 기이한 은유다. 뉴먼은 "지성이 이리저리 활보하되 조사를 따돌릴 정도로" 신속하고 기민하게 그리한다고 했다. 요컨대 뉴먼도 지성이 어떻게 작용하는지 몰랐다. 별로 창피할 일은 아니다. 그도 무리의 하나일 뿐이다. 지성이 그 이루는 일을 실제로 어떻게 이루는지는 아무도 모른다.[26]

물론 지성이 이루는 일을 검사하고 평가하는 기준들은 있다. 논리적 일관성으로 점검되는 논리적 추론은, 모든 건전한 사상가에게 그렇듯 뉴먼에게도 그런 검사 기준 중 하나였다. 경험에 부합되는 것도 뉴먼에게 또 하나의 검사 기준이었다. **실체감**은 어떤 진리 주장의 진실성을 이중 검사하는 뉴먼 자신의 방법이었을 것이다. 뉴먼이 「동의의 문법」에 길게 설명한 추리 감각은, 그에게 있어 가장 중요한 정신 능력으로, 이를 사용하여 **실체감**이 확인된다. 그러나 방대한 분량의 예비 설명과 방대한 분량의 설명을 읽고 나서도 나는, 위에 인용한 본문에 지성이 "이리저리" 활보한다고 한 것처럼, 여전히 그 능력의 작용이 신비하기만 하다. 이 개념을 수용하거나 더 발전시킨 철학자들이 거의 없는 것으로 보아, 아마도 나만 그런 것은 아닐 것이다. 어쨌든 가장 독창적인—가장 설득력 있지는 않을지라도—뉴먼을 연구하기 원하는 사람들에게는, 과장법이 많이 사용된 400여 페이지에 달하는 산문이 기다리고 있다. 나로서는, 대단히 신속하고 신비롭게 "이리저리 활보하는" 지성으로 족하다. 내 사고가 그렇게 느껴진다.

지성의 위험성

지성은 영광스럽다. 틀림없다. 완성된 지성은 더 그렇다. 그러나 우리는, 일단 기독 지성을 조금—심지어 뉴먼의 지고한 지성 쪽으로 빚어진 지성일지라도—이루었다고 해서 자신이 안전지대에 있다고 생각해서는 안 된다. 우리는 아직도 위험한 상태다. 내 목사의 말이 옳았다. 네브래스카 대학교—그리고 내가 재학했던 다른 모든 대학교—는 실제로도 그렇고 그곳의 대다수 교수진과 경영진의 생각으로도 그렇고, 역시 "불경한" 곳이다.

뉴먼 자신도 경고가 없지 않았다. 첫째, 그는 자유주의 교육은—지성의 완성을 독려할 만한 교육이지만—인간의 성장과 발전의 필요성을 일부만 다루고 있음을 알았다.

지식과 덕은 다르다. 양식은 양심이 아니고, 세련미는 겸손이 아니며, 넓고 바른 견해도 믿음은 아니다. 아무리 깨이고 심오할지라도 철학은 감정을 다스리지 못하고, 동기에 영향을 미치지 못하며, 원리에 생명력을 주지 못한다. 자유주의 교육이 만들어 내는 것은 그리스도인이나 천주교인이 아니라 신사일 뿐이다.[27]

뉴먼에게는 교회—기독교 신앙—가 절대적으로 필요했다. "지식에 그치는 지식은, 교묘한 힘을 발휘하여 우리를 다시 자신에게로 회귀시키며, 우리를 자신의 중심으로, 우리 지성을 모든 것의 척도로 만든다."[28] 뉴먼은 계몽주의에서 비롯된 인간 이성의 자율성 및 충족성 개념의 문제점을 인식했다.

교양, 질서, 일관성, 완성 등의 의식은 기적과 신비, 엄격한 것과 무서운 것을 거부하는 반항심을 조장한다.

    이런 지성주의는 우선은 주로 계율과, 그 다음 교리와, 그 다음 독단적 원리들 자체와 충돌을 일으킨다. 미의식(美意識)이 믿음을 대체하는 것이다.[29]

이것을 성경적으로 표현하면 "지식은 교만하게 하며"(고전 8:1)가 된다. 우리 그리스도인은 전인(全人)을 지성으로 대체해서는 안 된다. 모든 것이 그리스도의 주재권 아래 있어야 한다. 지성 자체도 거듭나야 한다. 뉴먼은 요한복음 3:7을 묵상하면서 거듭나야 할 지성을 이렇게 표현했다.

당신의 본성 전체가 거듭나야 한다. 당신의 감정, 애정, 목표, 양심, 의지가 모두 새로운 요소에 적셔져 당신의 창조주께 다시 드려져야 한다. 그리고 마지막으로 말하지만 아주 중요하게, 당신의 지성도 드려져야 한다.[30]

우리도 뉴먼의 시각을 취하고, 필요한 부분은 수정하여, 지금부터 그 빛 가운데 사는 것이 좋다. 그러나 기독 지성에 대하여 아직도 할 말이 많다. 다만, 지성의 완성을 이루는 법에 관련된 것은 전혀 없다. 뉴먼은 대학 교육의 역할과 목표에 대해 말했고, 분명 대학 교육이 일정 역할을 할 것이다. 그러나 사고를 배우는 법, 지성을 완성하는 법에 대한 암시는 뉴먼의 글에 극히 적다 못해 거의 전무하다. 실용적으로 사고하는 미국인들에게 이는 황당해 보일 수 있다. 그러나 적어도 내게는 본 장에서 아무런 제안도 내놓지 않을 구실이 되었다. 그 내용은 6장과 7장에서 따로 살펴볼 것이다.

지식건축법

O
 지성이란 삶의 정보가 축적되어 훈련의 습성들, 의미의 부호와 상징들, 논증의 사슬들, 감정의 동기들로 만들어져, 공유 형태로 가용화된 것이다. 지성은 속기술(速記術)과 무선 전화이며, 이를 통하여 사고는 연결부를 건너뛰어 능력을 인식하고 진리를 소통한다. 자크 바전_「지성의 집」

O
 인간은 명료하게 생각하고 있는 한 지성인이다. 지성 고유의 특징은, 알맞은 연관성을 식별하는 능력─결합되어야 할 것을 함께 두고, 분리되어야 할 것을 따로 두는 능력이다. 수잔 스테빙_「목적이 있는 사고」

O
 우리 앞에 다가오는 것들에 대해 판단을 내리는 것이 우리 지성의 특성이다. 우리는 이해하기가 무섭게 판단한다. 우리는 아무것도 따로 놓아두지 않는다. 우리는 비교하고 대조하고 추론하고 일반화하고 연결시키고 조정하고 분류한다. 존 헨리 뉴먼_「기독교 교리의 발전에 관한 소고」

○ 세상과 실존 전체를 사유하려 하는 자, 즉 철학하려 하는 자는 이생에서는 절대 끝나지 않을 길에 발을 들여놓는 것이다. **조세프 피퍼_「철학의 변호」**

○ 나는 "지성의 통일성"이 무슨 의미일까 곰곰이 생각했다. 분명 지성은 매 순간 다른 것에 집중하는 힘이 매우 대단하여, 단일한 존재 상태가 있어 보이지 않으니 말이다.…분명 지성은 항상 그 초점을 바꾸면서, 세상을 상이한 관점들로 보고 있다. **버지니아 울프_「자기만의 방」**

○ 진리를 믿지 않는 사람들의 말을 듣거나 읽는 것은 우리를 부패케 한다. 그러나 진리 대신 더 많은 학문과 학식을 받아들이는 것은 우리를 더 부패케 한다. 목표 자체가 되어 버린 학문과 학식은, 본래 학문과 학식이 수종해야 할 진리의 개작에 지나지 않으며, 배후에 알맹이가 없는 허울에 지나지 않는다. **유진 세라핌 로즈 신부_「허무주의」**

4

사고의 감정: 지성이란 무엇인가?

지성인이나 지성주의에 대한 주요 비판 중 하나는 지성인들이 통 인간미라곤 없을 정도로 감정이 없다는 것이다. 너무 냉정하면 멋이 없다.

나는 궁금하여 머리를 긁적인다. "도대체 그런 생각은 어디서 왔을까?" 개념들은 나를 흥분시킨다. 때로 벌떡 일어나 여태 읽던 것—예컨대 훌륭한 소설이나 철학 작품—을 제쳐 두어야만 할 정도로, 나를 잔뜩 흥분시킨다. 내 감정의 기온이 비등점에 이르고 있기 때문이다. 이상한가? 많은 시간을 사고에 들이는 대다수 사람에게 나는 그 상황이 이상하지 않다고 본다.

진리의 산에 오르기

지성이 어떻게 작용하는가에 관해 이미 뉴먼의 글을 인용한 바 있다. 다시 인용할 가치가 있다.

지성은 이리저리 활보하며 활짝 퍼져 앞으로 나아가되 정평이 날 정도로 신속하게,

조사를 따돌릴 정도로 정교하고 능수능란하게, 그린다. 지성은 이것에서 저 것으로 넘어가되 어떤 암시로 이것을 얻고, 확률로 다른 것을 얻고, 이어 연상 을 이용하고, 이어 외부에서 받은 어떤 법칙에 의존하고, 다음은 증언을 붙잡 고, 이어 어떤 대중적 감화나 내적 본능이나 희미한 기억에 내맡긴다. 이렇게 지 성의 움직임은 가파른 벼랑을 오르는 사람과 다르지 않은데, 그는 기민한 눈빛 과 신속한 손놀림과 견고한 발동작을 동원하여 자기도 모르는 방식으로 오르 되, 규칙대로가 아니라 자신의 자질과 실천으로 오르며, 뒤에 자취를 남기지 않 으며, 남에게 가르쳐 줄 수도 없다. 노련한 등반가의 험한 바위산 등정처럼, 위대 한 천재들이 진리의 산을 오르는 걸음 또한 일반인들에게는 안전하지 않고 위 험하다 해도 과언이 아니다. 이는 천재들만이 갈 수 있는 길이며, 그들의 성공이 정당성을 입증한다. 재능이 있든 없든 모든 인간이 평소 추론하는 방식도 주로 그와 같다. 즉, 우리는 규칙대로 추론하는 것이 아니라 내적 능력으로 한다.[1]

뉴먼은, 흔히 사고에서 오는 흥분을 포착한다. 열띤 사고는 산을 오르는 것과 같다. 등반가와 친구들에게 위험하지만 유쾌한 일이다. 노련한 등반가 치고 위험—건널 수 없는 계곡이나 오를 수 없는 바위산에 당장이라도 길이 막힐 수 있는 가능성—이 두려워 등정의 스릴을 저버리는 사람은 없다. 마 찬가지로 지성인—웬만한, 사고하는 사람—치고 오류가 두려워 진리의 추 구를 그만두는 사람도 없다. 지성인들은 냉정할까? 까다로운 문제 앞에서 혹자들에게 느껴지는 두려움을 그들이 제쳐 둔다는 의미에서라면, 그렇다. 그러나 지성인들은 감정이 없을까? 전혀 아니다. 적어도, 대개는 아니다.

진지한 지적 노력의 특징은 기쁨일 때가 더 많다. A. G. 세르티앙즈는 지 성인의 활동을 이렇게 묘사했다.

지성인은 스스로 나지 않았다. 지성인은 하나님—자신의 피조물 속에 내재하시는 생명의 주인, 궁극의 개념, 창조적 말씀의 진리—의 아들이다. 바르게 생각할 때 사상가는 한 걸음씩 하나님을 따르는 것이지 자신의 헛된 망상을 따르는 것이 아니다. 연구의 노력 속에서 더듬고 씨름할 때, 그는 천사와 씨름하며 "하나님께 강하게 맞서는" 야곱이다.[2]

자신의 템플 대학교 재학 시절에 관한 프린스턴 신학대학원 조직신학자 엘렌 채리(Ellen Charry)의 말도 들어 보라. 그녀는 아우크스부르크 신앙고백을 공부하다가, 불신자인 자기로서 호기심은 가지만 이해하기 힘든 한 개념을 두고 끙끙대고 있었다.

믿음으로 말미암아 은혜로 의롭다 하심을 얻는다, 믿음으로 말미암아 은혜로 의롭다 하심을 얻는다—도대체 이게 무슨 말인가? 그래서 나는 입어 보기로 했다. 나는 양팔을 올리고 그 교리를 옷처럼 몸에 걸쳤다. 직접 입어 본 것이다. 이제 이 교리는 그저 말이 아니었다. 나는 시험해 보았다. 그리고 의자에서 넘어졌다. 그때는 7월이라 아주 무더웠고, 나는 3층 내 서재에 있었다.…나는 교리를 옷처럼 입어 보다가 그만 나동그라졌다.[3]

본 장에서는 사고의 감정이 어떠한가를 직접적으로 다루려 한다. 지성의 삶의 특징은 무엇인가? 이 질문에 답하고자 내가 여기서 택한 방법에는, 위험과 오해의 가능성이 가득하다. 내가 지성의 삶의 딱 한 면만을 다룰 것이기 때문이다. 나는 인간의 나머지 전체에서 원기 왕성한 지성을, 행동하는 자에서 사고하는 자를—심지어 어느 정도는, 진리의 추구에서 지성의 활동을, 기독 지성인에서 지성인 일반을—떼어 낼 것이다.

불가능할까? 결국은 그렇다. 내 경우, 진리 추구와 하나님 나라 추구의 연관성을 생각하면 할수록, 기독 지성인들은 다른 지성인들과 근본적으로 더 달라지고 더 구별된다. 앎과 행함은 너무도 밀접하게 연관되어 있어, 당신이 만일 스스로 안다고 주장하는 것에 맞게 행동하지 않는다면 당신은 정말로 아는 것이 아니다. 뿐만 아니라 우리 그리스도인은 우리가 진리로 믿는 것이 우리 삶 속에 통합되어야 함을 안다. 성경에는 위선에 대한 정죄가 가득하다.

그래도, 분리하지 않으면서 구분하는 것은 가능하다. 본 장에서 내가 하려는 일이 그것이다. 다음 장에서는 여기 논한 지성의 삶이 어떻게 그리스도 안의 원숙한 삶에 필수 불가결한 부분이 되는지 살펴볼 것이다.

지성의 삶

그렇다면 지성의 삶의 특징은 무엇인가? 적극적으로 사고하는 사람의 모습이란 어떤 것인가? 1장에 내가 제시했던 지성인의 정의로 다시 돌아가 보자.

지성인이란 사고를 사랑하는 사람, 즉 헌신적으로 사고를 다듬고, 사고를 개발하고, 사고를 비판하고, 사고를 뒤집고, 사고의 함축된 의미를 보고, 사고를 쌓아 올리고, 사고를 배열하고, 새 사고가 튀어나와 낡은 사고의 자리 배열이 달라지는 듯할 때 잠잠히 앉아 있고, 사고를 가지고 놀고, 관련 단어로 말놀음을 하고, 사고를 웃고, 사고의 충돌을 지켜보고, 조각들을 주워 모으고, 다시 시작하고, 사고를 판단하고, 사고에 대한 판단을 보류하고, 사고를 바꾸고, 사고를 다른 사고 체계들의 대응물들과 접촉시키고, 사고를 초대하여 함께 먹고 춤추되, 또한 일상생활에 소용되도록 사고를 맞추는 사람이다.

이 정의에 "진리의 추구"가 어디 있느냐고 혹자는 물을 수 있다. 진리의 추구야말로 지성인의 첫 번째 특징으로 꼽혀야 하는 것 아닌가? 진리를 찾는 일에나 진리라는 것이 존재한다는 개념에 희망을 잃어, 진리의 추구를 포기한 "사상가들"을 지성인 부류에 포함시키지 않을 것이라면, 답은 그렇다. 그렇게 되면 과거의 니체 같은 사람들이나 현재의 리처드 로티(Richard Rorty) 같은 포스트모던 석학들도 지성인 부류에서 제외되어야 한다. 진리 개념의 거부가 자가당착 내지는 자기모순임을 지적할 필요는 없다. 어차피 사고하는 사람들의 상당 비율은 진리 개념을 거부한다. 그래서 나는 "진리의 추구"를 정의에 넣기보다는 지성인이라는 단어 앞에 기독, 계몽주의, 전통 따위의 수식어를 붙이는 쪽을 더 선호한다. 다음 장에서 그런 수식어가 딸린 지성인들 중 하나인 기독 지성인을 살펴볼 것이다.

나아가 지성인이 아닌 사람들 중에도 신앙의 자세로, 또는 권위를 진리의 전달자로 믿고 수용하는 자세로, 진리를 추구하는 사람들이 많이 있다. 비(非)지성적 믿음의 삶에 헌신하는 많은 사람은, 자신의 믿음이 현실적으로 정당하다는 확신이 있기에 헌신한다. 그들은 굳이 "생각"하거나 "사유"하지 않고도 진리를 우선순위 목록에 높이 둔다. 반면, 지성의 삶은 지적인 활동이 윙윙 돌아가는 삶, 신경 세포의 연속 사격이다. "두뇌는 언제나 일하고 있다. 내가 소망하는 터빈들은 존재하고, 돌아가며, 톱니바퀴 시스템을 작동시킨다. 그래서 고압 발전기에서 사고들이 불티를 날린다."[4]

위 정의에 담아내려 한 바가 바로 그것이다. 이는 뉴먼의 말마따나 이리 저리 활보하기를 멈추지 않는 지성, 산을 오르기를 멈추지 않는 지성이다. 그렇다면 지금부터 지성의 움직임을 자세히 살펴보기로 하자.

사랑에 빠진 지성

지성인은 사랑에, 사고와의 사랑에 빠져 있다. 사람은 누구나 뭔가를 사랑한다. 내 아내는 나무와 버섯을 사랑한다.[5] 내게 숲이란 경치의 파노라마, 색깔과 빛과 음영의 유희다. 아내에게 숲은 나무들, 그것도 한 그루 한 그루 학명을 지닌 나무들이다. 숲 바닥은 버섯의 온상이다. 광대버섯, 독버섯, 말불버섯. 내 아들은 목세공과 건축의 정교한 기예를 사랑한다. 유럽의 몇몇 박물관을 함께 여행할 때, 나는 그림을 감상했고 아들은 골동품 가구에 빠져들었다. 나는 중세기 건축물을 보며 역사를 생각했고, 아들은 문짝들을 고정시킨 방식을 보며 자신의 가구 제작업을 생각했다. 과학자이자 철학자인 마이클 폴라니(Michael Polanyi)는 과학의 심장에 "개인적이고 직관적인 '지적인 사랑'"이 있다고 역설했다. 드루실라 스캇(Drusilla Scott)은 폴라니의 견해를 압축하여, 지적인 사랑은 "위풍당당하게 과학의 집에 거하며, 혹 규칙이 그것을 허용하지 않으면 규칙을 바꾸고야 만다"[6]고 했다.

지성인다운 지성인은 사고—모든 사고, 참된 사고, 거짓 사고, 흔한 사고, 이상한 사고, 간단한 사고, 심오한 사고, 설레는 사고, 고리타분한 사고, 건설적 사고, 암담한 사고—를 사랑한다. 내게 사고를 하나 보여 주면 내가 거기에 경례하고 그 사고를 허물고 재건하고 그 기원을 찾고 그 운명을 점치겠다고, 지성인은 말한다. 언제나 흥분이 있다. 마지막 슬램덩크로 승리를 장식하는 마이클 조던을 지켜보는 스포츠 애호가의 감정 같되, 다만 방식이 조용할 뿐이다. 지성인은 시종 차분히 앉아 있을 수도 있기 때문이다. 외적 차분함의 탈 밑에 내적 격랑이 있다. 모두가 사랑, 사고에 대한 사랑 때문이다.

옥타비오 파즈(Octavio Paz)가 죽은 지 얼마 안 되어 파즈의 친구가 그를 추모하며 쓴 말을 생각해 보라.

그와의 대화는 끊임없는 탐색이었다. 비록 그가 "과민한 성격"이 있어—호러스의 말로 시인들은 다 그렇다지만—매사에 항상 심각했으나, 그의 넓고 깊은 지적 호기심에는 거의 어린아이 같은 열의가 있었다. 그는 굵직한 주제들에 매료되어 장문의 글을 썼다. 시의 창작과 언어에 대한 고찰, 낭만주의의 열정에서 현대 전위 예술가들의 삐딱한 시각에 이르기까지 서구 시의 역정에 대한 그의 견해, 여러 언어의 작품 비교뿐 아니라 비(非)서구의 다른 시학 배경과의 대조, 언제나 신중하고 비판적인 세계관의 필요성을 강조한 그의 현대 문화와 정치와 사회에 대한 사상들 등이었다. 그는 또 새로운 과학적 발견이나 지적 탐구에도 흥분을 느꼈다. 최신 빅뱅 이론, 지성의 본질이나 마야 부족 활자의 해독에 대한 토론…그러다 느닷없이—제스처나 몸자세의 돌연한 변화를 신호로 한 "느닷없이"의 개념이 그에 대한 내 기억 속에 뚜렷이 남아 있다—그의 대화는 종잡을 수 없는 주제들로 벗어나곤 했다. 18세기 프랑스의 연애 문학, 고대 어느 중국인 학자의 정치적 좌우명, 사랑이나 애수에 대한 중세기 이론들 따위였다.[7]

여기 전형적 지성인이 있다. 어떤 사고나 주제나 개념이든 그것의 촉수들이 문화의 중요한 부분을 만지기만 한다면, 지성인은 거기에 흥분한다.

모든 지성인은 사고와 사랑에 빠져 있다. 그러나 모든 지성인이 진리와 사랑에 빠져 있는 것은 아니다. 어떤 사람들은 내가 보기에 분명히 지성인이지만, 종류 여하를 막론하고 진리의 실질적 존재 자체를 믿지 않는다. 예컨대 에버렛 나이트(Everett Knight)는 "음식에 대한 굶주림은 채울 수 있으나 진리에 대한 굶주림은 아니다. 진리란 없기 때문이다. 굶주림에는 대책이 있어도 영적 굶주림에는 대책이 없다는 깨달음이야말로 우리 시대의 진짜 혁명일 수 있다"[8]고 주장했다.

그리스도인들은 그렇게 비관적이지도 않고, 그럴 필요도 없다! 그러므로 우리는 "진리를 사랑한다"는 개념으로 돌아갈 이유가 얼마든지 많으며, 5장과 6장과 10장에서 그 일을 할 것이다.

지성은 회전식 건조기

지성인은 헌신적으로 사고를 다듬고, 사고를 개발하고, 사고를 비판한다. 모호한 생각은 지성인의 죽음이다. 엉성한 사고, 얼개가 빈약한 사고, 분노나 편견으로 뒤틀린 사고를 보면 지성인은 그 초점을 맞추고, 곧게 펴고, 함축된 의미를 검토하고, 그 사고가 얼마나 바르게 또는 정확히 제 기능을 다하고 있는지 분별에 나선다. 명료하게 표현된 사고를 만난다는 것은 지성인에게 즐거운 일이다. 어떤 혼란스런 사고를 자신이 다듬고 나면, 지성인은 그 일에 자부심을 느낀다. 물론 자부심이 너무 강할 때도 있다. 때로 지성인이 사고에 대해 하는 일은 자신의 생각만큼 많지 않기 때문이다. 지성인이라고 항상 옳은 것은 아니다. 자기가 절대로 옳다고 생각할 때도—그럴 때 특히 더—아니다.

이 일에 대한 강렬한 헌신은 기본이다. 자크 바전의 말처럼 "운동선수의 비유를 강조할 필요가 있다. 지성의 구사에 있어 근력과 협응 능력(co-ordination)과 의지력이 없는 사람들은, 경기장은 고사하고 선수들의 식이요법 식당에도 발붙일 수 없음을, 만인이 인식할 정도가 되어야 한다."[9)]

지성인은 사고를 뒤집고, 사고의 함축된 의미를 보고, 사고를 쌓아 올리고, 사고를 배열한다. 지성인은 정신적인 회전식 건조기다. 사고와 그 일당에 대한 지속적인 되새김질만큼 지성인의 특징이 되는 것은 아마도 없다. 사고를 배열할 수 있는 방식은 무한히 많다. 지성인은 사고 배열 방식을 알며, 지속적 재배열을 한시도 멈추지 못하여 사고 내용을 사회 공유 재산으로 내놓지 못할 때도 있다. 언제나 바꾸어 넣을 부분이 또 있기 때문이다. 뉴먼에 대한 말을 떠올려 보라. 커에 따르면 뉴먼은 펜으로 생각했고, 그래서 책을 출간하기 전에 원고가 여러 개씩 쌓였다.[10)]

사고를 뒤집는 일이 의식적이되 초점 없는 행위가 되면 이를 수평적 사고(상식이나 기성관념에 얽매이지 않는 사고 방식—옮긴이)라 하는데, 이는 문제 해결에만 아니라 새로운 사고 유형, 새로운 패러다임, 독창적 사고 등의 출현에도 커다란 자극이 될 수 있다.[11)] 창의력 있는 지성인은 그런 사고를 예술로 승화시키지만, 지적인 역량을 덜 타고난 사람들도 그런 일을 할 수 있다.

우리는 사안들을 보고 여태까지 존재하지 않았던 유형으로 만들 수 있는 능력을 지니고 있다. 우리는 재료와 태도와 유형을 모아 임의로 상호 작용하게 할 수 있고, 그래서 결국 "궁합"이 생겨나 여태 상관관계가 없던 것들이 만나 하나의 독특한 창작품을 이룬다. 모든 인간은 이렇게 할 수 있고 실제로 그렇게 한다.[12)]

침묵하는 지성

새 사고가 튀어나와 낡은 사고의 자리 배열이 달라지는 듯할 때 지성인은 잠잠히 앉아 있는다. 지성의 이 면은 가장 신비로운 면 중 하나다. 사고가 어디서 오는지 우리는 모른다. 흔히 사고는 그냥 "튀어나온다." 어느새 생겨나 있다. 전에는 없었는데 지금은 있다. 길버트 하이엇이 잘 말했다.

> 우리는 모두 동굴에 사는 인간이다. 우리가 살고 있는 동굴은 우리 자신의 지성이다. 그리고 의식은 깜빡깜빡 너울거리는 작은 횃불 같아서, 기껏해야 가장 가까운 동굴 벽의 윤곽만 조금 보여 주거나 발치에 요란하게 흐르는 위험한 지하의 강을 느끼게 해 줄 뿐이다. 그래서 우리는 삼켜지기 전에 겁에 질려 물러서기 시작한다.[13]

그보다, 내 생각에, 우리는 경이에 젖어 물러서기 시작한다. 철학과 시는 흔히들 생각하는 것보다 공통점이 많다. 둘 다 경이에서 시작된다.[14] 이점에 대해 조세프 피퍼는 설득력 있게 말했다.

> 지각한다는 것은 잠잠히 듣는 것이다…보이지 않는 것만이 투명하며, 들음은 침묵 속에서만 가능하다. 나아가, 존재하는 모든 것을 들으려는 결심이 굳을수록, 침묵은 더 깊고 더 철저해야만 한다. 그래서 철학이란…그 수용적 침묵이 무엇에도, 심지어 질문에도, 방해받고 중단되지 않도록, 완전히 집중하여 듣는다는 뜻이다.[15]

고대와 중세 철학자들처럼 피퍼도 오성(ratio)과 지성(intellectus)을 구분한다. 전자는 "추론적 사고력, 찾고 또 찾고 추론하고 다듬고 결론짓는 능력"이다. 후자는 "'그냥 보는' 능력"이다. 이 경우 "진리는 눈앞의 경치처럼 저절로 나타난다." 그리스 철학자 헤라클리투스(Heraclitus)의 말처럼, 후자인 지성은 "사안의 존재를 듣는다."16) 성숙한 사고에는 오성과 지성이 둘 다 포함된다.

지성의 이 신비로운 면에 대해서는 7장에서, 사고를 자극할 수 있거나 적어도 사고가 생겨날 때 알아볼 수 있는 실제적인 길들을 논할 때, 다시 살펴볼 것이다. 여기서는 가장 좋고 가장 참신한 사고란 대개, 지성이 편안할 때, 생각하려 애쓰지 않고 그냥 주목하거나 투영하고 있을 때, 끝없는 복도로 사고를 추적하기보다는 수용적 자세로 사고의 추적에 자신을 맡겨 실체가 내게 다가오게 할 때, 생겨난다는 점에만 주목하면 된다.

그래서 활동 중인 지성인은 실제로 자신에게나 남들에게나 마냥 한가해 보일 수 있고, 난데없이 생겨나는 듯한 사고들의 말없는 정신적 수용체로 보일 수 있다.17) 이런 사고들은 들어와서, 방명록에 적고, 이름을 대고는, 지성의 삶이라는 게임을 즐긴다. 사실, 지성인에게는, 사고가 진실로 게임이라는 의식이 종종 든다.

놀이하는 지성

지성인은 사고를 가지고 놀고, 관련 단어로 말놀음을 하고, 사고를 웃는다. 이는 지성인에게 귀속시키기에는 이상한 특징처럼 보일 수 있다. 그러나 사고하는 사람이 사고에 거리를—유머에 필요한 만큼의 거리를—두지 않는다면, 자신의 사고 내용에 대해 웃을 수 없다면, 그는 공론가가 될 중대 위험에 처한 것이다. 공론가는 한 가지 중심 개념에만 파묻혀 있어, 그 잠재적 결함이나 합리적 반론을 볼 능력을 잃는다. 공론가는 지성의 삶에 재앙이다. 진리의 추구는 끝나 버린다. 이미 진리를 찾았고 거기에 묶여 버렸기 때문이다. 이제 공론가의 지성은 자기 안에 꼭꼭 갇힌 채, 진리에 회의가 기어들지 못하도록, 다른 대안들이 진리의 일부에라도 이의를 제기하여 공격하지 못하도록 막아선다.

"사회 계층에 끼지도 못하므로 통상적 예의를 버려도" 되었던 중세기 어릿광대 역할이 차라리 낫다.[18] 어릿광대는 왕의 치부나 혹 흉측한 진실을 말해도 조신(朝臣)들의 경우보다 보복에 대한 두려움이 더 적었다. 오늘날에는 지적인 기지가 번득이는 만화가들과 때로 권력의 회랑 밖에 있는 교수들이 그 역할을 한다.

이사야 벌린(Isaiah Berlin)을 아는 많은 사람에 따르면, 가벼운 마음은 그의 풍부한 자질이었다. 복잡한 지성적 산문의 한복판에서, 벌린의 삶의 기쁨이 터져 나왔다. "그는 자신의 수작(秀作) 평론들의 만연체 문단들과 복합 구문들 속에, 자기 목소리의 도덕적 특성을 남겼다. 지성의 삶이 기쁘고, 환상이 아니고, 생생히 살아 있을 수 있음을 우리 자신에게 일깨워야 할 때, 우리는 바로 그런 글들로 돌아갈 수 있다."[19]

사회학자 루이스 코저(Lewis A. Coser)는 말하기를 지성인은 "사고의 낙을 즐거워한다"고 했다. 문학자 자크 바전도 같은 생각에서 "사실 참된 교육의 한 가지 시험은, 참된 교육이란 그 주인 위에 가볍게 앉는다는 것이다. 그는 다른 사람들이 취해 갈 자신의 망토가 군데군데 얼마나 얇은지 누구보다 잘 안다"[20]고 말했다. 그리고 농부, 시인, 소설가인 웬델 베리(Wendell Berry)도 "자신을 너무 진지하게 대할 때 우리는 충분히 진지해질 수 없다"[21]고 동조했다. 많은 천주교 지성인의 생기 넘치는 삶을 묵상하면서 메리 조 위버(Mary Jo Weaver)는 "마음이 하나님께 뿌리를 둘 때 사고는 자유로이 놀 수 있다. 자유로이 재미를 누릴 수 있다"[22]고 잘 표현했다. 유머와 말놀음과 웃음, 이것들은 겸손을 북돋운다. 진리의 짐―인간의 실상에 대한 많은 진리는 불유쾌한 내용이다―이 너무 무거워 지기 힘들어질 때 참된 지성인이 느끼기 시작하는 부담을, 유머와 말놀음과 웃음이 가볍게 해 준다. 하나님 한 분을 제외하고는 어떤 인간에게도―지성인 여부를 떠나서―모든 진리가 없다는 것이야말로 "진리"이기 때문이다. 있다고 생각하는 사람은 반감을 살 뿐 아니라 철저히 잘못된 것이다.

자기가 구하는 진리를 아직 얻지 못하였으나, 세상과의 연(緣)과 개인적 대인 관계를 저버릴 정도로 거기에 골몰하는 지성인들도 있다. 조지 스타이너(George Steiner)가 말한 "절대 학자"가 그런 경우다.

> 절대 학자는…뭔가에 대한 관심, 그것도 전적인 관심은 사랑이나 증오보다 강하고 믿음이나 우정보다 끈질긴―사실 드물지 않게, 자신의 삶 자체보다 더 떨칠 수 없는―리비도의 힘이라는, 니체의 깨달음에 파묻혀 있다. 원뿔 곡선 대수학에 심취해 있던 순간 아르키메데스는 자기를 죽이려는 자들한테서 도망치지 않는다. 쳐다보지도 않음으로써, 그들이 자기 정원에 몰려들었다는 사실조차 인정하지 않는다.…심원한 매혹의 대상에 마음이 불타는 문서 보관인, 논문 집필자, 골동품 수집가, 전문가도 사회 정의나 가족애나 정치의식이나 평범한 인생사의 방해와 요구들에 무관심할 수 있다.…그래서 파우스트 주변에 꼬이는 전설들만 있는 것이 아니라, 완전히 까만색 튤립을 만들어 내기 위해 처자식과 가정을 희생하는 사람의 이야기(뒤마가 쓴 옛 이야기)도 있는 것이다.[23]

1장에 살펴본 모든 반지성적 철퇴를 맞아 마땅한 사람은 공론가다. 우리 아버지 말이 옳았다. "지성인은[공론가로 읽으라] 사실, 자기 지능 이상으로 교육받은 사람이다."

전쟁 중인 지성

지성인은 사고의 충돌을 지켜보고, 조각들을 주워 모아, 다시 시작한다. 모순되고 상충되는 사고들의 충돌 소리를 지성인보다 잘 아는 사람은 없다. 역사의 페이지마다 철학자들이, 죽어 가는 병사처럼 쓰러져 있다. 아리스토텔레스는 플라톤을 넘는다. 플로티누스는 다시 아리스토텔레스를 앞질러, 플라톤을 변화시켜 구한다. 아우구스티누스는 신플라톤주의의 플로티누스와 마니교도들을 습격하여, 후자는 버리고 전자는 변화시킨다. 아퀴나스는 아리스토텔레스를 습격하여 아리스토텔레스의 철학을 변화시킨다. 이는 야밤에 충돌하는 무지한 군대들의 소리가 아니다. 이는 사고들이, 활과 대포와 미사일 발사로 공격을 개시하고, 방패와 차폐물과 토치카로 방어하고, 레이더로 탐지하여 공중에서 요격하는 소리다.

지성의 전쟁터에는 시체들이 널려 있다. 그러다 대학들이라는 병영에서 새로운 영웅들, 젊은 지성들이 등장한다. 그들은 저마다 야전을 탐사하여 1구나 혹 1대대의 시체를 찾아내 거기에 새 생명을 불어넣고, 그렇게 곧 새로운 군대가 결성된다. 그렇게 신 아리스토텔레스 철학, 신신(新新) 플라톤 철학, 신 영지주의, 신 스콜라 철학이 생겨난다. 준(準)지성인 계열의 자유 투사들이나 게릴라들—당신이 택하라—도 싸움에 가세한다. 해체주의자들, 단지 유식한 사회학자들, 포스트모던 권력 브로커들 등이다.[24]

"해 아래" 인류가 존재하는 한, 아직 사고의 자유로운 표현이 허용되는 개방 사회가 있는 한, 지성인들도 거기 있어, 사고의 흐름을 자극하고, 억제하고, 방향을 틀 것이다. 가장 참담한 지성의 재난들 후에도, 누군가 일어나 다시 조각들을 주워 모을 것이다.

신중한 재판관인 지성

지성인은 사고를 판단하고, 사고에 대한 판단을 보류한다. 때로 역설이기도 한 이 이분법을 강조하는 것이 중요하다. 지성인은 너무 성급히 결론을 내려서는 안 된다. 사고는 시간을 요한다. 적어도, 대다수 인간에게는 그렇다. 프로그램에 따라 필연적 정답을 만들어 내는 슈퍼컴퓨터와 달리, 지성인은 유한하며 오류를 범할 수 있다. 편견, 잘못된 선입관, 타당한 세부 사항을 무시하는 성급한 비약, 일정 결과에 대한 과도한 욕심, 사고의 함의에 대한 두려움, 바른 추론 결과를 수용하지 않으려는 태도—이 모두와 그 이상이, 지성의 길을 막아 훌륭한 판단에 이르지 못하게 한다.

그러므로 참 지성인은 애써 겸손하고 신중하게 결론에 도달한다. 역시 이사야 벌린이 최고의 전형이다. "그는 조금도 가식과 거만이 없었다."[25]

세상을 여행하는 지성

지성은 사고를 다른 사고 체계들의 대응물들과 접촉시킨다. 우리는 더 이상 통일된—사회적으로, 문화적으로, 지적으로—세상에 살고 있지 않다. 우리는 다원주의 세상에 살고 있다.

보다 구체적인 종교적 관점에서, 다원주의는 더 이상, 우리 중 더러는 침례교인이고 더러는 감리교인이라거나 더러는 개신교인이고 더러는 천주교인이라는 의미가 아니다. 이제 다원주의는 우리 옆집은 라스타파리안 교도이고 반대쪽 옆집은 종교와 전혀 무관한 무교(無敎)라는 뜻이다. 그들은 한 블록 건너에는 힌두교 사원을, 시내 저편에는 이슬람교 모스크를 짓고 있다. 우리의 단골 미용사는 매일 아침 20분씩 무의미해 보이는 주문(呪文)을 외울지도 모른다. 근처 식품점 주인은 저녁마다 30분씩 요가를 하고, 우리의 직장 상사는 세미나에서 뉴에이지 경영 훈련을 받는다.

어디를 보나 우리와 입장이 다른 사람들이 있어, 저마다 자기가 그 입장을 고수할 자유가 있다고 주장할 뿐 아니라, 그들은 우리도 계속 우리 마음대로 믿도록, 불만 없이 내버려 둔다. "뉴 리퍼블릭"(The New Republic) 문학 편집자 리안 위즐티어(Leon Wieseltier)의 말대로 "거리마다 공통분모 없는 사람들이 넘쳐 난다. 당신이 함께 살고 일하고 노는 사람들에게 당신의 세계관은 난센스이거나 그보다 더하다."[26]

참된 지성인들은, 파노라마처럼 많은 세계관을 똑똑히 본다. 그래서 그들은 시야가 넓어지며, 모든 사고를 21세기의 새로운 대안들의 문맥 속에서 볼 줄 안다. 참된 지성인들은 자기 자신의 사고의 전제들이 정말 무엇인지 알 뿐 아니라, 자기와 조우하는 다른 사람들의 전제들도 파악한다. 참된 지성인들은 다음과 같은 질문들을 깊이 생각한다. 근본적 실체는 무엇인가? 하나님인가 자연인가? 물질인가 영혼인가? 인간의 기본 특성을 구성하는 것은 무엇인가? 인간과 근본적 실체의 관계는 무엇인가? 인간이 어떻게 뭔가를 알 수 있나? 인간 도덕성의 기초는 무엇인가? 인간 역사에 의미가 있다면, 그 의미는 무엇인가?[27]

축제하는 지성, 섬기는 지성

지성은 사고를 초대하여 함께 먹고 춤춘다. 이는 약간 은유적이고 약간 도를 넘어선 것 아닐까? 그 의미는, 지성인은 전체 사고 과정을 즐긴다는 것이다. 이는 금식이 아니라 축제다. 사고는 고독 속에서 인식·배양되었을 수 있고 잔치도 혼자만의 것일 수 있지만, 보기에는 그렇지 않다. 지성인의 사고는 그 나름의 활기찬 생명을 입는다. 사고는 천체의 음악을 연주할 때도 있고, 수도사의 영창(詠唱)을 부를 때도 있고, 정겹고 희귀한 민속악의 현을 건드릴 때도 있다. 사고는 한숨 섞인 재즈의 리듬을 치거나, 즉흥으로 구슬픈 울음소리를 낼 때도 있다. 지성의 삶은 고요하지 않다.

지성은 일상생활에 소용되도록 사고를 맞춘다. 지성인들은 활동의 이면 때문에 악평을 얻곤 했다. 폴 존슨이 「지성인」에 담은 "지성인"에 대한 기술은, 과거에 공적으로 활동한 사상가들—존슨이 보기에 서구 세계를 나쁜 길로 이끈—에 대한 통렬한 비난이다. 하지만 유익한 영향을 훨씬 많이 미친 사람들도 있다. C. S. 루이스, 프랜시스 쉐퍼, 자크 엘룰, 디트리히 본회퍼 등 현대의 몇몇 예를 생각해 보라. 다들 수많은 사고를 차려 내어 우리 세상을 더 좋은 곳으로 만든 사람들이다.

어쨌든 지성인을 그저 관념적인 철학자로만 보아서는 안 된다. 리처드 위버의 말대로, 사고는 결과를 낳는다. 지성인은 사고가 인생에 영향을 미치는 과정에 한몫할 수밖에 없다. 물론 적절하게 적용된 참된 사고라면 더 바랄 것이 없으리라. 그러한 관점에서 다음 장의 주제를 열어 보자.

지식건축법

○
떨리는 현들은 다른 현들도 떨게 만든다. 개념도 그런 식으로 하나가 둘을 부르고, 그 둘이 셋을 부르고, 그 셋이 넷을 부르고, 계속 그렇게 해 나간다. 사색하는 즉 침묵과 어둠 속에서 자신과 대화하는 철학자가 불러내 함께 이을 수 있는 개념의 수는 제한이 없다. 이런 방법으로 신기한 도약도 가능하며, 불러낸 한 개념이 때로 불가해한 간격으로 화성(和聲)을 이루기도 한다.

드니 디드로_「달랑베르의 꿈」

○
지성이 어떻게 작용하는지 우리는 잘 모른다. 그러나 수동성이 그 1호 법칙이라는 것은 안다. 영감이 어떻게 오는지 우리는 더 모른다. 그러나 그 영감이 우리의 주도권보다 무의식을 더 활용한다는 것은 볼 수 있다. 우리는 한밤의 기수(騎手)처럼 악조건 속에 전진한다. 미련하게 말에게 굴레를 씌우기보다는 자신의 승마술을 믿는 편이 낫다.

A. G. 세르티양즈_「지성의 삶」

○
사고는 요술 환등(幻燈)이며, 없는 척 무시할 수 없는 것들의 회합 장소다. 한순간 우리는 자신의 태생과 신분을 한탄하며 금욕적 승화를 열망한다. 다음 순간 우리는 옛 동산의 오솔길 냄새에 넋을 잃고, 개똥지빠귀 노랫소리에 눈물 흘린다.

버지니아 울프_「올랜도」

○ 개념들은 사고의 총합과 내용이 아니다. 오히려 사고란 물을 건너게 해 주는 징검다리인 것 못지않게 물을 건너는 동작이기도 하다. 사고란 이동과 전환과 휴지(休止)의 정교한 안무이며, 지성이라는 근육 조직의 계시다.

스벤 버커츠_「구텐베르크에게 바치는 만가(輓歌)」

○ 사고란 우리가 고독 속에서 자신과 이어 가는 소리 없는 대화다. 사고는 학문처럼 직접 지식을 내지도 않고 직접 실제적 지혜를 낳지도 않는다. 사고는 언제나 "무질서하고 인간 조건에 어긋난다." 사고하려면 상식적인 겉모양의 세계에서 물러나야 한다. 사고는 재귀(再歸)의 특성을 보이며, 특이한 자멸적 성향이 있다. 사고는 페넬로페의 거미줄과 같아, 전날 밤에 끝마친 일을 매일 아침 원점으로 되돌린다. 아렌트가 사고 활동의 특징에 가장 적절하다고 본 은유는, 소크라테스가 사용했던 바람의 은유다.

리처드 번스타인_「뉴욕 서평」

○ 맞다, 바깥 세계—보이는 것이든 보이지 않는 것이든—는 궁극적으로 신비다. 우리가 거주하는 다른 세계—내면세계, 지성의 세계—도 마찬가지다. 자기 지성이 무엇을 할 수 있고 무엇을 산출할 것인지 아는 사람은 우리 중에 아무도 없다.

길버트 하이엇_「인간의 정복하기 힘든 지성」

5

지성의 윤리:
기독 지성이란
무엇인가?

앞장에서 우리는 지성의 지적인 문제들에 초점을 맞추었다. 지성인 일반에 대한 기술을 통해 나는, 지성 활동의 내적 특성을, 사고의 느낌이 어떠한가를—사고의 방향이 선이든 악이든, 하나님이든 자아이든—전하려 했다.

나는 그것이 위험한 일이라고도 말했다. 지성에서 도덕을 차단함으로써 자칫 내가, 지성의 삶이란 순전히 사변적 삶이라는—머릿속과 주변을 출입하는 사고의 통로라는—인상을 주었을 수도 있기 때문이다. 이는 지성을 두뇌로만 보고, 두뇌를 자의식 있는 컴퓨터로만 보는 처사다. 이는 지성에 대한 사고가 마치 기억 장치를 돌며 계속 0과 1 사이를 오가는 하드 드라이브 같다고 생각하는 처사다.

우리의 사고는 정신적 신경 세포들의 접합 이상이다. "우리의 사고는 우리 자신이라야 한다."[1] 우리는 제임스 앨런(James Allen)의 다음 말을 진지하게 받아들여야 한다. "'그 마음의 생각이 어떠하면 그 위인도 그러하다'는 잠언은 인간의 전 존재를 아우를 뿐 아니라 그의 삶의 모든 조건과 상황에 미칠 만큼 포괄적이다. 인간은 말 그대로 자기가 생각하는 그것이며, 성품은 그의 모든 사고의 완전한 총합이다."2)

우리의 사고 내용이 설령 앨런의 말처럼 우리의 성품 자체는 아닐지라도, 우리 성품의 열쇠는 된다. 흔히 어떤 사람이 지성인이라고 할 때, 그 말은 그의 성품과는 거의 무관하다. 블레즈 파스칼, 볼테르, 마르키 드 사드, 새뮤얼 존슨, 제인 오스틴, 칼 마르크스, 쇠렌 키르케고르, 매튜 아놀드, 존 헨리 뉴먼, 버트런드 러셀, 자크 엘룰, 시몬느 드 보봐르, C. S. 루이스 등 흔히 지성인으로 불리는 사람들을 쭉 보면, 그런 결론이 충분히 입증된다. 그러나 사람의 성품을 보여 주는 것은 그의 사고 내용이며, 여기에는 그 사고의 결과로 나타나는 도덕적 차원과 행동까지도 포함된다. 위 사람들은 모두 엄연히 지성인이다. 각자 독특한 성품을 지닌 독특한 사람이다. 그러나 그중 유익한 친구가 될 만한 사람은 일부에 지나지 않으며, 세계 역사에 전체적으로 긍정적 영향을 미친 사람은 더 적다.

나아가 우리 그리스도인은 그냥 지성인이 되려고 애써서는 안 된다. 단순히 생각을 멈출 수 없어 늘 생각에 빠지든, 아니면 하나님께 순종하여 지성의 삶으로 부름 받았든, 마찬가지다. 우리는 기독 지성인 내지 지성인 그리스도인이 되어야 한다. 그렇다면 기독 지성인이란 무엇인가?

기독 지성인

다시 1장 끝의 정의로 돌아가자.

기독 지성인이란 일반 지성인과 모두 똑같되 지성을 하나님의 영광을 위하여 하는 사람이다.

기만적이리만치 간단한 정의다. 그리스도인이라는 일반 개념에 지성인이라는 세상 개념을 더하기만 하면 기독 지성인의 개념이 나온다는 의미가 암시되어 있다.

본서를 쓰기 시작할 때, 심지어 위에 말한 지성인과 기독 지성인의 정의를 처음 세울 때까지도, 나는 정말 그러면 되는 줄 알았다. 그러나 그저 그리스도인 개념을 가져다 지성인 개념에 더해서는 우리 목표를 이룰 수 없음을 나는 곧 깨달았다. "하나님의 영광을 위하여"의 함축 의미에 살이 입혀지면, 지성인 개념 전체가 달라진다.

"하나님의 영광을 위하여"라는 말 속에는 도덕적 한계선, 하나님 나라의 비전, 인생의 방향뿐 아니라 심오한 존재론적, 인식론적 의미까지 함축되어 있다. 우리 그리스도인은 모든 일을 하나님의 영광을 위하여 해야 한다. 우리 기독 지성인은 하나님의 영광을 위하여 사고해야 한다. A. G. 세르티앙즈의 놀라운 책 「지성의 삶」(Intellectual Life)을 나는 최근에야 만났는데, 그는 하나님의 영광을 위한 지성인의 사고를 이렇게 표현했다.

> 지성인은 항상 지성인이어야 한다. 그리스도인은 먹든지 마시든지 무엇을 하든지 다 하나님의 영광을 위하여 하라 한 성 바울의 말은, 진리를 추구하는 그리스도인에게도 적용되어야 한다. 그에게는 하나님의 영광이 곧 진리다. 그는 늘 하나님의 영광이 진리임을 명심하고 범사에 거기에 따라야 한다.[3]

그리스도인의 특수성에 대한 논의를 우리는 도덕적 차원에서부터 시작하려 한다. 이미 우리는 뉴먼을 기독 지성인의 모델로 살펴본 바 있다. 기독 지성인들에게 있어 뉴먼의 두 가지 열정—진리를 향한 열정, 거룩을 향한 열정—은 하나님께 영광을 돌리는 주요 단면이다. 뉴먼을 논할 때 나는 진리를 향한 열정을 먼저 다루었었다. 여기서는 거룩을 향한 열정을 먼저 다루려 한다. 이유는 곧 자명해질 것이다.

거룩을 향한 열정

거룩이란 하나님의 영광을 위하여 구별되는 것이다. 하나님의 영광이란 그분의 거룩하심, 다른 모든 것들로부터 구별되심, 타자(他者) 되심이기 때문이다. 깊은 의미에서 하나님은 절대 타자이시다. 너무나 타자이시고 너무나 초월적이라서 우리로서는 감히 그분의 실체를 생각할 수조차 없다. 그분은 스스로 계신 분(I AM)이다. 그분에 대한 우리의 모든 지식은 오직 그분이 우리에게 일부러 자신을 계시해 주시기 때문에만 온다. 타자이신 그분이 말로 우리를 존재케 하신다. 우리는 마치 그분의 방출물인 냥 그분을 재료로 만들어진 존재가 아니다. 우리는 그분의 말씀으로 창조되어 생겨났다.

 그러므로 거룩해진다는 것은 첫째로, 하나님을 섬기기 위해 구별되는 것이다. 그리고 둘째로, 거룩해진다는 것은 하나님의 성품을—즉 본래 하나님의 형상대로 지으신 우리의 그 모습을—입는 것이다. 하나님의 형상을 입는 정도만큼 우리는 거룩하다. 말씀이 친히 육신이 되셨을 때, 그분은 하나님의 형상이 가장 충만하게 표현된 모습이 무엇인지 우리에게 보여 주셨다. 그러므로 거룩을 향한 열정을 품는다는 것은 곧 그리스도를 닮으려는 열정을 품는 것이다.

 우리는 최고 상태일 때도 기껏해야 하나님의 깨어진 형상일 뿐이다. 자력으로 고칠 수 없는 난관에 처한 것이다. 우리는 하나님이 고쳐 주셔야만 고쳐질 수 있다. 하나님은 고쳐 주신다. 단, 그분은 예수의 죽음과 부활을 통해 우리를 구속하실 뿐 아니라, 우리를 그분의 형상으로 회복시켜 주심으로 고쳐 주신다.

거룩을 향한 열정은 우리를 다시 빚으시는 하나님을 향한 열정이다. 이 일을 그분은 점진적 방법들, 은혜를 받는 방법들, 그리스도인 삶의 훈련들을 통해 행하신다. 즉 세례, 성찬, 예배, 다른 신자들과의 교제, 기도, 그분과 그분의 기록된 말씀에 대한 공부와 묵상, 금식, 고독, 침묵, 봉사 등이다. 여기서 이 훈련들을 자세히 다루지는 않겠다. 거기에 대해서는 이미 훌륭한 책들이 많이 나와 있다.[4] 다만 우리의 요지는, 기독 지성인은 거룩을 향한 열정, 예수를 닮으려는 열정을 기른다는 것이다.

우리의 사고 생활과 관련하여 사도 바울은 거룩의 개념을 풀어놓았다. "무엇에든지 참되며 무엇에든지 경건하며 무엇에든지 옳으며 무엇에든지 정결하며 무엇에든지 사랑 받을 만하며 무엇에든지 칭찬 받을 만하며 무슨 덕이 있든지 무슨 기림이 있든지 이것들을 생각하라"(빌 4:8). 그러므로 거룩을 향한 열정은, 진리를 알려는 열정뿐 아니라 진리를 행하려는 열정을 낳는다.

진리를 알고 행하려는 열정

"모든 인간은 천성적으로 알려는 욕구가 있다"[5]고 한 아리스토텔레스의 말은 옳았다. 아리스토텔레스는 "모든 인간은 천성적으로 진리를 알려는 욕구가 있다"고 말할 수도 있었으나, 그와 그의 문화에 그것은 기정사실이었으므로 그럴 필요가 없었다. 아리스토텔레스의 진리 개념도 옳았다. 그에게 진리란 "실제의 자기 계시"⁶⁾를 뜻했다. 참인 진술은 실체를 진술한다. 그러나 아리스토텔레스는 성경의 중대한 통찰 하나를 놓쳤다. 그는 인간 본성이 근본적으로 깨어진 상태임을 인정하지 않았다. 인간에게는 지식에 대한 욕구도 있지만, 진리의 함축 의미로부터 숨으려는 욕구도 있다.

그러므로 그리스도인에게는, 자신이 구하는 진리를 알려는 씨름뿐 아니라 그 진리를 삶의 말초 신경들에까지 익히려는 씨름도 있을 수밖에 없다.⁷⁾ 진리란 기꺼이 진리를 행하려는 자들에게만 오는 법이다. 지식의 보상은 덕이다. 세르티앙즈의 말처럼 "진리는, 진리를 사랑하고 진리에 복종하는 자들을 찾아오며, 이 사랑에 덕이 빠질 수 없다."⁸⁾ 이렇게도 말할 수 있다. "매사에 비중 있는 역할을 하는 것은 성품의 자질들이다. 지성은 도구일 뿐이며, 지성의 영향력의 본질을 결정하는 것은 지성을 어떻게 다루느냐의 문제다.…바르게 판단하려면 훌륭해져야 한다."⁹⁾

마이클 존스(E. Michael Jones)와 존 헨리 뉴먼도 같은 생각이다. 지식—즉, 당연히 참인 신념—은 도덕적 성품을 요한다. 존스는 이렇게 썼다.

> 사고하는 자의 지성적 삶과 도덕적 삶은 피차 밀폐 격리된 상호 배타적인 두 부분이기는커녕, 알고 보면 전자는 후자의 한 기능이다. 진리의 깨달음은 정욕[자기중심적인 욕망]의 아우성이 가라앉을 때에만 찾아올 수 있다. 지성은 창문과 같아서, 깨끗할 때만 투명하다. 지성이 힘껏 노력하여 혹 진리를 흘긋 보게 된다면, 그 기제에서 빛을 발하는 것은 사고하는 자의 인격이 아니라 진리다.¹⁰⁾

존스는 지성적 삶과 도덕적 삶의 관계를 가장 가깝게 그렸다. 도덕이 지성을 지배한다는 것이다. 우리에게 거룩을 향한 열정이 있으면 진리를 향한 열정도 따를 것이다. 그리고 진리를 향한 열정이 있으면 진리의 지식이 우리에게 보상을 가져다줄 것이다. 반면, 평소의 천박한 욕망들이 우리 삶을 지배하도록 내버려 두면, 단적으로 우리는 가장 깊은 도덕적 진리들을, 또는 우리에게 도전이 될 어떤 진리들도, 절대 모르게 될 것이다.[11] 존스는 이렇게 결론을 맺는다. "우리는 자신의 도덕적 삶이 알도록 허용하는 만큼만 알 수 있다. 마음이 청결한 자들만 하나님을 볼 것이다. 또는 성 바울의 말대로 '신령한 자는 모든 것을 판단하나 자기는 아무에게도 판단을 받지 아니하느니라.'"[12]

그렇다면 이기적 욕망이 지배할 때 지성과 진리 추구는 어떻게 되나? 지성의 활동이 멎나? "난잡한 정욕들의 등살에 진리를 외면한다 해서 지성의 기능이 멎는 것은 아니다. 지성이 진리를 지각하지 못할 뿐이다."[13] 나아가 나는 이렇게 덧붙이고 싶다. 지성이 진리를 지각하지 못할 뿐 아니라, 진리 행세하는 허위에 굴복할 것이다.[14] 실체는 지성의 석쇠 사이로 빠져나가고, 들러붙은 오류의 찌꺼기들만 남을 것이다. 세라핌 로즈 신부는 "인간의 지성은 유연하여, 자기 의지가 내키는 것이면 무엇이나 믿게 될 수 있다"[15]고 경고했다.

「퇴보한 현대인」(Degenerate Moderns)에서 존스는 이 원리("우리는 자신의 도덕적 삶이 알도록 허용하는 만큼만 알 수 있다")가 몇몇 현대 지성인들—예컨대 마가렛 미드(Magaret Mead)—의 삶과 학문에 어떻게 작용하는지 보여 준다.[16] 「사모아의 청소년」(Coming of Age in Samoa, 한길사)이라는 고전 연구서에서 미드는 사회 체제를 완전히 오해했거나 아니면 데이터를 조작했다(둘 다였을 수도 있다). 사모아를 "자유연애의 낙원"[17]으로 그린 미드는 사실을 오해했을 뿐 아니라 자신의 성적 죄책감을 해소할 길을 닦았다.

일반 대중은—그리고 미드도—성도덕에 대한 일정한 태도가 용인되는 한에 있어, 문화적 상대주의에 관심이 있었을 뿐이다.…미드는 인류학을, 서구 즉 유대-기독교 문명의 도덕을 전복할 뜻이 있는 사람들의 괴로운 양심을 달래 주는 강력한 엔진으로 탈바꿈시켰다.[18]

「사모아의 청소년」은 베스트셀러가 되었고 인류학의 고전으로 꼽혀 왔다. 이는 "그 책의 독자층이 된 문화 전반에도 똑같은 합리화의 욕구가 팽배해 있음"을 보여 주며, "문화적 상대주의의 지적 프로젝트는 성적 죄책감에 그 뿌리를 두고 있다"[19]고 존스는 말한다. 미드의 "인류학은 사실상 얄팍하게 합리화된 성적 행동이었다."[20]

존스는 미드에 대한 자신의 비평에서 이런 무서운 결론을 끌어낸다.

도덕 신학의 전통 교본들은 늘 정욕의 결과 중 하나가 "생각이 어두워지는 것"이라고 역설했다. 하나님을 미워하게 되는 것도 또 하나다. 그래서 20세기 지성의 삶의 특징은 성적 죄와 지성적 죄 사이를 계속 왕래하는 악순환이다. 성적인 죄는 합리화의 한 형태로 저급한 학문을 낳고, 이데올로기 내지 아집을 위하여 진리에 등을 돌린다. 이는 다시 더 방종한 행동을 낳고, 이는 다시 더 터무니없는 이론들을 낳는다. 그러다 결국 프리먼(Freeman)의 "미드의 엉터리 연구에 대한 폭로" 같은 것이 나와 거품이 꺼진다. 그리고 나면 세상은 사실상, 어쨌거나 우리는 [미드]의 책을 정말 진지하게 대한 적이 없노라고 말한다.[21]

이어 존스는 로마서 1:22-26 말씀을 인용한다.

스스로 지혜 있다 하나 어리석게 되어…그러므로 하나님께서 그들을 마음의 정욕대로 더러움에 내버려 두사 그들의 몸을 서로 욕되게 하게 하셨으니 이는 그들이 하나님의 진리를 거짓 것으로 바꾸어 피조물을 조물주보다 더 경배하고 섬김이라.…이 때문에 하나님께서 그들을 부끄러운 욕심에 내버려 두셨으니 곧 그들의 여자들도 순리대로 쓸 것을 바꾸어 역리로 쓰며.[22]

지성을 하나님께 대한 헌신에서, 그리고 진리와 거룩을 향한 열정에서, 차단하는 것은 과연 위험한 일이다. 세르티앙즈가 잘 말했다. "순결한 사고는 순결한 영혼을 요한다. 이는 부인할 수 없는 일반 진리다. 지식의 초심자는 지식이 자신의 사고 속에 깊이 가라앉게 해야 한다."[23] 그보다 오래 전에 존 헨리 뉴먼도 비슷한 입장을 밝혔다. 1869년의 한 편지에 그는 "신앙적 진리를 찾는 길이 있다면, 그 길은 지성의 구사에 있는 것이 아니라 본분과 양심 쪽 가까이, 도덕법의 준수에 있습니다"[24]라고 썼다.

기독 지성인들을 하나님과의 교제에 들어가게 해 주는 것은 꼭 하나님에 관한 생각들만은 아니다. 뉴먼의 말처럼, 무엇에 대해서든 참된 생각이면 된다.

모든 일을 하나님을 생각하며 시작하고 또 그분을 위하고 그분의 뜻을 이루기 위하여 행할 때, 자신과 자신의 삶에 그분의 복을 구하고 자신이 바라는 목표들을 위하여 그분께 기도하고 자신의 기도에 맞든 맞지 않든 사건들 속에서 그분을 볼 때, 우리는 벌어지는 모든 일이 자신에게 그분에 관한 진리들―다양하고 비현실적인 진리들일지라도 우리의 상상 속에 살고 있는―을 확증해 주는 경향이 있음을 깨닫게 된다.[25]

평범한 문제들에서 우리는 지식의 이러한 책임을 아주 잘 안다. 우리는 어떤 버섯들은 독이 있음을 안다. 그래서 먹지 않는다. 우리는 화약이 폭발한다는 것을 안다. 그래서 화약을 잘 간수했다가 정해진 과녁에 미사일을 쏠 때 동력으로 사용한다. 우리가 만일 화약에 대해 아는 대로 살지 않는다면, 지금 살아 있지 못할 것이다. 이 원리는 영적인 문제들에도 통한다.

우리가 만일 진리를 알려는 결심도 있고 진리를 알면 그대로 순종하려는 각오도 있다면(즉, 도덕적 주파수가 맞추어져 있다면), 우리는 하나님과 그분의 세계에 대한 진리를 알 수 있다.

기독 지성인의 영혼

본 장을 집필하다가 나는 중대 고비에 이르렀다. 어떻게 계속해야 할지 모르겠다. 이상하지 않은가? 내가 보기에도 그렇다. 하지만 내게는 문제가 있다. 위에 내가 한 말을 생각할 때마다 나는 철렁해진다. 당신도 그럴지 잘 모르겠다. 위 원리의 통찰은 마땅히 충격으로 다가와야 한다. 반복한다.

우리는 행동으로 옮기는 만큼만 안다.

또는,

우리는 순종하는 만큼만 믿는다.

이것이 당신의 다리를 후들거리게 하지 않는다면, 무엇이 그럴지 나는 모르겠다. 이 명제들의 진리를 우리 삶 속에 통합하지 않는 것이, 우리 모두의―당신과 나의―평상시 경험이 아닌가? 우리는 말로는 안다고 하면서 아는 대로 행하지 않는다. 말로는 믿는다고 하면서 믿는 것처럼 행동하지 않는다.

거의 30년 전에 내가 받았던 짤막한 숙제를 당신한테도 내보겠다. 종이 한 장을 꺼내 당신이 기도에 대해 믿는 바를 다섯 가지만 써 보라. 시험을 보기가 겁나는가? 나한테 무슨 속셈이라도 있을 것 같은가? 있다. 30년 전에 내가 받았던 그 계시다. 그러니 해 보라.

당신의 프로젝트 참여를 격려하는 차원에서, 그 다음 지시 사항은 주(註)에 실었다. 숙제를 한 다음에 주를 보기 바란다.[26]

이제 이 질문에 답해 보라. 당신이 기도에 대해 아는(또는 믿는) 것은 무엇인가?

이 숙제가 가르쳐 준 교훈을 나는 여태 잊지 못하고 있고, 그 결과로 기도에 대한 내 말과 생각이 달라졌다.

숙제를 하나 더 해 볼 마음이 있는가? 이번에는 윤곽만 제시하겠다. 방법은 당신이 알 것이다. 산상수훈(마 5-7장)을 다 읽거나 처음 몇 절이라도 읽는다. 거기에 비추어 당신이 평소 어떻게 행동하고 있는지 생각해 본다. 그래도 당신은 "나는 믿노라"고 솔직히 말할 수 있는가? 무릎을 덜덜 떨면서, 당신이 믿는다고 말하는 그분께, "내가 믿나이다, 나의 믿음 없는 것을 도와주소서!"(막 9:24)라고 말하고 있지 않은가?

행하는 만큼만 안다는(또는 순종하는 만큼만 믿는다는) 단순한 원리의 충격적인 부분은, 우리가, 그 원리가 진리인 냥 행동하지 않는다는 것이다. 진리일 가능성만 생각해도 우리는 정말 섬뜩해진다. 그 원리가 진리임을 부분적으로만 알아도, 뉴먼의 전기 작가가 인용한 뉴먼의 다음 말을 읽던 그때 내가 느꼈던 충격이 반감된다.

성경이 항상 가르치듯이 "이미 있는 빛에 순종하는 것이 더 환한 빛을 얻는 길이다." 우리의 순종이 무조건적 순종에 못 미쳐서도 안 된다. "무슨 일에든 조건 없는 완전한 순종에 힘쓸 때까지 우리는 정말 그리스도인이 아니다."[27]

미로슬라브 볼프(Mirolsav Volf)는 발칸 반도 자기 고국의 최근 분쟁에 관하여 말하면서, "성경의 권위를 가장 엄격하게 인정하면서 신학적, 개인적으로 성경을 어기는 길을 무수히 찾아내는" 그리스도인들의 성향을 지적했다. 부족한 것은 진리의 인정이 아니다. 그보다 우리는 "성경 본문들이 어떻게 건전한 방식으로 우리 삶을 빚을 수 있는지, 어떻게 그것이 유익한 본문들인지, 어떻게 그대로 삶으로 옮겨도 되는 본문들인지"[28] 배울 필요가 있다.

이와 비슷하게 N. T. 라이트(Wright)도 그리스도인 신약학자와 비그리스도인 신약학자를 구분한다. "그리스도인은 [본문을 읽을 때] '선뜻 마음이 동하지 않는 말이지만, 아, 이것이 참뜻일진대 나는 기도로 은혜와 힘을 구하여 성경 본문을 심중에 담고 그대로 살겠노라'고 말할 각오가 되어 있다."[29]

우리는 지적이면서 동시에 실제적인 문제에 봉착해 있다. 마땅히 할 바를 알면서 하지 않고도 거기에 대해 정말 의미 있게 말하는 것이—우리는 정말 그러는 것 같다—가능한 일인가? 아는 것과 행하는 것이 따로따로인 것 같으니 어찌된 일인가? 어떻게 그 둘이 사실은 동일한가? 나는 이 퍼즐을 풀려고 아주 오랫동안 씨름해 왔다. 지금부터 말하는 내용은 지적으로

나 실제적으로나 건전한 해답을 찾으려는, 현재로서는 내 최상의 시도다.

우선 일부 성경 자료부터 검토하고자 한다.

성경 자료

예수는 믿음과 순종을 불가분의 관계로 보신다. 예컨대 요한복음에 그 개념이 배어 있다.[30] 그럼에도, 불가능해 보이는 요구들이 많은 기막힌 산상수훈은, 둘의 차이에 대한 인식으로 끝난다. 거기 보면, 어떤 의미에서 사람이 예수의 말씀을 듣고도(즉, 말씀의 의미를 깨닫고도) 그대로 행하지 않을 수 있음이 가정된다. 그러면 어리석은 사람이 되지만 여전히, 서글프게도, 사람은 사람이다.

> 그러므로 누구든지 나의 이 말을 듣고 행하는 자는 그 집을 반석 위에 지은 지혜로운 사람 같으리니 비가 내리고 창수가 나고 바람이 불어 그 집에 부딪히되 무너지지 아니하나니 이는 주초를 반석 위에 놓은 까닭이요 나의 이 말을 듣고 행하지 아니하는 자는 그 집을 모래 위에 지은 어리석은 사람 같으리니 비가 내리고 창수가 나고 바람이 불어 그 집에 부딪히매 무너져 그 무너짐이 심하니라. (마 7:24-27)

야고보도 "너희는 말씀을 행하는 자가 되고 듣기만 하여 자신을 속이는 자가 되지 말라"(약 1:22)고 권면한다.

하지만 일이 그럴진대, 이 밀접한 연관성을 우리 삶에서 경험하지 못하는 이유는 무엇인가? 말로는 안다고 하면서 매번 그대로 행치는 않고, 말로는 믿는다고 하면서 그대로 순종하지 않는, 또 하나의 현실을 우리는 어떻게 이해할 것인가?

확실한 의미

지금 다루고 있는 외관상의 이분법을 믿음과 순종, 들음과 행함, 앎과 행함, 이론과 실제, 정통 신앙과 정통 실천, 원함과 행치 않음 등 여러 방식으로 표현할 수 있다. 이 용어의 짝들은 동일한 문제를 가리키지만, 그렇다고 아주 동등한 것은 아니다. 레슬리 뉴비긴(Leslie Newbigin)은 두 개의 세계관—고전적 세계관과 성경적 세계관—을 대조하면서 그 점을 지적했다.

> 두 세계관은 보고 들음의 역할 면에서 다르다. 고전적 세계관의 경우, 참 지식은 보는 것 즉 **이론**이다. 영원한 진리를 보는 것이다. 따라서 여기서는 **이론과 실제**를 구분한다. 먼저 보고 이해한 후에, 두 번째 단계로, 이해한 것을 행동에 접목하는 길들을 찾아야 한다. 성경을 읽는 사람들은 이런 용어들이 전혀 부재함을 알게 된다. 궁극적 실체란 인격적인 것이므로, 우리를 향한 하나님의 말씀은 그분의 목적과 약속을 전해 주는 말씀, 듣고 순종하거나 무시하고 불순종할 수 있는 말씀이다. 믿음은 들음에서 나고, 불신은 곧 불순종이다.[31]

뉴비긴은 계속해서, 믿음과 순종의 상관성을 강조하기로 유명한 디트리히 본회퍼의 말을 인용한다. "믿는 자만이 순종하고, 순종하는 자만이 믿는다."[32]

나도 뉴비긴과 같은 생각이다. 성경은 당면 문제를 말할 때 주로 믿음과 순종 또는 들음과 행함이라는 용어를 써서 말한다. 그러나 앎과 행함도 들어 있다.[33] 기독교 신학이 정통 신앙과 간혹 정통 실천이라는 말을 써서 이론과 실제라는 보다 고전적 구분을 암시함으로써, 문제를 왜곡해 온 것이 사실일지도 모른다. 이론과 실제는 별개로 보기가 더 쉬운 것 같다. 어쨌든, 지금부터 나는 믿음과 순종을 주요 용어로 사용하고자 한다.

영혼의 분열

여기서 다시 퍼즐로 돌아가자. 내가 믿음과 순종의 등식을 경험하지 못하는 것은 왜인가? 왜 나는 말로는 믿는다고 하면서 종종 믿는 바를 삶에 구현하지 않는가?

통상적 답은 내가, 실은 우리 모두가, 죄인이라는 것이다. 우리의 삶은 분열되어 있다. 우리 영혼의 충성 대상은 둘이다. 우리 안에는 사도 바울의 표현으로 옛사람과 새사람이 살고 있다(롬 6:6; 엡 4:24). 다시 말해, 믿음과 순종에 정말 차이가 있다는 것이 답이다. 둘은 반드시 항상 동등한 것은 아니다.

거기까지는 좋다. 하지만 내 퍼즐은 그게 아니다. 내 퍼즐은 둘(믿음과 순종)을 별개로 보는 것이 우리의 경험이기도 하고 성경에 정당한 근거도 있는데, 어떻게 둘이 정말 하나가 될 수 있느냐 하는 것이다. 그러니까 나는 그 둘이 어떻게 하나이면서 또한 둘일 수 있는지 정말로 알고 싶다.

이 문제를 개인적 관점에서 표현할 수 있다. 즉, 나는 내가 믿는다고 말하는 것과 실제로 행하는 것 사이에 좌절을 느낀다. 예컨대 성경을 믿는다고—성경이 말하는 바를 무엇이든 다 믿는다고—말하기란 내게 쉽다. 물론 그렇게 말할 때, 내 지식이 성경 내용 전체의 근처에도 가지 못함을 나는 안다. 그래도 내 생각에 나는 성경을 제법 안다. 예컨대 나는 산상수훈을 읽고 또 읽고 공부하고 또 공부했고, 그래서 그 내용과 의미와 내 삶에 미쳐야만 하는 함의를 알 만큼 안다고 생각한다. 그럼에도 불구하고 내 행동은 딴판이다. 말씀의 요구가 너무 엄격하여 나는 그대로 살 수 없을 것만 같다.

본능적 차원의 간단한 예를 하나 보라. 예수는 사실상 윤리적 등식을 내놓으신다. 윤리적으로, 정욕은 곧 간음이다.

또 "간음하지 말라" 하였다는 것을 너희가 들었으나 나는 너희에게 이르노니 음욕을 품고 여자를 보는 자마다 마음에 이미 간음하였느니라. (마 5:27-28)[34]

나는 이 등식을 믿는다고 말한다. 그럼에도 불구하고 나는 여전히 정욕을 경험한다. 믿음이 순종을 요할진대, 어떻게 나는 믿기는 믿으면서 순종하지 않을 수 있나? 정말 아는 것처럼 행동하지 않는다면, 나는 정욕이 곧 간음임을 알기나 하는 것일까?

동병상련

아이러니지만 한 가지 위로가 되는 것이 있다. 이런 갈등을 나만 겪는 것이 아니다. 내 경우 동병상련이 있다면, 로마서 7:14-24의 사도 바울의 설명에 나온다. 바울이 지금 누구를 두고 말하고 있는가에 대해서는 성경학자들 사이에 의견이 분분하다. 중생하지 않은 죄인이라는 학자들도 있고, 강력한 죄의 성향으로 여전히 씨름 중인 중생한 신자라는 학자들도 있고, 바울이 로마서 8장에 말하는 성령 안의 삶을 아직 누리지 못하는 "구약적 신자"라는 학자들도 있다.[35] 그러나 이런 중요한 해석상의 문제의 답일랑 제쳐 두고 본문 자체를 생각해 보자. 본문의 묘사는 길고 복잡하고 반복적이다. 내 생각에 이는, 적어도 평생에 한 번은 있었을 바울 자신의 영혼의 고민을 보여 주는 것이며, 나 자신의 뒤틀린 내면을 보여 줌은 말할 것도 없다. 바울의 말을 쉽게 풀어 써 보면 이렇다.

나 자신이 이해가 안 간다. 정작 하기 원하는 일은 하지 않으니 말이다. 대신 나는 미워하는 일을 한다. 한편으로 내게 바른 욕구―선을 행하려는 욕구―가 있는 것 같다. 그러나 한편으로 나는 행함이 없다. 내가 이런 식으로 행동할 때, 그것을 행하는 자는 정말 내가 아니다. 내 안의 그 무엇이―죄성이―내가 잘못인 줄 아는 일을 행하고 있다. 참 나는 하나님의 법을 즐거워한다. 그 결과로 내 안에 전쟁이 벌어지고 있다.
　나는 얼마나 비참한 사람인가! 누가 나를 이 사망의 몸에서 건져 내랴.

여기 문제가 간단히 압축되어 있다. 바울은 이 퍼즐을 지적인 난제로만 아니라 영혼의 깊은 실존적 씨름으로 보았다. 바울이 지금 누구를 두고 말하고 있든, 이 묘사는 오늘날 우리 모두에게, 심지어 우리 중에 오랫동안 "신자"로 자처해 온 사람들에게도 해당되지 않는가? 물론 우리 대부분의 경우, 돌아보면, 죄를 물리치고 자신의 삶을 향한 하나님의 선한 뜻을 따름에 있어, 발전이―큰 발전이―보일 수 있다. 하지만 자기 죄성과의 내적 싸움에서 완전히 자유로운 사람이 우리 중에 누가 있는가?

다음 말은 여전히 어느 정도 사실이다. 즉, 말로는 믿는다 하면서 그대로 행동하지 않으면 우리는 믿지 않는 것이며, 말로는 안다 하면서 그렇게 행하지 않으면 우리는 모르는 것이다. 그런데 우리가 믿지 않는 것이라면, 우리는 또 다른 실존적 수수께끼에 빠진다. "[예수]를 믿는 자는 심판을 받지 아니하는 것이요 믿지 아니하는 자는 하나님의 독생자의 이름을 믿지 아니하므로 벌써 심판을 받은 것이니라"(요 3:18).

이 비참한 상황에서 누가 우리를 건져 내랴. 사도 바울이 답했다. "우리 주 예수 그리스도로 말미암아 하나님께 감사하리로다"(롬 7:25). 다음 장인 로마서 8장에서 바울은 그리스도가 어떻게 우리를, 우리 내면의 암담한 분열에서 건져 내시는지 설명한다.

성령 안의 삶

그리스도는 "그리스도 안에 있는 자들"을, 모든 죄인 즉, 만인에게 당연히 임하는 정죄에서 해방시키신다. 우리는 그간의 행실이나 심지어 죄인이라는 신분으로 인해 더 이상 정죄당하지 않는다. 이제 "[성령]을 따르는 자는 [성령]의 일을 생각"한다(롬 8:5). "[성령]의 생각은 생명과 평안"이다(롬 8:6). 하나님의 명령에 대한 순종이기도 하다. 존 스토트(John Stott)의 말처럼 "그리스도인이 율법을 지키는 행동이야말로 그리스도를 통한 하나님의 활동의 궁극적 목표다."[36]

스토트는 "성령을 좇는 삶"에 대한 바울의 다소 복잡한 설명을 풀어내, 어떻게 우리가 성령의 감화와 통제에 따르고 복종할 수 있는지 설명한다. 그의 설명은 사모함과 죽임으로 나뉜다.[37] 첫째는 사모함이다. 이는 생각을 선하고 참된 것에 두려는 적극적 행위다.

우리의 걸음은 사고에 달려 있고 우리의 행위는 시각에 달려 있다. "대저 그 마음의 생각이 어떠하면 그 위인도 그러한" 것처럼(잠 23:7) 그 행동도 그러하다. 우리의 행동을 지배하는 것은 결국 생각이다.…이는 평소 우리의 사고, 우리를 몰아가는 야망, 우리를 몰입시키는 관심사, 우리의 시간과 돈과 에너지를 쓰는 방식, 우리 자신을 내어 주는 대상 등의 문제다. 바로 그것이 우리의 생각을 두는 대상이다.[38]

그렇다면 첫째로, 우리는 선한 것—참되며, 경건하며, 옳으며, 정결하며, 사랑할 만하며, 칭찬할 만하며, 덕과 기림이 되는 것(빌 4:8)—에 생각을 두어야 한다.

둘째, 우리는 자신의 죄성을 죽여야 한다. 죄의 행실을 일체 버리는 것이다.

죽임(성령의 능력으로 몸의 행실을 죽이는 것)이란 잘못인 줄 아는 모든 행실을 가차 없이 거부하는 것, 습관과 행동과 사고 연상(聯想)의 모든 아는 죄에서 돌이키는 매일의 회개, 유혹이 시각이나 행동이나 장소를 통해서 올 경우 눈을 뽑고 손발을 잘라 버리는 것을 뜻한다. 육신(죄성)에 취해야 할 유일한 태도는 몸의 행실을 죽이는 것이다.[39]

사모함과 죽임이 한 번으로 끝나 그 후에는 죄 없는 삶을 사는 것이 아님에 주목하라. 이는 날마다 해야 할 일이다. 사모함과 죽임을 둘 다 우리 일상생활의 중심부 가까이에 붙들어 두는 것은 성경 읽기, 기도, 예배, 금식,

성찬, 고독, 봉사(몇 가지만 꼽자면) 등의 영적 훈련들이다. 존 스토트는 "둘 다 가장 충만한 삶의 비결이다"[40]고 역설했다. 둘 다 거룩을 향한 열정의 실현에 중심적 역할을 한다.

온전해지는 실제적인 길

방금 말했듯이, 사모함과 죽임을 통해 거룩으로 가는 길에 그리스도인 삶의 전통적 훈련들이 소용된다. 여기서는 그런 훈련들에 관해 특히 몇 가지만 일러두고자 한다. 이 주제로 책을 쓴 사람들이 많다. 가장 최근이자 내게 가장 유익한 사람들로 달라스 윌라드, 리처드 포스터, 캐슬린 노리스(Kathleen Norris) 등이 있다.

내가 그들의 말을 바로 이해했다면, 그들도 내가 위에 쓴 내용에 대부분 동의하리라 본다. 훈련은 활동이되 그 자체를 위한 것이 아니다. 훈련은 영혼을 빚기 위한 것이며, 그것도 영혼만이 아니라 전인을 빚기 위한 것이다. 훈련은 하나님이 우리를 고쳐 그분의 형상대로 회복시키시는 방편이다. 그분의 형상으로 있을 때 우리는 정말 대단한 존재다.

성경을 특히 깊이 생각하며 읽는 렉치오 디비나(lectio divina)라는 독서법을 설명한 마이클 케이시(Michael Casey)의 글에 우리의 여정에 힘을 더해 주는 희망이 들어 있다.

생각하며 산다는 것은 당장 완전해진다는 뜻이 아니다. 이는 단절되고 초라한 그대로 자기 존재의 실상을 인식하는 것이다. 그렇게 달라질 때, 우리는 자신의 유한한 에너지를 거창한 자기 개발 프로그램들에 투자하지 않고, 하나님의 은혜가 인도하는 곳을 감지하여 그 감화에 따르려는 노력에 투자할 수 있다. 우리가 매번 하나님의 지시대로 발걸음을 내딛는다면, 이는 가능할 뿐 아니라 결실을 맺는다. 꼭 우리가 생각하는 방식으로는 아닐지라도 말이다. 우리는 몇 년씩 자신에 대해 불만스런 상태로 살아야 할지도 모르나, 이는 하나님의 역사에 철저히 의지하기 위한 값 지불이다.…생각하며 산다는 것은 믿음의 긍정적 요소들을 의식적으로 생각하고, 거기에 자진하여 영향을 입는 삶이기도 하다.[41]

시편 기자의 기도가 우리의 기도가 되어야 한다. "일심(나누이지 않은 마음)으로 주의 이름을 경외하게 하소서"(시 86:11). 그리고 사도 바울이 권한 행동이 우리의 행동이 되어야 한다. "모든 이론을 무너뜨리며 하나님 아는 것을 대적하여 높아진 것을 다 무너뜨리고 모든 생각을 사로잡아 그리스도에게 복종하게 하니"(고후 10:4-5).

기독 지성의 윤리적 차원

앎과 행함에 대한 이 긴 논의는 지성인의 수식어로 붙는 그리스도인이라는 단어를 정의하려는 내 시도에서 곁길로 빗나간 것처럼 보일 수 있다. 그러나 만일 그렇다면, 이는 아는 것 자체와 아는 것을 행하는 것이 따로따로인 듯 보이기 때문이다. 사람이 알면서 그대로 행하지 않을 수 있다는 것은 거의 보편적 가정이다. 사실 공인(公人) 지성인들은 자신이 말하는 도덕적 가치관대로 살지 못하기로 유명하다. 그래도 적어도 그들은 스스로 손색없는 지성인으로 자처할 수 있다. 그들은 자기가 **안**다고 주장하기 위해 반드시 **행함**의 짐을 질 필요는 없다.

그러나 기독 지성인들은 그런 이분법 뒤에 숨는 시늉조차 해서도 안 된다. 앎과 행함, 믿음과 순종, 정통 신앙과 정통 실천, 이론과 실제 사이에 연합이 있다. 사고하는 그리스도인들이 자신의 말대로 행하지 않는다면, 그들은 아예 기독 지성인이 아니다. 기독 지성인은 이 짐을 피할 수 없다. 기독 지성인들은 하나님의 영광을 위하여 지성의 삶을 사는 사람들이다. 그들은 자기가 안다고 주장하는 대로 행한다.

지식건축법

○
나아가, 인간에게 하나님께 대한 믿음과 순결하고 고매한 도덕적 삶이 나란히 존재한다면, 이는 인간이 하나님을 믿어서 선해지는 것이라기보다 하나님 덕분에 선해져서 그분을 믿게 되는 것이다. 선이야말로 영적 깨우침의 가장 좋은 출처다. 미구엘 데 우나무노_「삶의 비참한 의미」

○
이렇듯 아우구스티누스의 관점에서, 그런 많은 학문의 동기는 절대로 단지 지식을 위한 지식의 정복이 아니다. 그런 야망은 "교만하게 하고" 지식을 우상 숭배 대상으로 만든다. 그리스도인의 진지하고 탁월한 학문의 동기는 "여호와를 경외함"이다. 데이비드 라일 제프리_「성경의 사람들」

○
순전히 정신적인 삶이 만일, 삶을 사변으로, 행동을 관념으로 대체하도록 우리를 이끈다면, 그것은 파괴적일 수 있다. 인간에게 걸맞은 활동은 순전히 정신적인 것이 아니다. 인간은 육신 없는 정신적 존재만은 아니기 때문이다. 우리의 숙명은 생각을 삶으로 옮기는 것이다. 아는 대로 살지 않는 한 우리는 아는 것이 아니기 때문이다. 행동을 통하여 지식을 자신의 일부로 삼을 때에만, 우리는 자신의 개념들이 의미하는 실체 속에 들어갈 수 있다. 토머스 머튼_「고독 속의 명상」

○
　지성을 일체의 사고력도 없이 영영 눈먼 존재로 비하하는 것은, 하나님의 말씀뿐 아니라 일상 경험에까지 저항하는 것이다. 우리가 보거니와 인간의 지성 안에는 진리를 탐구하려는 일정한 욕구가 심겨져 있다. 진리의 맛이 웬만큼 선재(先在)하지 않는 한 지성은 절대 진리를 열망하지 않을 것이다.

장 깔뱅_「기독교강요」

○
　믿는다는 것은 너무 어렵다. 순종이 너무 어렵기 때문이다.

쇠렌 키르케고르

○
　하나님을 아는 지식은 추상적인 절대 지식, 그 자체로 중요한 지식이 아니다. 그 자체를 위한 지식도 아니다. 이는 방향이 있는 지식, 뭔가에 유익한 지식, 따라서 그 자체로는 가치가 없는 지식, 자체적 법이 본래 없거나 더는 없는 지식이다. "하나님을 안다는 것은 곧 그분을 영화롭게 하는 것이다." 이 지식은 그 목표와 본분과 취지인 하나님을 영화롭게 하는 것을 빼면 가치가 없다.

칼 바르트_「교회 신앙」

6

지성의 완성:
지성의 덕

이제 실제적인 면으로 들어갈 때가 되었다. 지금까지 우리는 기독 지성의 본질에 초점을 맞추었다. "지성의 완성"에 대한 뉴먼의 정의와 기독 지성인에 대한 나의 개념도 살펴보았다. 이는 공상적인 일처럼 보일 수 있다. 정말 이상이 너무 높다. 뉴먼의 황홀한 발언을 우리는 기억한다.

[완성된 지성의 특징은] 유한한 지성이 수용할 수 있는 한 모든 것에 대한 분명하고 평온하고 정확한 비전과 이해이며, 이때 각각의 것은 제 개성을 지닌 채 제자리를 지킨다. 그것은 역사에 대한 지식으로 보면 예언에 가깝고, 인간 본성에 대한 지식으로 보면 심령의 감찰에 가깝고, 소소함과 편견에서 해방되었으므로 초자연적 순결에 가깝고, 그것을 깜짝 놀라게 할 것이 없으므로 믿음의 안식에 가깝다. 그것은 천상의 묵상에 가까운 멋과 조화가 있으며, 만물의 영원한 질서 및 천체의 음악과 아주 친밀하다.[1]

이런 지성을 습득하려 함은 얼마나 바보짓인가! 이는 무모한 길이다! 그야말로 천체의 음악이다!

그러나 우리 중에 영문학을 공부한 사람들은 또 다른 빅토리아 시대 사람의 이런 말을 기억할지 모른다.

아, 인간의 지평은 자신의 이해 범위를 넘어서야 한다.
그렇지 않고서야 천국이 무엇 때문에 있단 말인가?

지금 로버트 브라우닝(Robert Browning)은 예술가 안드리아 델 사르토(Andria Del Sarto)의 입에, 델 사르토가 따르지 않은 원리를 넣어 주고 있다. 후회막급하게도 델 사르토는 자기가 아는 자기 능력의 한계에 갇혀 살아 왔다. 자신의 작품을 생각하며 그는 이렇게 말을 잇는다.

내 작품은 온통 은백색에
평온하고 완벽하다. 그래서 더 나쁘다!²⁾

우리가 만일 스스로 만들어 낸 한계에 갇혀 산다면, 우리는 자기가 무슨 일을 할 수 있는지 절대 알 수 없다. 외관상의 한계 너머로 뻗어 나가는 그런 지성의 불완전한 산물이, 다람쥐 쳇바퀴 돌듯 그 자리만 뱅뱅 도는 그런 지성의 완전한 산물보다, 하나님께 더 큰 영광이 될 수 있다. 또는 이미지를 바꾸어, 험한 바다로 조업을 나가는 지성은 고기를 잡을 수 있어도, 해변의 잔잔한 물가에서만 뛰노는 지성에게는 절대 고기 한 마리 물지 않는다.

그렇다, 인간의 지성은 한계가 있다. 그렇다, 우리의 자기 이해의 특징은 겸손이라야 한다. 그렇다, 개개인의 지성에도 저마다 한계가 있다. 우리 중에 아우구스티누스, 장 깔뱅, 거트루드 힘멜파브(Gertrude Himmelfarb), 시몬느 베이유, 기타 자신이 가장 좋아하는 지성의 거장은 고사하고 존 헨리 뉴먼에 필적할 수 있는 자도 소수다. 그러나 우리의 지성이 얼마나 뻗어 나갈 수 있는지 우리는 아무도 모른다. 우리가 알 수 없음을 아는 누군가가 우리에게 말해 주지 않는 한, 우리는 자신이 알 수 없음조차 알 수 없다. 물론 하나님이 그렇게 해 주셨다. 그분은 우리가 그분의 깊은 생각을 간파할 수 없다고 말씀해 주셨다.

> 이는 내 생각은 너희의 생각과 다르며 내 길은 너희의 길과 다름이니라. 여호와의 말씀이니라. 이는 하늘이 땅보다 높음같이 내 길은 너희의 길보다 높으며 내 생각은 너희의 생각보다 높음이니라. (사 55:8-9)

그러나 그밖에 그분이 우리가 알 수 없다고 말씀하신 것은 별로 없다. 분명 우리가 알 수 있는 것이 아주 많다. 그러므로 인류 전체로서나 개개인으로서나 우리는 자신을 과소평가해서는 안 된다. 어쩌면, 정말 어쩌면, 우리는 천체의 음악을 적어도 메아리는 들을 수 있을지 모른다.

하지만 어떻게? 정말 어떻게? 이제 실제적인 면으로 들어갈 때가 되었다. 이번 장과 다음 장에서 우리는 이 질문에 대한 답을 네 가지 면으로 살펴보려 한다. 덕, 훈련, 장애물, 요령이다. 우리는 A. G. 세르티앙즈의 다음 놀라운 통찰을 염두에 두고서 그리할 것이다.

> 모든 진리는 실제적이다. 겉보기에 가장 추상적이고 가장 고상한 진리가 가장

실제적이기도 하다. 모든 진리는 삶이고 방향이며, 인간의 목적지로 가는 길이다. 그래서 예수 그리스도는 이런 독특한 주장을 펴셨다. "내가 곧 길이요 진리요 생명이니."[3]

지성의 덕

덕만큼 실제적이면서 동시에 추상적인 것도 없다. 덕이란 우리의 행동을 자극하고 동기와 힘을 불어넣어 주는 열정인 까닭이다. 우선 추상적인 정의부터 보자.

> 덕이란 기질적 속성들과 그 속성들을 구성하는 판단 및 행동에 대한 관심과 역량이다.…덕은 우리의 성품에 깊이 새겨진 부분이며, 그로 인하여 우리는 변화하는 상황의 요구에 따라 도덕적으로 적절한 방식으로 느끼고 생각하고 행동하고 싶어진다.[4]

이번에는 실제적인 함축 의미다. 새 하루의 삶, 중요하거나 사소한 결정들 앞에서 나는 어떻게 하나? 어떻게 나는 이를 닦거나 샤워하기로 결정하나? 여기서 단연 습관이 우세하다. 하지만 이런 습관들이 왜 들었을까? 이전의 수많은 결정이 모여 우리의 성품—성품의 덕들과 악들—이 되었기 때문이다. 우리가 누구인가 하는 것은—앞장에 논한 것처럼, 우리의 존재는—우리의 이런저런 결정을 통해 형성되고 재형성된다. 우리의 내적인 존재와 외적인 행위는 서로 공생 관계다. 무의식적으로 행동할 때, 우리는 안에서 밖으로 자신의 덕들과 악들을 풀어내는 것이며, 이런 행동들은 우리의 성품을 표현해 줄 뿐 아니라 더 굳혀 주는 경향이 있다. 의식적으로 행동할 때, 즉 반드시 미리 생각한 후에 결정할 때, 우리는 계획적으로 자신의 성품을 정하는 것이다. 그렇게 우리는 더 덕스러워지기도 하고 물론 덜 덕스러워지기도 한다.

논의의 여지가 없지 않은가? 우리 그리스도인은 마땅히 더 덕스러워져야 한다. 그래서 우리는 자신의 성품이 자신의 참 정체─하나님의 형상대로 지음 받은 피조물─에 더 부합되는 쪽으로 행동해야 한다. 덕, 특히 지성의 덕의 관점에서 그것이 어떻게 나타날까?

지성의 덕의 구조

「인식론: 지성의 덕 함양」(Epistemology: Becoming Intellectually Virtuous)에서 제이 우드(W. Jay Wood)는 지성의 덕을 네 종류로 나누었는데, 각각 지성의 삶의 서로 다른 측면들과 연관된다. 우드가 직접 도표로 나타내지는 않았지만, 그 내용을 다음과 같이 도해해 볼 수 있다.[5]

습득의 덕: 진리를 향한 열정	적용의 덕: 거룩을 향한 열정
지적 호기심	아는 대로 행하려는 의지
배우려는 자세	사랑
끈기	굳센 결의
겸손	정직
	겸손

유지의 덕: 일관성을 향한 열정	전달의 덕: 다른 사람들을 향한 긍휼
불굴의 정신	명료한 표현

용기	명쾌한 제시
지속성	적절한 예화
일관성	겸손
인내심	
겸손	

이 중 어떤 덕들이 더 중심적이고 더 지배적이고 더 중요한가에 대해서는 의문의 여지가 없다. 우리는 이미 덕들을 여러 차례 논했다. 그러나 덕들은—**진리를 향한 열정과 거룩을 향한 열정**—은 연계되어 있으며, 여기서 다시 살펴보아야 한다. 그리고 덕들은 겸손의 틀에 물려 있다.

진리를 향한 열정

기독 지성인들은 단지 사고를 사랑하는 것이 아니라 진리를 사랑한다. 마땅히 그래야 한다. 성 그레고리 대제는 "진리란 진리를 사랑하지 않는 한 알 수 없다"[6]고 썼다. 예나 지금이나 파스칼을 비롯한 여타 수많은 지혜로운 그리스도인들도 똑같이 말했다.

> 진리를 알되 사랑하지 않는 사람이나 진리를 사랑하되 알지 못하는 사람은 진리도 사랑도 얻지 못한 것이다. _클레르보의 베르나르[7]

> 요즘은 진리가 너무 모호하고 거짓이 너무 확고하여, 진리를 사랑하지 않는 한 우리는 절대 진리를 알아보지 못할 것이다. _파스칼[8]

진리의 참 지식은 사랑 안에서, 오직 사랑 안에서만, 생각할 수 있다. _파벨 플로렌스키(Pavel Florensky)[9]

진리는, 진리를 사랑하고 진리에 복종하는 자들을 찾아오며, 이 사랑에 덕이 빠질 수 없다. _A. G. 세르티앙즈[10]

사랑과 진리의 이 연결이 이상한 일인가? 성경의 관점에 보면 절대 그렇지 않다. 종교 지도자들이 예수를 하나님께서 보내신 분으로 믿어야 하는 이유와 그런데도 믿지 않는 이유를 예수께서 친히 들려주셨다. 예수는 "다만 하나님을 사랑하는 것이 너희 속에 없음을 알았노라. 나는 내 아버지의 이름으로 왔으매 너희가 영접하지 아니하나 만일 다른 사람이 자기 이름으로 오면 영접하리라"(요 5:42-43)고 하셨다. 종교 지도자들이 예수를 하나님께서 보내신 분으로 인정하지 않은 것은, 그들에게 하나님을 향한 사랑이 없다는 명백한 증거다. 이는 지적인 문제가 아니라 도덕의 문제다. 예수가 누구인가에 대한 분명한 지식은 하나님을 향한 사랑에 뒤따라온다.

내가 오래 전부터 확신해 온 바로, 사람이 하나님에 관한 진리를 정말 알고자 하면, 진리를 정말 사랑하면, 그 진리가 반드시 오되 어렴풋한 정도 이상으로 온다. 그래서 나는 종종 학생들에게 신약 성경 특히 복음서를 읽으며 하나님께 예수에 관한 진리를 보여 주시도록 기도하라고 당부한다. 나는 이렇게 촉구한다. "진리를 알기만 하면 그대로 행할 마음이 있을 만큼, 아무리 큰 대가가 따르더라도 그 의미대로 실천할 마음이 있을 만큼, 진리를 알고 싶다고 하나님께 아뢰십시오. 여러분의 삶을 바꿔야 할지도 모릅니다. 변화에 비싼 대가가 따를지도 모릅니다. 사랑과 결혼에 대한 여러

분의 계획을 재고해야 할지도 모릅니다. 친구들을 잃을지도 모릅니다. 하이테크 회사의 고소득 일자리를 얻지 못하거나 아예 구하지 않게 될지도 모릅니다. 그러나 그 정도로 진리를 따를 마음만 있다면, 반드시 여러분은 예수 그리스도 안에서 진리를 만날 것입니다."

예수는 자신을 하나님께서 보내신 분으로 믿기 시작한 사람들에게 "너희가 내 말에 거하면 참으로 내 제자가 되고 진리를 알지니 진리가 너희를 자유롭게 하리라"(요 8:31-32)고 말씀하셨다. 예수의 가르침에 거한다는 것은 그저 "성경을 읽는다"든지 "설교를 듣는다"는 뜻이 아니다. 예수의 가르침에 거한다는 것은 예수의 말씀에 순종한다는 뜻이다. 진리를 찾는 대가는 순종이며, 결과는 진리를 알고 자유롭게—우리와 하나님을, 우리와 인간의 최후 실현을 갈라놓는 모든 것으로부터 자유롭게—되는 것이다. 가치가 있을까? 천 번 만 번 그렇다.

진리와 거룩은 인간의 많은 전형적 욕구—소유욕(물질주의), 경제적 성공 욕구(돈), 쾌락 욕구(쾌락주의)—의 제거를 요한다. 예컨대 웬델 베리는 이렇게 일깨운다.

인간에게 가장 요긴한 것은, 더 많이 얻는 방법에 대한 지식이 아니라, 대부분 없어도 된다는 사실과 없이 지내는 방법에 대한 지식이다. 가장 중요한 문화적 구별은 소유와 무소유, 가진 자와 없는 자가 아니라 잉여적인 것과 없어서는 안 되는 것이다.[11]

예수께서 이르신 것처럼 "누구든지 자기 목숨을 구원하고자 하면 잃을 것이요 누구든지 나와 복음을 위하여 자기 목숨을 잃으면 구원하리라"(막

8:35). 이어 예수는 대가를 계산하신다. "사람이 만일 온 천하를 얻고도 자기 목숨을 잃으면 무엇이 유익하리요"(막 8:36). 예수의 이 위대한 위로의 말씀도 생각해 보라. "수고하고 무거운 짐 진 자들아, 다 내게로 오라. 내가 너희를 쉬게 하리라. 나는 마음이 온유하고 겸손하니 나의 멍에를 메고 내게 배우라. 그리하면 너희 마음이 쉼을 얻으리니 이는 내 멍에는 쉽고 내 짐은 가벼움이라"(마 11:28-30). 끝으로, 예수께서 오시기 수백 년 전에 바벨론에 포로로 끌려갔던 유대인들에게 주신 하나님의 위대한 약속이 있다. "너희가 온 마음으로 나를 구하면 나를 찾을 것이요.…나는 너희들을 만날 것이며"(렘 29:13-14).

종교적, 도덕적 세계의 공식은 간단하다. 진리를 사랑하는 사람은 자기가 아는 진리대로 행하고, 자기가 아는 진리대로 행하는 사람은 더 많은 진리를 상으로 얻는다.

시험대에 오른 공식

이 덕들—진리를 향한 열정, 거룩을 향한 열정—은 얼마나 실제적인가! 거기에 대해 어떻게 하라고 아무도 우리에게 말해 줄 필요가 없다. 우리는 이미 안다. 거기에 대해 어떻게 하든—그 덕들을 장려하든, 억압하든—책임을 져야 할 만큼 잘 안다.

그러므로 공식을 시험대에 올리는 첫 번째 방법은 아는 대로 순종하는 것, 더 순종할 수 있도록 더 알기를 사모하는 것이다. 두 번째 방법은 이 연합된 덕들의 부재가 어떻게 무지와 교만과 타락과 방탕으로 이어지는지 보는 것이다. 사도 바울은 로마서 1:18-32에 그것을 분명히 밝혔다.

하나님의 진노가 불의로 진리를 막는 사람들의 모든 경건하지 않음과 불의에 대하여 하늘로부터 나타나나니 이는 하나님을 알 만한 것이 그들 속에 보임이라 하나님께서 이를 그들에게 보이셨느니라. 창세로부터 그의 보이지 아니하는 것들 곧 그의 영원하신 능력과 신성이 그가 만드신 만물에 분명히 보여 알려졌나니 그러므로 그들이 핑계하지 못할지니라.

하나님을 알되 하나님으로 영화롭게도 아니하며 감사하지도 아니하고 오히려 그 생각이 허망하여지며 미련한 마음이 어두워졌나니 스스로 지혜 있다 하나 어리석게 되어 썩어지지 아니하는 하나님의 영광을 썩어질 사람과 새와 짐승과 기어 다니는 동물 모양의 우상으로 바꾸었느니라.

그러므로 하나님께서 그들을 마음의 정욕대로 더러움에 내버려 두사 그들의 몸을 서로 욕되게 하셨으니 이는 그들이 하나님의 진리를 거짓 것으로 바꾸어 피조물을 조물주보다 더 경배하고 섬김이라. 주는 곧 영원히 찬송할 이시로다, 아멘.

이 때문에 하나님께서 그들을 부끄러운 욕심에 내버려 두셨으니 곧 그들의 여자들도 순리대로 쓸 것을 바꾸어 역리로 쓰며 그와 같이 남자들도 순리대로 여인 쓰기를 버리고 서로 향하여 음욕이 불 일듯 하매 남자가 남자와 더불어 부끄러운 일을 행하여 그들의 그릇됨에 상당한 보응을 그들 자신이 받았느니라.

또한 그들이 마음에 하나님 두기를 싫어하매 하나님께서 그들을 그 상실한 마음대로 내버려 두사 합당하지 못한 일을 하게 하셨으니 곧 모든 불의, 추악, 탐욕, 악의가 가득한 자요 시기, 살인, 분쟁, 사기, 악독이 가득한 자요 수군수군하는 자요 비방하는 자요 하나님께서 미워하시는 자요 능욕하는 자요 교만한 자요 자랑하는 자요 악을 도모하는 자요 부모를 거역하는 자요 우매한 자요 배약하는 자요 무정한 자요 무자비한 자라. 그들이 이 같은 일을 행하는 자는 사형에 해당한다고 하나님의 정하심을 알고도 자기들만 행할 뿐 아니라 또한 그런 일을 행하는 자들을 옳다 하느니라.

무서운 경고와 예언을 가차 없이 발하는 이런 본문을 읽으며 우리는, 어떻게 사람이—우리를 포함하여—그런 파멸의 추락에 빠질 수 있는지 의아해한다. 하지만 우리는 자신도 한때 그런 추락에 빠졌거나 지금 빠져 있음을 또한 생각한다. 오직 하나님의 은혜로만 진행이 중단되었다. 오직 하나님의 은혜로만 우리의 발밑에 거룩의 길이 있다. 성령의 임재와 능력 안에서만 우리는 그 길을 걸을 수 있다.

진리를 미워함: 부패한 문화

진리를 사랑하면 순종과 거룩을 낳고 진리를 더 깨닫게 된다. 그러나 이 공식은 부정적인 쪽으로 갈 수도 있다. 즉, 진리를 행하지 않으면 진리를 미워하게 된다. 데이비드 라일 제프리는 "현세대에서 진리를 안다는 것"이라는 훌륭한 평론에서 이 부정적 공식에 따른 변화를 보여 준다.

> 진리를 사랑하는 마음이 식으면—현세대가 그렇다—진리라는 말만 언급해도 혐오를 불러일으킨다. 로마 시인 테렌스는 '진리는 혐오를 낳는다'(veritas otium parit)고 했다. 진리에서 달아나려는 욕망은 인간 본성에 아주 깊이 자리하고 있으며, 이 사실은 누구에게도 모호하지 않다.[12]

제프리는 아우구스티누스의 질문을 인용한다.

진리가 혐오를 부르는 까닭은 무엇입니까? 사람들이 행복을 사랑할진대, 진리를 전하는 주님의 종을 사람들이 원수로 대함은 어인 일입니까? 행복이란 진리를 기뻐하는 것에 다름 아닌데 말입니다.

그리고 아우구스티누스의 설명이 이어진다.

단순히, 진리를 사랑하는 방식 때문이다. 즉 뭔가 다른 것을 사랑하는 사람들은 그것이 진리이기를 원한다. 또한 바로, 그들이 속기를 원치 않으며 실제로 자기가 속고 있다고 설득당할 마음이 없기 때문이다. 그래서 그들은 자기가 사랑하는 다른 것을 위하여 진리를 미워한다. 그것을 진리로 여기기 때문이다. 그들은 진리가 자신에게 깨우침을 주면 진리를 사랑하지만, 진리가 자신의 죄를 지적하면 진리를 미워한다. (「고백록」 10.23)

오, 자기기만에 능한 인간의 심령이여! 오, 절실히 필요한 하나님의 은혜여! 오, 우리 중에 진리를 가졌다고 생각하는 사람에게 절대적으로 필요한 겸손이여!

여기 미묘한 구분이 있다. 한편으로 우리는 진리가 있음을, 진리를 찾을 수 있음을, 우리를 자신의 형상대로 지으시고 우리가 진리를 알기 원하시는 하나님의 은혜로 인해 우리가 진리를 최소한 일부라도 알 수 있음을, 인정해야 한다. 그러나 한편으로 우리는 우리가 타락하여 모든 인류의 패역한 욕구들에 쉽게 빠지는 존재임을 인식해야 한다. 어떤 패역도 결국 우리에게 낯설지 않다. 사탄은 늘 문간에 엎드려 멸할 자를 찾고 있으며, 우리를 우리 자신의 과욕의 함정에 빠뜨리려 한다.

니체는 의심의 대가(大家)로 악명 높지만, 솔직히 우리 인간성에 대하여 종종 옳은 말을 했다. "가장 흔한 거짓말은 인간이 자기 자신에게 하는 거짓말이다."[13] 예컨대 카이 닐슨(Kai Nielsen)이 성경의 하나님에 대한 자신의 불신을 정당화하는 말을 들어 보라.

> 인간에게 애초부터 목적이[세상에서 수행해야 할 기능이나 역할이] 있다는 말은 정말 불쾌하다. 인간을 일종의 도구나 물건으로 대하기 때문이다. 인간을 단지 어떤 목적의 용도로 간주하는 것은 인간의 품위를 떨어뜨리는 행위다.[14]

인간을 목적 실현의 존재로 지은 하나님은 선할 수 없다고 닐슨은 말한다. 그러므로 하나님은 존재하지 않거나(닐슨의 입장) 선하지 않다. 물론 닐슨은 어떤 의미에서 인간에게 목적이 있을 수 있다고 말한다. 인간은 "목표, 계획, 의도, 동기 따위"를 지닐 수 있으며, 그것으로 의미 있는 삶에 충분하다. 이렇게 닐슨은 에덴의 타락을 되풀이했고, 자아 정체에 대한 욕구를 하나님의 피조물이라는 자신의 실제 정체보다 앞세울 때 우리도 다 마찬가지다.

20세기의 가장 유명한 무신론자 중 하나인 장 폴 사르트르는 자신의 열한 살 때 경험에 대해 이렇게 말했다.

> 그 생각이 어디서 왔는지, 어떻게 문득 떠올랐는지는 나도 모르지만, 갑자기 나는 자신에게 "하지만 하나님은 존재하지 않아!"라고 말했다.…내가 열한 살 때 그런 생각을 했다는 것, 그리고 오늘까지 장장 60년 동안 자신에게 다시는 그 질문을 하지 않았다는 것을 생각하면 정말 대단하다.[15]

먼 훗날 사르트르는, 하나님이 존재하지 않음을 입증하는 철학적 논법을 만들어 내고는 스스로 만족스러워했지만, 그 논법이 정해진 결론에 꿰어 맞추는 식의 사후(事後) 논리임을 인정했다. 사르트르의 말대로, 하나님이 존재한다는 가능성은 열한 살 이후로 한 번도 그의 관심이 되지 못했다.

대학 강단에서 나는 하나님의 존재를 입증하지 못하는 나를 너무도 고소해 하는 한 젊은이를 만난 적이 있다. 하나님을 논리적으로 증명할 수 없다면, 젊은이는 무엇이든 자기 마음대로 해도 좋다고 했다.16) 도덕적 구속을 벗은 것이다. 이 학생은 진리와 욕망은 서로 적대적이라는 니체의 예리한 통찰을 실현하고 있었다. 예수 안에 계시된 하나님이 왜 죽어야만 했는지 그것으로 설명되거니와, 이는 "가장 흉측한 사람"(니체의 「짜라투스트라는 이렇게 말했다」에 나오는, 신을 죽인 인물—옮긴이)의 말로 이렇게 표현된다.

> 그러나 그는 죽어야만 했다. 모든 것을 보는 눈으로 그는 보았다. 인간의 심연과 맨 밑바닥을, 모든 치부와 추함을 보았다. 수치를 모르는 연민으로 그는 내 가장 지저분한 구석에까지 기어들어 왔다. 무엇이든 알려고 하고, 과도히 참견하고, 과도히 연민을 품는 그는 죽어야만 했다. 그는 언제나 나를 보았다. 그런 목격자에게 나는 복수하고 싶었다. 아니면, 나 자신이 살고 싶지 않았다. 모든 것을 보고 인간까지 본 신(神), 이 신은 죽어야만 했다! 인간은 차마 그런 목격자를 살려 둘 수 없다.17)

이렇게 교만은 진리를 보고 못마땅하게 여겨, 결국 진리를 죽인다. 무지와 망상 속에 살기란 더 쉽다. 오, 누가 우리를 이 사망의 몸에서 건져 내랴. 사도 바울의 대답을 우리는 알고 있다.

거룩을 향한 열정

이제 더할 나위 없이 분명해졌겠지만, 거룩을 향한 열정은 진리를 향한 열정과 너무도 촘촘히 얽혀 있어, 이론상으로는 둘을 구분할 수 있어도 실제로는 구분이 안 된다. 진리를 향한 열정은 거룩을 향한 열정을 요한다. 진리란 곧 하나님이 거룩하시다는 것, 그분께서 우리 또한 거룩을 사모할 뿐 아니라 그분의 임재로 정말 거룩해지기를 원하신다는 것이기 때문이다. 또 거룩을 향한 열정은 진리를 향한 열정을 요한다. 거룩에는 진실해지는 것, 진리를 알고 행하는 것이 포함되기 때문이다. 우리가 하나님이 원하시는 모습이 될 때, 그 둘—진리와 거룩—이 연합되고, 그리하여 우리의 존재와 행위에 차이가 없어진다.

진리와 거룩을 향한 열정을 앞세워, 이제 우리는 위에 말한 다른 덕들로 시선을 돌릴 수 있다. 대부분은 따로 설명이 필요 없다.

지속성, 인내심, 불굴의 정신

A. G. 세르티양즈는 세 가지 지성의 덕을 추려 냈다. "일에 꾸준함을 더해 주는 지속성, 난관을 잘 견디게 해 주는 인내심, 의지가 약해지지 않게 해 주는 불굴의 정신—당신의 일에 이 셋을 동원해야 한다."[18]

지속성. 대략 "참아 내는" 덕 정도로 말할 수 있겠으나, 그 "참아 낸다"는 말 속에 진의가 들어 있다. 주의력이 약해지고 잠시 쉬어도 소용없고 오래 쉬어도 마찬가지일 때, 우리는 참아 내야 한다. 당신이 결국 어떤 프로젝트를 포기해야 한다면, 그 이유는 당신이 구하는 답이 본래 인간의 사고로는 찾아낼 수 없거나, 아직 찾아낼 수 없거나, 당신이 아무리 열심히 애써도 찾아낼 수 없기 때문이라야 한다. 오직 그때에만 부담 없이 노력을 접어도 좋다.

물론 나도 수많은 문제로 그렇게 해 보았다. 내 기억으로 내게 최초로 신학적·철학적 의문이 들었던 문제는, 적어도 나로서는 해결 불능이다. 모든 인간이 하나님을 믿는 것이 그분이 원하시는 바라면, 그분은 왜 그렇게 만드시지 않는가? 그때 나는 아직 고등학생도 아니었다. 그것이 인류 고래의 난제 중 하나임을—철학적으로는 자유 대 결정론이라는 문제로, 신학적으로는 자유의지 대 예정론이라는 문제로 찾아오는—그때는 몰랐다. 지금은 안다. 그때 나는 문제를 풀지 못했다. 아직도 풀지 못했다. 풀었다고 생각하는 사람들과 대화해 보았다. 내가 보기에는 그들도 풀지 못했다.

이는 나의 패역함 때문인가? 그럴 수도 있다. 하지만 과거에 이 문제로 고민할 때 내 뜻이 선했던 것으로 보아 그렇지는 않다고 본다. 그렇다면 정신적 무능 탓일까? 그럴 수도 있다. 하지만 정신적으로 무능한 사람들은 자신의 무능을 모른다. 그러니 그들은(어쩌면 나도 그들과 함께) 속수무책이다. 그렇다면 영적으로 눈이 멀어서일까? 그럴 수도 있다. 하지만 영적으로 눈먼 사람들은 자신이 눈먼 줄을 모른다. 그러니 역시 속수무책이다. 그렇다면 이 문제가 본래 해결 불능일까? 그럴 수도 있다. 하지만 만일 그렇다면, 나는 그것을 알 수 없다. 나는 내가 아는 것만 알 수 있기 때문이다. 내가 알 수 없는 것은, 누군가 아는 이가 말해 주지 않는 한, 모른다. 여태까지 하나님은 내게 말씀해 주시지 않았다. 아니, 내가 못 들었을 수도 있다. 하지만 내가 못 들었다면, 그것은 마치 그분이 말씀해 주시지 않은 것과 같다. 맙소사! 이 혼란에서 어떻게 벗어날 것인가?

요컨대 지속성에도 한계가 있다. 그러나 우리의 관점에 볼 때, 그 한계는 애매하다. 우리는 노력이 너무 힘들어지면 그만둔다. 하지만 가끔씩, 힘든 길을 계속 가노라면 성공이 찾아온다. 허투루 경작하여 망친 지 오래된 땅의 간척을 생각하면서, 웬델 베리는 틀린 길은 쉽다고 말했다. 그냥 중력에 맡겨 두면 된다. "옳은 길은 힘들고 멀지만" 거기서 우리 사고는 자유를 얻어 어둠에서 빛으로 나올 수 있다. 그 과정에서 지속성은 과연 힘들 수 있다. 그러나 진리의 빛이라는 보상이 온다. 적어도 가끔은 온다. 그래도 보상이 오지 않을 때는, 인내심이 이어받는다.

인내심. 인내심은 지속성이 좌절에 부딪칠 때 심령을 가라앉혀 준다.

불굴의 정신. 불굴의 정신은 인내심마저 떨어질 때 효과를 낸다.

지속성, 인내심, 불굴의 정신. 생각 없이 사는 실존의 거짓 위안을, 이 세 가지 덕 없이 그냥 방치하지 말라. 다음으로 살펴볼 덕은 절망까지는 몰라도 실망의 큰 잠재성을 막아 주는 덕이다.

용기

용기는 모든 사고하는 이에게 찾아올 수 있는 지적·정서적 재난을 극복하려면 반드시 필요한 덕이다. 여태 생각지 못했던 것을 새로 생각하기 시작하면, 우리는 그 경과에 당황할 수 있다. 여기 한 원리가 있다. 우리가 품고 있는 사고의 다수는 사실이 아니다. 예를 들자면 무한히 많다.

우선 유년기의 악의 없는 환상인 산타클로스부터 보자. 환상이 걷히면 어떤 아이들은 눈물을 흘리고, 어떤 아이들은 "내 그럴 줄 알았다"며 아직은 아이답게 진저리를 친다. 실망은 오래가지 않는다. 그러나 어떤 사고를 유년기와 사춘기를 거쳐 중년기까지 오래오래 품고 살다가 나중에야 속은 것을 깨닫는다면, 그 고뇌는 눈물 좀 흘린다고 해서 씻어지지 않는다. 기존 사고에의 도전은 우선 충격적 불신을 낳고, 다음 분노를 낳고, 다음 거부를 낳는다. 우리는 도전 자체만 아니라 우리를 오류에서 깨어나게 한 사람까지 거부한다. 우리는 가시 돋친 말로 욕하고 빈정대며, 우물에 독을 탄다.

한마디로 우리는 대개 도전을 확인해 볼 용기, 나 자신의 신념에 심각한 수정이나 폐기나 대체가 필요할 수도 있다는 사실과 씨름할 용기가 없다. 그러나 그럴 수 있는 용기는 우리의 지적 역량의 개발에 반드시 수반되어야 하는 덕이다.

이런 용기는 당연히 기독교의 덕이다. 그 기초를 생각해 보라. 모든 것의 진리를 아시고 우리도 그 진리를 알기 원하시는 하나님, 그 하나님의 존재가 곧 용기의 기초다. 하나님은 우리가 무지하거나 잘못 알거나 미혹되기를 원치 않으신다. 그분은 우리가 그분 말씀에 "거하면" 진리를 알게 되고, 진리가 우리를 자유롭게 한다고 말씀하셨다(요 8:32). 이는 예수께서 자신의 가르침의 진리에 대하여 하신 말씀이지만, 세상에 관한 광대한 진리의 파노라마에도 똑같이 해당된다. 사안의 실체를 바로 알면, 우리를 해칠 수 있는 그 실체의 위력으로부터 자유로워질 뿐 아니라, 그 실체의 멋을 음미하고 효용을 살려 낼 자유도 생긴다. 매리 조 위버의 말처럼 "믿음과 지적인 작업을 결합하는 능력은 기독 지성인의 등록 상표 중 하나다. 이는 근거가 확실한 믿음만 있으면, 무엇이든 두려움 없이 바라볼 수 있다는 뜻이다."[19]

우리가 품고 있는 신념이 틀렸다면, 버리는 것이 현명하다. 용기가 필요할 수 있다. 근본적 재평가가 따를 수 있다. 인생 노선이 달라질 수 있다. 그러나 변화의 모든 고통에, 길이요 진리요 생명이신 그분을 알고 그분께 알려지는 기쁨이 따를 것이다. 세르티앙즈는 "당신의 가장 통상적인 자극제는 용기다. 용기를 지탱시켜 주는 것은 비단 기도만이 아니라 새롭게 다지는 목표의 비전이다"[20]고 말했다.

용기는 뭔가 새롭거나 문화적으로 다른 것, 남들에게는 이상하지만 당신에게는 진리인 것을 발견할 때도 필요하다. 당신이 진리로 생각하게 된 그것이, 이상한 정도가 아니라 당신의 "지식 공동체" 내에서 "이단"으로 간주될 때는 문제가 더 커진다. 사회학자 에비어터 제루바벨(Eviatar Zerubavel)은—그 자신도 "과학적으로 사고하는 극히 합리주의적인 학회의 회원"이다—"우리 중에 잠재적인 프로이트들과 다윈들이 있을 수 있지만, 우리는 그들에 대해 전혀 듣지 못하게 될 것이다. 이는 오직, 그들이 프로이트나 다윈과 달리 '학계의 제명(除名)'을 감수하면서까지 자신들의 이단적 입장을 밝힐 지적인 용기가 없기 때문일 것이다"[21]고 말했다. 우리는 프로이트나 다윈이 없었다면 세상이 한결 나은 곳이 되었으리라 생각할지 모르지만, 그 자리에 우리 자신의 "지식 공동체"의 지적인 영웅들을 대입해 보면 제루바벨의 말이 옳음을 금방 알 수 있다. 즉, 우리 중에는 자신의 견해를 밝힐 용기가 없는 잠재적 루터들과 칼뱅들과 뉴먼들과 쉐퍼들이 있을 수 있다. 우리 중에 누구도 그런 사람이 되지 않기를 바란다!

그러나 자신의 사고를 밝힐 용기가 교만이 되면, 정반대 문제가 나타난다. 해리스 하비슨(Harris Harbison)은 이렇게 말했다.

대다수 학자에게는 언제나, 더 이상 축약되지 않는 자기중심적 성향이 있다. 결과가 아무리 요원하고 청중이 아무리 냉담하고 외견상의 보상이 아무리 미미해도, 학자가 자신이 하고 있는 일을 철석같이 믿지 않는 한 절대로 일이 되지

않는다. 일이 잘되지 않는 것은 분명하다.[22]

그러니 교만은 예비 지성인들이 당연히 들을 법한 비난이다.

겸손

겸손은 부득불 내가 우드의 네 범주―습득, 유지, 적용, 전달―에 모두 넣은 덕이다. 겸손이 없으면 모든 덕은 점차 악으로 변질된다. 진리를 향한 열정은, 내가 진리를 찾았고 지금 소유하고 있다는 확신으로 변한다. 거룩을 향한 열정은 자기의(義)로 변한다.

사실, 겸손의 부재 즉 교만은 지성인들이 가장 자주 듣는 비난 중 하나다. 때때로 이 비난은 피할 수 없다. 다른 사람들의 느긋해 보이는 삶이나 훌륭한 지적인 업적에 대한 시기심에서 촉발되기 때문이다. 외부에서 보기에, 당신이 만일 시간의 태반을 혼자서 보낸다면, 어쩔 수 없이 당신은 게으를 뿐 아니라 게으름의 자유를 자랑하는 사람으로 비쳐질 것이다. 이 비난은 반박하기 어렵다. 그러니 직접 반박하지 않는 것이 낫다. 그보다는 당신 삶의 나머지 부분을 보다 분명하게 다른 사람들을 섬기며 보내라. 그러면 결국 비난이 점점 뜸해질 것이다.

그러나 진짜 문제는 당신이 교만하다는 비난이 아니라 당신이 정말로 교만할 수 있다는 분명한 가능성이다. 그래서 항상 자기 성찰이 바람직하다. "당신이 갈망하는 것은 무엇인가? 헛된 영광인가? 사리(私利)인가? 그렇다면 당신은 가짜 지성인에 지나지 않는다."[23] 우리는 과거의 훌륭한 기독 지성인들의 예를 본받아야 한다. "교만한 신학자란 철저한 모순어법"[24]임을 그들은 알았다.

J. 리처드 미들턴은 예기치 않게 불쑥 회의가 자신을 덮치던 아찔한 사연에 대해 이야기해 준다. 자신의 지적 능력에 대한 미들턴의 확신이 절정에 달했을 때 회의가 찾아왔다. 그는 기독교 세계관에 관한 책 집필을 막 성공리에 마친 터였다. 미들턴의 회고에 따르면, 이제 그는 악의 문제를 붙들고 해결하려던 참이었다. 그런데 자신의 사고 능력이 그 과업에 역부족임을 깨닫고서 미들턴은 절망으로 곤두박질쳤고, 거기서 헤어나는 데 몇 년이 걸렸다. 그는 이렇게 말한다.

> 하나님 앞에서 당신을 문제에 빠뜨리는 것은 어린아이처럼 던지는 질문이나, 회의의 솔직한 인정이 아니다. 그것은, 우리가 혹은 똑똑해서 혹은 솔직해서 혹은 과학적이라서 혹은 그리스도인이라서 혹은 개혁 세계관이 있어서, 당신에게—내게—모든 답이 있다는 맹목적인 신념, 확신, 소신이다.[25]

자신의 정신 능력에 근거하여 확신하는 교만을 조심하라. 하나님을 믿는 우리 믿음에 확실성이 있다면, 그것은 우리가 다 완성된 지성을 천성적으로 타고 났거나 하나님께 받았기 때문이 아니다.

우리는 교만의 죄로 고생한다. 그 교만으로 다른 사람들까지 고생시킨다. 리처드 존 뉴하우스(Richard John Neuhaus)는 경고를 발한다. 우리 그리스도인이 진리를 소유하고 있다는 우리의 그 확신이, 다른 사람들로 하여금 우리가 안다고 주장하는 진리를 배우지 못하게 하는 장벽이 되어 왔고 지금도 그렇다.

실제보다 더 많이 아는 척하는 우리 그리스도인의 가식만큼 현대 세계와 포스트모던 세계의 불신에 강력하게 기여해 온 것은 별로 없다.…그리스도인들이 지적인 인내, 겸양, 호기심, 모험심을 좀더 보여 준다면, 합리주의 계열에나 포스트모던 계열에나 세상의 무신론자는 줄어들 것이다.[26]

레첵 콜라코스키(Leszek Kolakowski)는 지성인의 책임을 논하는 대목에서 뚜렷한 현실주의 색체를 입힌다.

지성인들의 경우, 그들이 전문적으로 책임져야 할 유일한 구체적 문제는 단어를 잘 사용하는 것이다. 즉, 단어를 최대한 오도의 소지 없이 정직하게 사용하는 것이다. 이는 진리의 문제라기보다 진리의 정신의 문제다. 자신이 절대 실수하지 않는다고 보장할 수 있는 사람은 아무도 없기 때문이다. 그러나 진리의 정신을 보전하는 것은 가능하다. 그것은 자신의 단어와 식별에 대한 깨어 있는 의혹을 절대 버리지 않고, 자신의 오류를 철회할 줄 알며, 자신을 수정할 능력이 있다는 뜻이다.[27]

콜라코스키는 계속하여 "허영심과 권력욕이라는 인간 보편의 특성이 지성인들에게 있으면, 특히 해롭고 위험한 결과를 낳을 수 있다"[28]고 했다. 혹 당신이 자신에게 진리로 보이는 것에 대하여 놀라운 통찰을 얻거든, 겸손 약을 두 알 복용한 뒤 친구들에게 전화하여 현실 체크를 받으라.

옛날 토마스 아퀴나스는 지식의 실태를 말하면서, "아직 어떤 철학자도 하다못해 파리 한 마리의 실체조차 다 알 수 없었다"[29]고 했다. 옳은 말이다. 우리 시대 루이스 토머스(Lewis Thomas)의 말도 옳다. "우리는 벼룩을 모른다."[30]

겸손의 역설은, 겸손해지려 할수록 성과가 없다는 것이다.[31] 그렇다면 겸손은 어떻게 습득되나? 당신의 최상의 생각들에 대한 친구들의 솔직한 반응을 듣는 것은 괴롭기는 하지만 비교적 쉬운 길이다. 그러나 산상수훈을 다시 읽는 것은, 비록 더 참담하긴 해도 그보다 나은 길이다. 당신은 산상수훈을 읽고도 여전히 교만할 수 있는가? 성경에 몰입하고, 예수의 사고와 삶을 묵상하고, 특정한 신앙 공동체에 적극 참여하는 것—그것이 겸손에 이르는 가장 좋은 길들이다.

덕·재능·훈련

덕과 재능의 구분은 중요하지만 때로 어렵다.

재능은 우리 각자가 천성적으로 하나님께 받는 능력이다. 음악적 재능, 운동 실력으로 이어지는 신체적 재능, 지적 재능(내 아내 같은 사람들은 수학을 아주 잘하지만 나 같은 사람들은 그렇지 못하다), 언어적 재능(외국어를 쉽게 빨리 배우는 능력) 등이 있다. 아무 기술이나 말해 보라, 그에 따르는 재능이 있다.

당신이 혹 초급 미적분 시험 문제를 다 풀 만큼 미적분을 잘하지 못해도 그것은 미안해 할 일은 아니다. 글쎄, 적어도 나는 아니다. 아니기를 바란다! 재능 부족은 도덕적 결함이 아니다.

재능은 훈련으로 개발될 수 있지만 어느 정도까지만 가능하다. 아무리 열심히 훈련해도, 아무도 그 분야에 최고인 사람만큼 좋아질 수는 없다. 우리의 재능은 동등하지 않다. 하나님은 우리에게 능력을 주시고, 그 반응으로 우리는 그 능력을 성경에 나오는 일반 원리나 우리의 양심이나 공동체에 준하여 개발하고 사용한다. 이런 재능은 도덕적이지도 않고 부도덕하지도 않다. 그저 우리에게 주어진 것이다. 중요한 것은 우리가 재능을 어떻게 개발하고 사용하느냐다.

덕은 재능보다 더 개발될 수 있다. 덕은 하나님 자신의 성품을 닮은 것이기에 지극히 영적이다. 여기서도 훈련이 도움이 된다. 훈련이 구원을 낳는다는 뜻이 아니다. 구원은 하나님의 은혜로만 된다. 그러나 하나님은 우리에게, 미래의 영광에로 "구원받은" 상태 이상을 원하신다. 그분은 우리가 "두렵고 떨림으로 [우리] 구원을 이루"기 원하신다(빌 2:12). 바로 그것이 영적 훈련들이 하는 일이다. 곧 보겠지만, 지성의 훈련들도 영적 훈련들과 큰 폭으로 겹친다. 전인—몸, 영, 혼—을 발전시키는 것은 사고도 발전시킨다.

앨버트 에드워드 데이(Albert Edward Day)는 사도 바울이 구원을 하나님께만 의지했다고 지적한 뒤에 이렇게 말했다.

> 그러나 바울은 훈련에 힘쓰는 자이기도 했다. "내가 내 몸을 쳐 복종하게 함은." "그리스도 예수의 사람들은 육체와 함께 그 정욕과 탐심을 십자가에 못 박았느니라." "그러므로 나는…싸우기를 허공을 치는 것같이 아니하여." "모든 무거운 것과 얽매이기 쉬운 죄를 벗어 버리고." "병사로 복무하는 자는 자기 생활에 얽매이는 자가 하나도 없나니." 이런 말들은 훈련을 우습게 여기는 사람의 말이 아니다.[32]

따라서 이제 우리는 지성의 훈련들로 넘어간다.

지식건축법

O
인간의 지고한 즐거움은 의식을 포착하고 강화하는 데 있다. 정확히 말하면, 앎의 즐거움이 아니라 배움의 즐거움이다. 뭔가를 안다고 했을 때는, 우리는 그것을 망각하고, 이런 표현이 가능하다면, 무의식적 지식으로 전환하는 경향이 있다. 인간의 즐거움, 가장 순전한 낙은 배움의 행위, 사안의 진리에 이르는 행위, 지식을 구별하여 습득하는 행위와 맞물려 있다.

미구엘 데 우나무노_「삶의 비참한 의미」

O
성품 윤리는 인간이 어떻게 인생의 의미를 찾고 실존을 정리할 것인가에 관하여, 예로부터 있어 온 담론이다. 개인이나 집단이나 도덕적 삶이란, 그 특성상, 신념을 통하여 형성되며, 그 신념은 행동으로 표현되고 빚어진다는 것이, 성품 윤리의 관점이다. 그래서 윤리학의 첫째 질문은 우리가 무엇을 믿느냐보다 어떻게 사느냐와 더 관련된다.

스티븐 가버_「신실함의 피륙」

O
진실한 지성인은 진리의 하나님께 날마다 이렇게 고백한다. "주의 집을 위하는 열성이 나를 삼켰나이다."

A. G. 세르티양즈_「지성의 삶」

6. 지성의 완성: 지성의 덕

○ 반지성주의는 가장 극단적인, 그리고 도덕적으로 가장 통탄스러운, 형태의 태만을 낳는다. 삶의 궁극 목표가 극대화된 쾌락이나 돈이나 명예나 권력인 사람들, 순전한 지적인 추구에 삶을 쏟는 이들에게 그러한 동기에서 경멸을 표하는 사람들—그들에게서 그런 태만을 볼 수 있다. 그들은 마치 비지성적 목표에 대한 자신들의 광적인 헌신을 방해할 수 있는, 지성이라는 짐이 자신에게 아예 없기를 바라는 사람들 같다.

모티머 애들러_「물질 위의 지성」

○ 겸손(humility)의 어원인 humus는, 말씀이 풍성한 수확을 맺는 좋은 땅을 뜻한다. **베르나르도 올리베라 신부_「참으로 신성한 독서」**

○ 진리를 사랑하지 않는 자들은, 허다한 무리가 진리를 거부하며 이론(異論)을 제기한다는 구실로 자신을 변명한다. 이렇듯 그들의 과오는 전적으로 그들이 진리도 자비도 사랑하지 않는다는 사실에 있으며, 그래서 그들은 변명의 여지가 없다.

블레즈 파스칼_「팡세」

7 지성의 완성:
지성 훈련

기발한 생각, 문제의 해답, 지적인 통찰은 아무 때나 올 수 있다. 운전 중에, 음악을 듣다가, 조용히 기도할 때, 희열 중에, 심지어 분노 중에도 문득 떠오를 수 있다. 그러나 그 생각은 계획하거나 준비하지 않은 것이며, 대개 금방 잃고 만다. 완성된 지성의 기술들을 개발하고 그 기술들의 활용 결과를 누리려 한다면, 그보다 좋은 방법들이 있다.

물론 지성의 완성을 보장하는 비밀 공식이란 없다. 사고와 정보를 처리하는 기술에 있어서도 그렇고, 불쑥 새로운 사고나 통찰을 "얻는" 창의력에 있어서도 그렇다. 윌리엄 웨인라이트(William J. Wainwright)는 "발견 과정은 대체로 비논리적이다"[1]고 했다. 그러나 우리의 타고난 능력이 무엇이든, 그 능력을 강화시켜 줄 수 있는 훈련들이 있다.

그중 우리는 고독, 침묵, 주의력, 수평적 사고, 기도 등 다섯 가지를 살펴보려 한다. 그에 이어 계산적 사고와 명상적 사고에 대한 마르틴 하이데거의 구분을 고찰할 것이다. 이는 지성의 훈련들이 왜 성과가 좋은가에 대한 우리의 이해를 심화시켜 줄 것이다. 끝으로, 사고의 여러 가지 장애물과 사고를 자극하고 강화하는 요령을 살펴볼 것이다.

고독: 홀로 빛 가운데

첫 번째 필수 훈련은 고독이다. 물론 사고는 그룹 속에서도 가능하며, 강의나 대중 공연을 통해서도 올 수 있다. 그러나 사고 자체, 즉 우리 머릿속에서 진행되는 일은 사적이다.[2] 그리고 독서나 청취를 통해 얻는 사고도, 고요하고 차분한 상태에서 가장 잘 평가하고 저울질하고 되새기고 다른 사고들과 연결시킬 수 있는데, 그런 상태는 고독 속에서만 웬만큼 가능하다.

그러므로 고독이 생겨날 공간을 내는 것이 중요하다. 지성의 삶을 진지하게 여기는 사람에게는 서재나 그에 상응하는 곳이 절대 필수다.[3] 배우자와 자녀들과 친구들과 전화가 방해하지 않는 조용한 곳이라야 한다. 전화벨이 울려도 받지 말라. 자동 응답기에 메시지가 녹음되게 두라. 어차피 알루미늄 섀시를 팔려는 전화일 것이다.

고독에는 시간도 중요하다. 생각이란 서두를 것이 아니다. 착상은 생각의 샘에서 솟아나며, 그것도 불쑥—준비도 없고 예상치도 못했던 듯 그저 겉보기에 즉흥적으로—솟아날 때가 많다. 그러나 그렇게 되려면 시간을 주어야 한다. 교육 과정을 서두르는 일부 학교들에 대하여 자크 바전은 이렇게 썼다.

나도 고속(高速)이 좋다. 그만 빈둥거리며 놀자는 데는 나도 대찬성이다. 그러나 지성의 문제에서 고속은 물리적이 아니라 내면적이어야 한다. 목표는 속도가 아니라 강도(強度)여야 한다.…뭔가를 배워 영구히 자기 것으로 삼으려면 [학생]에

게 지적인 빈둥거림의 시간이 필요하다.[4]

고독의 시간은 종종 기다리는 시간이다. 아무 일도 없어 보일 수 있다. 이는, 하나님의 자녀인 우리의 기다림과 유사한 데가 있다. 시편 기자들은 우리에게 하나님의 얼굴을 구하라고 명한다. 우리는 구한다. 아무 일도 일어나지 않는다. 우리는 기다린다. 그 기다림이 마땅히 우리가 할 일이다.

나 곧 내 영혼은 여호와를 기다리며 나는 주의 말씀을 바라는도다. 파수꾼이 아침을 기다림보다 내 영혼이 주를 더 기다리나니 참으로 파수꾼의 아침을 기다림보다 더하도다. (시 130:5-6)

사고 행위와 기술에서도 그렇다. 우리는 혼자 생각한다. 그러나 우리의 생각은 얕다. 아무런 진전도 없는 것 같다. 그래서 우리는 펜과 책과 종이를 내려놓고 기다린다.

고독 속에서만 가능한 일이다. 우리는, 타이핑을 멈추고 필기를 멈추고 읽기를 멈춘 우리의 모습을 보는, 다른 사람들의 응시를 두려워할 필요가 없다. 우리의 기다림이 능동적인 것임을 우리와 하나님만은 안다. 우리는 자는 것이 아니다. 받을 준비가 되어 있는 것이다.

침묵: 거미줄을 치는 거미

고독은 침묵을 뜻한다. 물론 당신은 음악을 틀고 싶을 수 있지만, 충동을 물리치라. 음악은 당신이 지적으로 오프라인 상태일 때만 틀라. 모든 소음,

모든 음악—바흐, 록, 바카라(Bacharach) 할 것 없이—은, 당신의 사고나 무의식을 부여잡고 뒤를 졸졸 따라다닌다.[5] (이 글을 쓰는 지금, 아내가 내 서재에서 딸과 전화 통화를 하고 있다. 머리가 돌 것 같다!)

어느 초등학교 3학년 학생의 통찰이 정곡을 찌른다. "침묵은 거미줄을 치는 거미 같습니다. 명주실을 짜는 누에고치 같습니다. 주님, 저로 하여금 침묵할 때를 알게 하소서."[6]

또 다른 소녀는 이렇게 생각했다. "침묵은 제게, 어디를 가나 제 영혼과 함께 가야 함을 일깨워 줍니다."[7]

웬델 베리는 이렇게 묵상했다.

노래 중의 노래는
침묵 속에 듣는
새의 노래, 그러나
먼저 침묵이 있어야 한다.[8]

그러나 가장 유익한 제언을 주는 사람은 A. G. 세르티앙즈다. 본 장을 쓰면서 나는 어떤 저자보다 그의 도움을 많이 받았다.

지적인 작업을 하고 싶은가? 우선 당신 안에 침묵의 구역, 사색의 습성, 자제와 초연의 의지를 창출하라. 그러면 당신은 완전히 그 작업에 실려 가게 된다. 욕망과 아집을 훌훌 벗은 영혼의 상태를 이루라. 지적인 작업을 하는 사람에게 이는 은혜의 상태다. 그것이 없이는 아무 일도 할 수 없다. 최소한, 가치 있는 일은 못한다.[9]

가치 있는 일을 하나도 하지 못하는 까닭은 무엇인가? 조세프 피퍼의 말로, "지각한다는 것은 잠잠히 듣는 것이다.…들음은 침묵 속에서만 가능하기" 때문이다.

나아가, 존재하는 모든 것을 들으려는 결심이 굳을수록, 침묵은 더 깊고 더 철저해야만 한다. 그래서 철학이란…그 수용적 침묵이 무엇에도, 심지어 질문에도, 방해받고 중단되지 않도록, 완전히 집중하여 듣는다는 뜻이다.[10]

좀더 실제적인 차원에서, 어니스트 딤네트(Ernest Dimnet)는 심지어 불면증과 금식의 고독도, 유리하게 활용될 수 있다고 말한다.

기진맥진으로 끝나기 이전의 불면증은 대개, 평소의 아무리 많은 양의 명상과도 바꿀 수 없는, 또렷한 정신을 낳는다. 문필가들의 불면이 그 사실을 증거해 준다. 약간의 금식이 수반된 장기간의 고독도 같은 작용을 한다.[11]

고독과 침묵만으로 사고가 생겨나는 것은 아니다. 고독과 침묵은 그저 잠으로 이어질 때가 비일비재하다. 대개 나는 책상에 앉으면, 업무 목록의 아직 못다 한 일들(조에게 전화할 것, 메리에게 편지 쓸 것, 강의 노트 철할 것…)이 보인다. 그러면 나는 주의 깊은 사고를 요하는 과제에 뛰어들기보다는, 그런 일들을 천천히 한다. 그렇게 고독 속에서 책상의 일들을 다 치웠으면—일들을 끝마쳤든, 아니면 업무 목록을 보이지 않게 없앴든—의자에 등을 기대고 앉는다.…문득 커피 한 잔이 있었으면 좋겠다는 생각이 든다. 그래서 나는 커피를 가져온다. 물론 기구를 준비해야 하고, 커피가 끓기를 기다려야 한다. 그동안 손가락 장난이나 하고 있다. 그러고 나면···.

아, 커피 한 잔, 깨끗한 책상, 고요한 서재(아내는 손자 있는 곳으로 갔다). 이제야말로 생각할 시간이다. 그래서 나는 다시 등을 기대고는, 그대로 잠든다. 주의력 없는 고독은 수면제다.

주의력: 생각의 유보

주의력의 훈련을 생각하는 데 딤네트의 충고가 도움이 된다. "주의력이란 타고난 재능이라기보다 습관이며, 그 사실을 알면 자기 영혼 안에 거하려는 자들에게 격려가 된다."[12] 딤네트의 말이 옳다면, 주의력은 기르는 것이다. 이는 "특정한 사고 흐름과 무관한 모든 이미지를, 하나씩 차례로 혹은 한꺼번에 전부, 없애는 것"[13]이다. 그러나 딤네트도 다음 한 가지만은 분명히 틀렸다. "전체적으로, 집중력이란 간단한 방법들로 쉽게 재현할 수 있는 자연스런 상태다."[14] 시몬느 베이유가 옳았다. "주의력이란 노력이며, 어쩌면 모든 노력 중에 가장 대단한 것이다."[15] 하지만 노력에 반드시 보상이 따르는 것은 아니다.

그렇다면 주의력이란 무엇인가? 에비아터 제루바벨은 인지 사회학의 관점에서 이런 전문적 정의를 내놓았다. "무엇에 집중하여 주목한다는 것은 '피사체'인 그것을, 본래 무시되는 주변 '배경'에서 정신적으로 떼어 내는 것이다."[16] 장기(將棋)의 경우를 보라. 한쪽 배경에는 시합의 목표와 규칙이 있다. 다른 쪽에는 지금 진행 중인 특정 시합의 물리적 환경, 즉 장기판, 상대, 구경꾼들, 실내의 동요가 있다. 그러나 일급 장기 선수의 초점은 지금 이 시합에 있다. 즉 말들의 위치, 짐작되는 상대의 전략, 가능한 다음 수들,

상대의 왕을 잡을 수 있는 각 경우의 의미가 중요한 것이다. 장기판을 비추는 조명의 각도는 눈에 들어오지 않는다. 주목할 대상이 무엇인지 알 때의 주의력이란 이런 것이다.

하지만 주목할 대상을 아직 모른 채 사고하고 있을 때의 주의력이란 무엇인가? 「기도의 기술」(The Art of Prayer)에 나오는 조언이 영국식 표현으로 딱 맞는다.

> 어떤 특별한 노력에 임할 때, 주의력과 마음을 거기에 집중하지 말라. 오히려 그것을 부수적인 일로 여기라. 그리고 완전히 하나님께 맡기고 그분의 은혜에 자신을 열라. 받을 준비가 된 그릇처럼 말이다. 누구든 은혜를 얻는 사람은 열성으로만 얻지 않고 믿음과 열성으로 얻는다고 성 시나이(Sinai)의 그레고리는 말했다.…우리가 겸손, 통회, 하나님을 경외하는 마음, 그분께 대한 헌신, 하나님의 도움에 의존해야 한다는 인식을 잃지 않는 한, 우리의 노력은 제 방향을 찾게 되어 있다.[17]

주의력의 심리학은 복잡하다. 주목하기로 주목한다고 해서 주목되는 것이 아니다. 주목하려는 "노력"은 소용없다고 베이유는 말한다. 그보다 우선 갈망을 자극해야 한다.

> 지성을 이끌 수 있는 것은 갈망뿐이다. 갈망이 있으려면 일에 즐거움과 기쁨이 있어야 한다. 지성은 기쁨 속에서만 자라고 열매 맺을 수 있다. 달릴 때 반드시 숨을 쉬어야 하듯이, 연구에도 배움의 기쁨이 없어서는 안 된다.[18]

하나님께 사고의 소명을 받은 사람에게는 이 갈망—알려는 갈망, 명료하게 생각하려는 갈망, 사고의 근원을 추적하고 함축 의미를 찾으려는 갈망—이 어렵지 않아야 한다. 그런 소명을 느끼지 못한 사람들은, 현재 자신이 받은 소명에 주목하면 된다. 그 소명에도 필연적으로 모종의 사고가—다른 것은 몰라도 수단적 사고라도—필요하게 마련이다. 그대로 해 나가라. 가장 예기치 않았을 때, 수단적 사고 이상에 대한 갈망의 불꽃이 필지도 모른다. 그때 본 장에 소개된 여러 제안을 따라 잘 부채질하면 된다.

어쨌든 노력해도 안 되고 주의력도 떨어질 때는, 잠시 쉬라.

20분간의 집중력 있고 피곤치 않은 주목이, 3시간 동안 죽을상을 짓고는 의무를 다한 기분으로 "잘했다!"고 말하는 적용보다 무한히 더 낫다.…이런 주의력으로 집중하면, 15분간의 주목이 수많은 선행보다 낫다.[19]

집중력 있는 주목에 대한 베이유의 역설적 묘사는 살펴볼 가치가 있다.

주의력은 생각을 유보하는 것이다. 대상이 뚫고 들어오도록, 생각을 초연히 비우고 준비하는 것이다. 그간 습득해 왔고 부득불 사용해야만 하는 다양한 지식을 우리 머릿속에 보류해 두되, 이번 생각의 범위 내에 두면서도 그보다 낮은 차원에 두어, 그것과 접촉되지는 않게 하는 것이다. 우리의 생각은, 이미 형성되어 있는 모든 개개의 생각들과 연계되어야 한다. 산에 오른 사람이 전방을 내다보며 산 밑의 광활한 숲과 평지를—실제로 보지 않으면서도—함께 보는 것처럼 말이다. 무엇보다 우리의 생각은, 아무것도 구하지 않고 빈손으로 기다려야 하며, 뚫고 들어오려는 대상의 적나라한 진리를 받아들일 준비가 되어 있어야 한다.[20]

유의할 것이 있다. 우리는 생각하기 위해서 생각을 버린다. 정말? 그렇기도 하고 아니기도 하다. 우리는 선입견을 버린다. 사고 속에 실체가 뚫고 들어오게 둔다. 주의력은, 실체의 말씀(Word)이 지식의 말(word)을 하도록 둔다. 존 헨리 뉴먼은 참된 지식의 그런 특성을 지적했다.[21] 참된 지식은 실체를 아는 지식이다. 그저 "관념적" 견해가 아니라 실재하는 것에 대한 이해다.[22]

침묵 속에서 우리는, 단순히 하나님의 임재 안에 있기 위해서도 생각을 버릴 수 있다. 안토니 블룸(Anthony Bloom)이 이를 잘 묘사했다.

> 내적 침묵은 내면에 사고나 감정의 온갖 소요가 부재한 상태다. 하나님께 온전히 깨어 있고 열려 있는 상태다.…영혼이 가만히 있지 않는 한 시야가 트일 수 없다. 그러나 가만히 있어 하나님의 임재 안에 들어가면, 훨씬 순수한 또 다른 종류의 침묵이 찾아온다. 이는 가만히 있어 생각에 잠길 뿐 아니라, 하나님의 임재로 말미암아 예배 행위에 압도된 영혼의 침묵이다. 노르위치의 줄리안의 말처럼 "기도로 영혼과 하나님이 하나 되는" 침묵이다.[23]

우리 시대는 말뿐인 시대다. 본문과 본문이 논평과 논평으로 얽힌다. 하나의 본문은 이전의 본문들을 가지고 지어낼 수 있는 것에 지나지 않는다. 이전의 본문들이 현재의 본문에 구현되고 모사(模寫)된 것뿐이다. 포스트모더니즘이 우리의 의식을 뚫고 들어와, 이제 우리 모두는—그리스도인들도—존재하는 것은 말뿐이라고 생각하기에 이르렀다. 모든 것이 관념일 뿐 실체는 하나도 없다. 모든 실체는 사회적, 언어적으로 지어낸 실체다. 사람들은 "나는 하나님을 이러이러한 존재로 생각하는 게 좋다"고 말한다. 이에 대한 대답은 물론 "네가 하나님을 그렇게 생각하는 것에 대해 하나님은 어떻게 생각할지 궁금하다"가 된다.

이 만연한 유명론(唯名論)은 중단되어야 한다. 유명론을 중단시키는 한 가지 길은 실재하는 것에 주목하는 것이다. 우리는 그저 우리 상상 속의 신(들)이나 순전히 우리 인간의 말로 만들어 낸 신(들)이 아니라 "거기 계시는 하나님"을 예배한다고, 프랜시스 쉐퍼는 놀라운 혜안으로 말했다. 학생들이 어떤 대화 주제에도 실체는 없고 모든 것이 그저 말뿐이라고 주장하면, 쉐퍼는 그들 머리 위에 차 주전자를 부어 보라고 권하곤 했다.

우리는 말씀이신 하나님을 예배한다. 칼 바르트(Kar Barth)가 말한 것처럼 "하나님과 그분이 하시는 말씀은 아무 차이가 없다."[24] 하나님은 아버지시다. "우리가 하나님을 아버지라 부른다면, 이는 그분이 실제로 아버지이기 때문이다.…하나님의 진리는 인간의 진리보다 선행하며 인간의 진리의 기초가 된다."[25] 얼 파머(Earl Palmer)는 이렇게 썼다.

> 우리는 아슬란이 하는 일을 보고 그가 누구인지 안다. 여기서 C. S. 루이스는 칼 바르트 같다. 바르트는 예수의 말씀과 예수의 행위를 나눌 수 없다고 했다. 둘은 분리가 안 된다. 결국 우리는 아슬란의 창조 행위를 통해 그를 만나고 알게 된다.…성경에서 궁극적 선(善)이 말하고 행하는 바는 루이스의 신학과 동일하다. 아슬란을 통한 구속(救贖)은 말이 아니라 사건이다.[26]

존재가 지식을 앞서며 지식보다 중요하다.[27] 예컨대, 내가 마땅히 되어야 할 존재가 되었음을 아는 것보다, 마땅히 되어야 할 존재가 되는 것 자체가 더 중요하다. 물론 자신의 상태를 안다면 더 좋다. 자신의 상태에 대한 지식도, 마땅히 되어야 할 모습의 일부이기 때문이다. 내 상태를 모른다면, 나는 내 상태를 알 때보다 못하다. 내 상태를 잘못 알고 있다면, 나는 마땅히 되어야 할 모습이 다 되지 못한 것이다. 그러나 마땅히 되어야 할 모습을 알고도 그렇게 못 된 것보다는, 차라리 내가 하나님이 원하시는 모습이 되었음을—만일 되었다면—모르거나 잘못 알고 있는 편이 낫다.[28]

이블린 언더힐(Evelyn Underhill)이 이 문제에 대해 잘 말했다.

> 우리는 [산만한 삶을] 대부분 "원하다, 소유하다, 하다" 이 세 동사를 활용하느라 다 보낸다. 물질적, 정치적, 사회적, 정서적, 지적—심지어 종교적—차원에서 탐내고 움켜쥐고 안달하느라 우리는 늘 불안하다. 세 동사 중 어느 것도 "존재하다"라는 기본 동사에 함유되어 초월되지 않는 한, 아무런 궁극적 의미가 없음을 우리는 망각하는 것이다. 영적 삶의 정수는 원함과 소유와 행함이 아니라 존재다.[29]

포스트모더니즘이 실체를 언어적 구성물로 환원시키고(학문은 해석학과 기호학), 모더니즘이 존재보다 지식을 강조하는(학문은 인식론과 자연 과학) 시대에, 이제 존재의 성경적 우선성을 재천명해야 할 때다(학문은 신학과 존재론 또는 형이상학). "네가 될 수 있는 모든 것이 되라"던 군(軍) 징집 구호는, 혹 와전된 개념과 왜곡된 의미가 들어 있을지 모르나, 말 자체는 옳다. 군에서는 총알받이가 우리가 될 수 있는 모든 것일지 모르나, 하나님께는 다른 문제다. 하나님은 단순히 "나는 스스로 있는 자"(출 3:14)이다. 존재하시는 이 분은 말씀이요 또한 말씀하시는 분이다. 그분은 말씀하실 때 "예수 그리스도!"라고 하신다. 그리스도 안의 하나님께 우선 주목하는 것, 그것이 사고하는 그리스도인의 급선무다.

요즘 우리 중에는, 세상이 생각하듯 생각하는 사람들이 너무 많다. 우리의 생각을 하나님에 대한 생각으로 시작하지 않기 때문이다. 하나님께 주목함으로써만 우리는 지혜에 이르는 희열을 경험할 수 있다. 기도란 그 일, 그 훈련된 주의력이다.30)

주의력의 본질을 살펴보다 보면, 어느새 우리가, 심리적 기능을 생각하던 자리에서 궁극의 존재론적 실체이신 하나님 자신을 묵상하는 자리로 와 있음을 보게 된다.

여기 과장은 없다. 실체에 주목한다는 것은 결국 하나님—궁극의 실체이자 모든 피조된 실체의 창조주이신—께 주목하는 것이다. 그러나 세르티앙즈의 말처럼 진리는 어디에나 있다.

진리의 사람에게 중요한 것은 진리가 어디에나 있음을, 자기 곁에 끝없는 시내로 흐르고 있음을, 아는 것이다. 그 시내 덕에 영혼의 작업이 시작될지도 모른다.…진리는 가구(家具)들보다 더 흔하다. 진리는 거리에서 소리치며, 우리가 등을 돌려도 우리에게 등을 돌리지 않는다. 사고는 사실에서 나온다. 사고는 또 대화, 우연한 사건, 극장, 방문, 산책, 가장 평범한 책에서도 나온다. 모든 것에 보배가 담겨 있다. 모든 것 안에 모든 것이 있기 때문이다. 인생과 자연의 몇 가지 법칙이 나머지 모든 것을 지배한다.31)

신기하게도 우리는 평범한 것에 주목하는 법을 일본 하이쿠(俳句)에서 배울 수 있다. 예컨대 마쓰오 바쇼(松尾芭蕉)의 하이쿠는, 흔히 놓치는 실체에—사물 자체의 속성에—주목하는 법을 우리에게 놀라운 방식으로 가르쳐 준다.

수평적 사고

나는 수평적 사고라는 용어를 쓰지 않고도 이미 시몬느 베이유를 통하여 수평적 사고를 소개했다.[32] 이 용어는 에드워드 디 보노에게서 온 것이다. 그는 "수평적 사고란 자신을 일정한 방향으로 이끄는 틀들을 벗어나려 하는 것, 그 틀들을 수정하여 비스듬히 이동하려 하는 것이다"[33]고 썼다. 디 보노는 수평적 사고의 특징을 네 가지로 개괄했다.

1. 지배적이거나 양극화된 사고를 인식한다.
2. 사안을 다르게 보는 방식들을 찾아낸다.
3. 수직적 사고의 경직된 규제를 완화시킨다.
4. 우연을 활용한다.[34]

첫째, 지적인 문제이든 기술적인 문제이든, 문제 해결에 대한 당신의 기존 접근을 떠받치고 있는 관련 가정들을, 잘 생각하여 찾아내야 한다고 디 보노는 말한다. 문제가 석유를 찾는 것이라고 하자. 당신은 석유가 특정 벌판의 지하에 있을 수 있다고 가정한다. 그래서 150미터 깊이까지 시추해 보지만 석유는 없다. 그래서 30미터씩 더 들어가고 더 들어가고 더 들어가 보지만, 역시 석유는 없다.

둘째, 문제를 새로운 시각에서 보라. 애초부터 당신의 가정은 틀렸을지도 모른다. 당신은 엉뚱한 벌판을 시추하고 있었는지도 모른다. 장비를 옮겨 다시 해보라.

셋째, 필요를 공급해 주거나 필요 자체를 재평가할 수 있는 다른 가능성들을 생각해 보라. 에너지 개발 대상으로 어쩌면 석유가 최고가 아닐지도 모른다. 어쩌면 태양력이나 수력이나 조력(潮力) 따위를 개발해야 할지도 모른다. 어쩌면 자연계의 질서대로, 일체 전력 없이 지내는 법을 모색해야 할지도 모른다. 어쩌면 당신은 전력 없이 사는 법을 배워야 할지도 모른다. 어쩌면 말이다.

넷째, 우연과 상황 속에서 대안 해답들이 나오게 하라. 방사능도 그렇게 발견되었다. 우연히 감광판이, 보이지 않는 방사선에 노출되었다. 퀴리 부부는 그것을 알아냈고, 나머지는 알다시피 역사가 되었다. 원자력이 나온 것이다. 물론 원자력 자체는 좋은 점도 있고 나쁜 점도 있다.

디 보노는 "정말 목적과 계획과 방향이 없는 놀이", 브레인스토밍, "잡화점이나 전시회나 심지어 도서관"을 뒤지는 것 등을 권한다.[35] 나는 여기에 여행, 박물관, 외국 문화, 외국 친구 등의 자극을 더하고 싶다.

기도: 진리의 안락한 날개

이미 감지했을지 모르지만, 고독과 주의력의 조건들은 기도의 요건들과 닮았다. 정말 그렇다. 생각을 잘하려면 기도가 꼭 필요하다. 기도 자체—하나님이 듣고 응답하실 뿐 아니라 그 임재를 알리실 거라는 기대감을 품고, 자신을 그분의 처분에 맡기는 것—만 아니라 기도의 내용도 그렇다. 기도의 내용에는 창의력과 명료한 사고와 통찰력을 구하는 간구가 포함된다. 존 웨스터호프 3세(John Westerhoff III)와 존 유즈던(John Eusden)은 "기도란 주의력에 대한 훈련된 헌신이다. 기도라는 일심의 주의력 없이는, 좀처럼 우리는, 되풀이할 가치가 있는 것을 듣거나 남에게 보라고 권할 가치가 있는 것을 보지 못할 것이다"[36]고 썼다.

하나님께 열린 마음은 진리와 진리들에 열린 마음과 같다. 전자는 기도의 배경이 되고, 후자는 잘하는 생각의 배경이 된다. 기도는 생각 이상일 수 있으나—기도하는 사람은 하나님의 임재 안으로 들려지므로—절대로 생각과 상치되지는 않는다. 때로 하나님과의 만남에 뒤따르는 희열은, 최고의 생각이 이루어지는 장(場)인 그 희열과 가깝다.

> 모든 지적인 작업은 일순간의 희열로 시작된다. 배열의 재능, 전환의 기술, 개념들의 연결, 구성 따위는 부수적인 작용일 뿐이다. 희열이란, 우리의 기쁨의 대상이 우리 생각과 마음속에 살 수 있도록, 우리 자신의 초라한 삶을 잊고 자아를 떠나 위로 비상하는 것이 아니고 무엇인가?[37]

그리스도 안에 있는 하나님의 진리를 알게 되면—또는 다시금 강력히 떠올리게 되면—그 영향이 우리의 감정과 의지에 저절로 나타난다. 지성은 감성을 낳는다. 세르티앙즈는 "그리스도의 성육신은 성찬에 이르고, 성찬은 구주의 몸과 피와 영과 신성을 분리하지 않는다"고 썼다. 우리도 그 사실을 안다. 그러나 세르티앙즈는 "하나님이 존재 안에, 영원한 진리가 진리의 각 개별적 경우 안에, 준(準)성육신하는 것도, 천국의 희열—우리의 심드렁한 연구나 진부한 감탄이 아니라—에 이르러야 한다"[38]고 덧붙였다.

우리의 사고에 이것이 빠졌을까? 만일 그렇다면, 이는 우리가 진지한 일에, 즉 생각을 잘하는 일에, 진지하게 임하지 않기 때문이다. 세르티앙즈는 이렇게 말한다.

심오한 작업은 이것으로 이루어진다. 즉 진리가 내 안에 가라앉게 하는 것, 조용히 진리 안에 잠기는 것, 그 속에서 나 자신을 잃는 것, 내가 생각하고 있음도 존재하고 있음도 진리 자체 외에 세상에 무엇이 존재하고 있음도 생각하지 않는 것이다. 이는 복된 희열의 상태다.[39]

진리가 당신을 소유하여 당신 영혼을 그 푹신한 날개로 떠받치고 두둥실 조화롭게 띄워 올릴 때, 그때는 진리와 함께 날아올라 떠다닐 때다. 진리가 창공에서 당신을 받쳐 주는 한 말이다.[40]

누가 생각을 차갑다 했으며, 사고하는 사람을 빙산이라 했던가? 사고하는 사람이 빙산이라면, 물질주의적 위안과 생각 없는 희열을 좇는 사람들로 만원인 타이타닉 호는 조심할지어다!

하이데거의 통찰

하이데거는 계산적 사고와 명상적 사고를 구분한다. 전자는 인간 사고의 태반을 차지한다. 물론 계산적 사고의 작용으로 일상생활이 가능해지지만, 수학에서 신학까지 거의 모든 종류의 문제 해결에 나설 때도 우리는, 계산적 사고를 동원한다. 하이데거는 "계산적 사고는 계산한다.…이 일 저 일 뛰어다닌다"[41]고 썼다. 존 앤더슨(John Anderson)은 "계산적 사고를 할 때 우리는, 내 유익을 위해 내 조건으로 내 일을 처리한다"[42]고 했다.

하이데거는 "원자 시대에 밀려오는 기술 혁명의 조류는 인간을 잔뜩 매혹하고 홀리고 현혹하고 속여, 언젠가 계산적 사고만이 사고의 유일한 방식으로 용인되고 시행될 날이 올지도 모른다"[43]고 우려했다. 수십 년이 지난 오늘, 우리는 하이데거의 예언이 실현되었다고 수긍할 만하다. 다만 포스트모더니즘의 히드라(머리를 자르자 머리 둘이 나왔다는 그리스 신화의 괴물—옮긴이) 머리는, 계산적 사고를 하이데거의 명상적 사고로 대체하지 않은 정도가 아니라, 그 계산적 사고마저 보다 어려운 학문들에 국한시키고 그 밖의 분야에서는 계산적 사고를 아예 그보다 못한 것으로—일반 세상에서는 순전히 쾌락적이고 감정적인 경박성으로, 종교 분야에서는 뉴에이지의 중언부언으로—대체해 버렸다.

반면, 명상적 사고에서는, 사고하는 자가 존재 자체와 깊이 이어진다. 사고하는 자는 자신의 본성과만 아니라 존재 자체와 연합된다. 앤더슨은 "명상적 사고를 할 때 인간은, 존재에 마음을 열고 자기를 내보이기로 결심한다. 이 결심은 인간의 주관적인 힘의 구사가 아니라, 존재를 드러내 주는 자세를 취하는 것이다. 이를테면 존재 안에 거함이라 할 수 있다"[44]고 말했다.

그리스도인이 명상적 사고를 읽으면, 하이데거가 기독교의 전통적 신비주의에 철학적 기초를 깔고 있거나, 혹은 기독교 신학에서 개발되지 않은 철학적 차원을 기독교 신비주의의 눈으로 보고 있다고, 생각할 수 있다. 하이데거가 말한 존재(Being)가 그리스도인들이 말하는 하나님의 의미라면, 내 생각에 그럴 수도 있다. 사실, 바로 그 의미의 가능성 때문에 나는 하이데거 작품의 표면을 훑어볼—신비를 꿰뚫는 것까지는 몰라도—의욕이 생겼다.

명상적 사고를 기다림으로 본 하이데거의 말들을 보라. 생각할 때 우리는 기다릴 수도 있고, 또는 앙망할 수도 있다고, 하이데거는 말한다. 전자의 경우 우리는 자신이 무엇을 기다리는지 안다. 후자의 경우는 모른다. 기다림은 우리에게 시편 105:4를 생각나게 한다. "여호와와 그의 능력을 구할지어다. 그 얼굴을 항상 구할지어다." 여기 우리는 자신이 무엇을 찾고 있는지 아는 듯하다. 하나님의 얼굴이다. 그러나 자신이 "하나님의 얼굴"을 거의 모르고 있음을 깨달을 때, 그분의 얼굴을 기다림은 그분의 얼굴을 앙망함에 훨씬 가까울 수 있다. 어쨌든 이는, 그런 기다림에서 우리가 무엇을 받든, 선물로 받음을 일깨워 준다. "앙망할 때 우리는 자기가 기다리고 있는 그것에 열려 있다."[45] 그때 우리에게 주어지는 것은 존재 자체, 기독교적 용어로 하면 하나님이다. 이런 사고가 감사(感謝)임을 하이데거는 우리에게 일깨워 준다.[46]

하나님을 받는다는 개념, 그분이 우리를 만나 자신을 선물로 주신다는 개념은, 영적으로 민감한 그리스도인들에게 아주 매력적이다. 모세도 분명 그랬다. 그는 "주의 영광을 내게 보이소서"(출 33:18)라고 하나님께 구하다 못해 거의 요구했다. 하나님은 모세를 바위틈에 덮으신 후 곁으로 지나시며, 그에게 자신의 등만 보이셨다. 하나님의 얼굴은 모세가 보기에 너무 과하기 때문이다. 모세가 구한 것은 차마 주어지지 않는다.

여기서 우리는 잠시 멈추게 된다. 명상적 사고를 하는 자는 "존재 안에 거한다"—이 말을 읽노라면 적기(赤旗)가 올라간다. 물론 우리는 사도 바울이 빈번히 언급한 "그리스도 안에"라는 개념을 떠올린다. 어떤 의미에서 그리스도인—사고하는 사람이든 아니든—은 "존재 안에 거할" 수 있고, 때로 정말 그래 보인다. 그러나 "존재 안에 거함"이 그리스도인에게 줄 수 있는 의미에는 심각한 제약이 있다. 하이데거에게 있어 "존재 안에 거함"이란 인간과 신의 구분이 존재론적으로 붕괴된다는 뜻이다.[47] 그런 "존재 안에 거함"은 가능치도 않을 뿐더러, 그것이 가능하다는 생각 자체가 하나의 유혹이다. 인간이 그런 의미로 "존재 안에 거할" 수 있거나 거했거나 거하고 있다는 개념은, 환상 중의 환상이다.

그래도, 기독교적 의미 차이를 감안하면, 명상적 사고에 대한 하이데거의 묘사는 적절해 보인다. 예컨대, 하이데거는 계속해서 명상적 사고를 해방으로 묘사한다. 사고하는 자는 애착에서 해방되어, 구상적 사고(계산적 사고를 불러일으키는)에 이르고, 그 해방은 다시 존재로 이어져, 그는 그 존재 안에 거하게 된다. 그리고 존재 자체는 "열린 상태" 내지 "열린 자리"이므로, "그런 앎의 지평 너머의 세계"[48]에도 열려 있다. 요컨대 실체에는, 즉 존재에는—하나님 자신의 의미로도 그렇고, 그분의 피조물로서의 "존재"에도 그렇고—그 이상이 있다. 존재란 계산적 사고나 명상적 사고나 둘의 결합—직렬이든 병렬이든—으로 다 알기에는 너무 깊은 신비다.

집중적 사고의 장애물

귀신같은 장애물들이 수없이 일어나, 우리의 생각을 막거나 최선을 다해 생각에 주목하지 못하게 방해한다. 그중 태반은 빤하지만, 야수들을 거명하면 야수들을 죽이는 데까지는 몰라도 울안에 가두어 통제하는 데 도움이 된다.

소음. 우리 사회에 소음은 거의 무소부재하다. 우리 집이, 수목이 울창한 곳에 있고 뒤뜰에는 개천이 흘러 거기 송어가 산다면 얼마나 좋으랴. 그러나 현실은 그렇지 않다. 시카고와 샌프란시스코를 잇는 벌링튼 간선 도로가 집 옆을 관통하고 있다. 다행히 창문을 닫으면 문제는 없다.

대다수의 사무실 상황에서, 고독은 고사하고 침묵도 불가능하다. 그러나 소음 귀신은 반드시 쫓아내야 한다. 그렇다면 어떻게? 떠오르는 방안은 얼마든지 많다. 도서관 특히 대학 도서관으로 피하라. 서글픈 얘기지만, 요즘 대학생들은 기말고사 직전 외에는 도서관을 별로 사용하지 않는다. 그러니 40주 이상은 고스란히 생각하는 자들의 몫이다. 교회의 조용한 방을 찾으라. 오후 한낮에 어느 식당의 구석 자리를 차지하라. 공원에 가 보라. 어떤 공원들은 낮 시간 특히 학교가 파하기 전에는 거의 인적이 없다.

다행히 나는 모든 수목원에서 몇 분 거리에 살고 있다. 발길이 뜸한 산책로들이 있고, 앉을 만한 벤치며 쓰러진 통나무들이 많은, 조용한 숲이다. 번잡한 고속 도로가 그렇게 가깝지 않다면 더 조용하겠지만, 나는 1년 중 8개월은 차 문을 닫고 다녀도 된다. 묘지는 아니지만 충분히 조용하다. 혼자서 앉아 있다가 걷노라면, 신기하게 삶의 의미가 살아난다.

세르티앙즈는 생각하기 안성맞춤인 곳을 보여 준다.

아, 자연의 심장부에서 일할 수 있다면, 창문을 열면 아름다운 경치가 있고 피곤해지면 잠시 푸른 초장에서 쉴 수 있는 곳이라면, 생각이 정체될 때 답답한 기분을 괴롭게 참는 것이 아니라 산들과 늘어선 나무들과 구름들과 지나가는 동물들에게 지혜를 구할 수 있다면—분명히 일의 결실도 두 배로 늘고, 그 내용도 훨씬 매력 있고 훨씬 인간다워지리라.[49]

공상 같은가? 물론이다. 그래도 약간의 상상력을 발휘하고 몇 번의 시행착오를 거치면, 거의 누구나 소음 귀신을 쫓아낼 수 있다. 반드시 쫓아내야 한다.

방해. 여간해서 방해받지 않을 시간대를 애써 확보하라. 전화는 자동 응답기에 맡기라. 누가 계속 방해하거든, 이 시간이 소중하고 신성한 시간임을 잘 이해시키라. 당신이 기도하거나 예배하고 있어도 당신을 방해하겠는지 그들에게 물어보라. 사고란 당신의 지성으로 하나님을 영화롭게 하는 것이다. 사고는 예배다.

배경 음악. 끄라! 이 극단적 처방에 대한 좋은 이유를 도리스 레싱(Doris Lessing)이 들려준다.

알다시피 지금 벌어지고 있는 일은, 모든 사람이 사방에서 음악의 공격을 받고 있고, 젊은이들은 삶의 긴 시절을 쿵쾅쿵쾅 시끄럽게 뇌 속으로 직행하는 음악과 더불어 보낼 수 있다는 것이다. 이제 음악은 사실상 그 영향력이 극에 달했고, 매우 감정적이며, 정부와 기관들은 늘 음악을 사용하여 사람들을 움직여 왔다. 교회도 음악을 아주 효율적으로 사용해 왔다. 각국 정부는 젊은이들을 전쟁터로 보낼 때 음악을 사용한다. 음악 소리에 사기가 충천해져 죽음도 불사하게 되기를 바라면서 말이다. 무당들은 치유나 무아경을 자아낼 목적으로 늘 음악을 사용한다. 사람들은 음악의 힘이 아주 강력함을 알건만, 우리는 그 힘을 전혀 인정하지 않는 것 같다. 책임 맡은 사람들, 교사나 교육가들 중에, 이 음악이 실제로 젊은이에게 해를 입힐 수 있음을 생각해 본 사람이 있는가? 정서 중추 속으로 직행하는 음악 때문에 젊은 세대 전체가 정서 장애를 겪고 있으며, 머잖아 그 장애가 다음 세대로 이어지리라는 것이 내 지론이다.[50]

음악의 종류를 불문하고, 그 하부 주제는 대개 마음을 깊이 움직이거니와, 오직 침묵 속에서만 사고는 무의식적으로라도 거기에 끌려가지 않고 기능할 수 있다.

사교. 물론 우리는 그룹으로 생각할 수 있다. 그러나 많은 조율이 필요하다. 사고란 대부분 사적인 문제다. 당신에게 고독과 침묵이 필요함을 사람들에게 알리라. 어떻게든 고독과 침묵의 시간을 확보하라. 부모는 자녀와, 아내는 남편과, 남편은 아내와, 연인은 연인과 이 문제를 잘 얘기하라.

"사교 생활은 공부에 치명적이다. 지성의 현시(顯示)와 소실(消失)은 사고의 위험한 적이다. 천재를 생각할 때 우리는 외식(外食)하는 사람을 떠올리지 않는다."[51] 도미니크회 사제 세르티앙즈도 외식의 대가는 아니다. 물론 나는 외식하지 않는 사람은 상상할 수 없고, 상대가 천재라면 특히 그렇다. 나도 비단 음식만 아니라 공동체를 누리고자 외식을 즐긴다. 공동체 특히 신앙 공동체는 사고에 중대한 역할을 한다. 그러나 대개는 이차적, 비판적 역할이다. 사람들은 우리의 사고 내용에 설명을 요구하는 것이지, 그들이 그것을 처음 생각해 낸 것은 아니다. 그러나 차분한 공동 사색에 있어, 저녁 식후 찻잔을 마주한 대화보다 더 좋은 시간과 장소가 있을까?

편견과 선입견. 우리 사고하는 자들은, 실제로 틀렸거나 적어도 오도의 소지가 높은 개념들을 철석같이 붙들고 있을 때가 있다. 자신이 근본적으로 틀렸어도, 모종의 도전이 없이는 자신이 틀렸다는 것을 상상조차 못한다. 앞서 논한 것처럼, 여기에 맞서는 한 가지 방법은 수평적 사고다.

또 다른 방법은 자신이 철석같이 붙들고 있는 것에 일부러 반론을 펴 보는 것이다. 자신이 틀렸음을 스스로 입증하려 해 보라. 그저 명쾌한 정리나 소신의 심사숙고를 위해서라도 좋다. 그 반론에 당신은 얼마나 잘 맞설 수 있나? 쉽사리 맞설 수 없다면, 어쩌면 사고를 수정할 필요가 있을지도 모른다. "어쩌면"이라고 말하는 이유는, 대개 사고의 수정을 고려할 때는—특히 근본적 개념들과 관련하여—매번 그만큼 신중을 기할 가치가 있기 때문이다.

거부. 당신의 사고 내용이 거부당할 가능성이 분명히 있다. 당신 자신도 거부당할 수 있다. 대가를 계산해야 한다. 사고하는 삶을 살면, 친구가 줄어들 수 있다. 하지만 대개 반대급부도 있어 새 친구들도 얻게 된다. 그래도 희생이 필요할 수 있다. 세르티앙즈는 이렇게 말한다.

세상이 당신을 좋아하지 않으면, 당신에게 복수를 가한다. 어쩌다 당신을 좋아해도, 세상은 역시 복수를 가하여 당신을 타락시킨다. 당신의 유일한 자원은 세상을 섬길 각오를 품은 것만큼이나, 세상의 판단에 초연한 채 세상과 격하여 일하는 것이다. 어쩌면 가장 좋은 것은, 당신이 세상에 거부당하여 어쩔 수 없이 홀로 서고, 내적으로 성장하고, 근신하며, 깊어지는 것이다. 이런 유익들은 상당하여, 이를 통하여 우리는 이기심을 벗어나 한 가지 꼭 필요한 것에 관심을 집중하게 된다.[52]

피곤. 잠을 충분히 자라. 잠이 부족하거든 생각이 잘되기를 기대하지 말라. 물론 커피나 음료수도 준비할 수 있지만, 수면 부족을 커피나 음료수로 이기려 하지 말라. 운동은 맑은 사고의 좋은 자극제다. 골프가 아니라―18홀이나 다만 9홀이라도―30분간 힘차게 걸으면 효과 만점일 수 있다.

불안. 이것은 힘든 장애물이다. 우리의 생각 중에는 깊은 실존적 문제들도 있다. 생각에 압박이 따를 수밖에 없다. 취직과 직결된 문제라면 특히 그렇다. 뾰족한 수가 별로 없다. 다만 모든 안전한 조치(특수 완화제 약물은 안 된다)와 가능한 조치(자기 본연의 책임을 놓아서는 안 된다)로 압박을 줄여야 한다.

물론 예수께서 가장 잘 말씀하셨다. "내일 일을 위하여 염려하지 말라. 내일 일은 내일이 염려할 것이요 한 날의 괴로움은 그 날로 족하니라"(마 6:34).

창의적 사고에 가장 좋은 분위기는 기대에 찬 긴장이다. 우리는 모른다. 그래서 알기 원한다. 어떻게 알 것인지 제법 감이 잡힌다. 그래서 시도에 나선다. 갈망은 흥분을 불러일으킨다.

요령: 정신적 기계에 치는 기름

내게 지성의 지속적 활동에 도움이 되었던 몇 가지 요령―정신적 기계에 치는 기름―으로 본 장을 마치려 한다.

공책. 작은 것 같지만 중요하다. 생각은 왔다가 가버린다. 날아가는 생각을 잡아야 할 때도 있다. 세르티앙즈는 말했다.

> 잠 못 이루는 몇 분 동안, 어쩌면 1초 동안, 희미한 빛이 번득 비쳐 들 때가 아주 많다. 그 번득이는 빛을 붙들어야 한다. 긴장이 풀린 두뇌에 그 빛을 맡긴다는 것은 물 위에 새기는 글과 같다. 아침이면 간밤의 일이 흔적조차 없이 깨끗이 사라지기 십상이다.[53]

파스칼도 똑같이 증언했다. "생각을 주는 것도 우연, 생각을 가져가는 것도 우연이다. 생각을 얻거나 보존할 기술이란 없다. 생각은 달아난다. 그래서 나는 쓰고 싶다. 써 두지 않으면 벌써 달아나고 없다."[54]

정말, 어떤 생각은 날아가다 잡힐 수도 있다. 세르티앙즈의 조언이 정곡을 찌른다.

공책이나 메모지 상자를 늘 곁에 두라. 완전히 깨지 말고, 가능하면 불도 켤 것 없이, 종이에 써 놓고 다시 자면 된다. 그렇게 생각을 머릿속에서 털어 내는 것이, 잠에 방해가 되기보다 오히려 도움이 될 수 있다. 기억해야지, 꼭 기억해야지, 하고 되뇌다 보면 그 결심이, 차라리 얼른 메모하는 쪽보다 오히려 숙면을 더 방해하기 쉽다. 잠이란 의지의 긴장을 푸는 것임을 잊지 말라.[55]

어둠 속에서 생각을 확 잡는다. 생각은 흔히 희한한 시간에 온다. 내 경우 가장 생산적인 사고 시간은 새벽이다. 여담이지만 본서의 기본 개념은 면도 중에 떠올랐다. 그것은 1장 첫 문단의 내용으로 내 의식에 처음 떠올랐다. 둘째 문단은 아내와 함께 IVP 우리 사무실로 차를 타고 가던 중에 자리했다.

잠들고 깨는 것은 분명 두뇌에 특별한 시간이다. 생각과 영상과 이야기가 표면에 떠오르고, 사고에 의식이 생긴다. 흥미롭고 종종 참신한 통찰이 생겨난다. 그 순간의 통찰을 잡으라. 종이를 준비해 두라.

결심. 이는 나도 한번도 사용해 보지 않은 요령이다. 하지만 세르티양즈의 말은 아주 많은 부분에서 옳다. 그래서 나는 「지성의 삶」의 마지막 두 문단을 옮김으로 본 장을 마무리하려 한다.

값을 치르기로 결심했으면, 그 굳은 결의를 당신의 마음 판에 새기라. 이미 하지 않았다면 오늘 그리하라. 또한 권하노니, 종이에도 읽기 쉽게 써서 잘 보이는 곳에 붙여 두라. 일하려고 앉을 때나 기도 후에 그 메모를 보며, 날마다 각오를 새롭게 다지는 것이다. 당신에게—지금 현재의 당신에게—가장 덜 자연스럽고 가장 요긴한 것을, 특히 더 신경 써서 적어 두라. 필요하다면 그 문구를 큰소리로 되풀이하라. 자신의 말을 자신에게 보다 명시적으로 들려주는 것이다. 그리고는 확신에 찬 소리로 이렇게 덧붙여 반복하라. "이렇게 하면 너는 열매를 맺고 네가 바라는 바를 얻을 것이다. 아듀."[56]

지식건축법

○ 고독을 구하되 단지 고독이 좋아서 구한다면, 당신은 세상과 그 이기심에서 결코 벗어나지 못할 것이다. 정말로 당신을 홀로 있게 해 주는 내적 자유를 결코 얻지 못할 것이다.
토머스 머튼_「명상의 씨」

○ 우리는 하나님의 임재를 무시할지 모르나 어디로도 피할 수 없다. 세상은 그분으로 충만하다. 그분은 신분을 감추시고 어디에나 다니신다. 그 감추어진 신분을 간파하기가 늘 어려운 것만은 아니다. 정말 애쓸 일은, 기억하고 주목하는 것이다. 사실, 깨어나는 것이다. 그보다 더, 늘 깨어 있는 것이다.
C. S. 루이스_「말콤에게 보낸 편지」

○ 욕망과 염려와 관심사—시간과 세상 속의 실존에 수반되는—에서 빠져나오려고 의식적으로 노력하지 않는 한, 결코 내적 고독을 얻을 수 없다.
토머스 머튼_「명상의 씨」

○ 지성인은 늘 생각할 준비가 되어 있어야 한다. 즉, 우주가 내게 전해 주는 진리를, 이런저런 전환점마다 나를 위해 섭리되고 예비된 진리를, 받아들일 준비가 되어 있어야 한다.　　　　　A. G. 세르티앙즈_「지성의 삶」

○ 활동하는 지성은 끊임없이 진리의 일부를 찾는다. 그 순간 지성에게 있어 그 일부는, 자기가 섬기기로 약속한 진리 전체를 대변한다. 지성은, 입술에서 "왜"라는 질문이 떨어지지 않는 어린아이 같다.
　　　　　　　　　　　　　　　　　　　　　A. G. 세르티앙즈_「지성의 삶」

○ 내가 이해하는 철학적 추구란, 인간 사고의 중핵에 집중된 실존적 체험, 사람의 가장 깊은 내면생활의 자발적이고 절박하고 피할 수 없는 동요(動搖)다.　　　　　　　　　　　　　　조세프 피퍼_「철학의 변호」

8 독서를 통한 사고

아우구스티누스는 자신의 방탕한 생활을 끝낼 수 있을지 감정적으로 고민하던 중에, 친구 알리피우스와 함께 사도들의 글을 읽고 있었다. 그러다 그는 저만치 무화과나무 밑에 혼자 드러누웠다. "갑자기 옆집에서 목소리가 들려왔다. 잘은 모르겠지만 소년이나 소녀의 목소리 같았는데, 계속해서 '집어 들어 읽으라, 집어 들어 읽으라'고 노래하고 있었다."[1] 그리하여 아우구스티누스가 로마서 13:13-14를 읽을 때, 갑자기 극적인 일이 일어나 그의 삶을 송두리째 바꿔 놓았다. "더 이상 읽고 싶은 마음도 없었고, 그럴 필요도 없었다. 그 구절이 끝나는 순간 확신의 빛이 내 마음에 흘러들면서, 회의의 어두운 그림자가 깨끗이 사라졌다."[2]

아우구스티누스의 회심—기독교 신앙을 진리로 믿기만 하던 그가 믿음대로 살려는 마음을 품게 된 변화—으로 역사가 바뀌었다. 이 위대한 성인이요 교회 교부가 없었다면 서구 세계의 미래가 어떻게 되었을지 상상하기 어렵다.

물론 모든 독서가 그렇지는 않다. 아우구스티누스에게도 그런 일은 딱

한 번뿐이었다. 그러나 사고를 주도하는 독서에는 우리 삶을 변화시키는 막강한 위력이 있을 수 있다. 독서를 통한 사고는 두 가지 방향으로 작용한다. 첫째 방향에서는 독서가 사고를 주도하고, 둘째 방향에서는 사고가 독서를 주도한다.[3]

사고를 주도하는 독서

일차적 작용으로, 독서가 사고를 주도한다. 우리는, 본문과 거기서 생겨나는 일차적 의미에 생각을 내주면서, 독서를 시작한다. 위대한 작품의 본문이 사고를 온전히 끌어들이면, 독자가 그 읽는 내용에 완전히 빠져들면, 본문의 세계가 곧 독자의 세계가 된다.

시간 감각이 모두 사라진다. 독자의 사고는 저자의 사고와 하나가 되는 것이 아니라—저자는 본문을 출가(出家)시킨 지 이미 오래이므로—본문의 사고와 하나가 된다.[4] 적어도 느낌상으로는 그렇다. 작품으로 인해 촉발된 감정 외에 다른 감정은 독자에게 더 이상 없기 때문이다. 물론, 독자의 상상력은 살아 있다. 물론, 상상 내용도 독자마다 다르다(아니, 우리로서는 상상 내용을 증명할 방도가 없으니, 다르다고 가정할 뿐이다. 우리는 각자의 사고 내용에 서로 접근할 수 없기 때문이다). 물론, 이 사고가 현재 깨닫는 내용은 그야말로 현재의 깨달음일 뿐이다. 우리는 본문 안에 살고 있다. 이는, 독서하지 않을 때의 평범한 경험의 세계와는 구별되는 세계다.

제인 오스틴의 「노생거 사원」, 존 르 카레의 「추운 나라에서 돌아온 스파이」, 아가사 크리스티의 「맥길리커디 여사가 목격한 것」 등을 좋아한다고 말할 때, 사람들은 자신의 사고의 물살을 벗어나 타인의 사고의 물살에 실리게 된, 사적인 경험을 말하고 있는 것이다. 대부분의 깨어 있는 시간과 달리, 명작 소설을 읽을 때 그들은, 일정한 사고의 흐름—몰입과 즐거움, 기대와 성취, 호기심과 실현, 본문의 시작부터 끝까지 그들을 이끌어가는 일련의 감정들—에 붙들린다. 비평가들의 말마따나 다음 페이지를 넘기지 않고는 배길 수 없는 책들도 있다.

「선과 모터싸이클 관리술」(Zen and the Art of Motorcycle Maintenance, 문학과 지성사)의 도입 문단들을 생각해 보라. 로버트 피어시그(Robert Pirsig)의 그림처럼 생생한 묘사를 읽노라면 어느새 나도 내레이터와 그 어린 아들과 함께 오토바이에 올라타 있다. 달리고 있는 내게 파란 도로변 울타리에서 붉은어깨검정새들이 포르르 날아오르는 모습이 보인다. 윌리엄 리스트 히트 문은 미네소타 주에 사방으로 난 지방 도로를 파란 도로라 부른다.

물론 내 심상의 일부는, 어릴 적 시골 교사(校舍)까지 4킬로미터를 걸어 다니던 나 자신의 경험과 맞물린다. 폭우가 내린 뒤에는 차가 제대로 다닐 수 없던 텅 빈 자갈길 덤불에서 붉은어깨검정새들이 무수히 날아오른다. 까맣게 작은 떼를 이룬 새들의 날갯짓이 환하게 쏟아지는 붉은 햇살을 받아 생명을 입는다. 까마귀들은 소리가 크다. 그 특유의 까악…(침묵)…까악 하는 소리를 초원 어디서나 들을 수 있다. 붉은어깨검정새들의 지저귐 소리는 내 기억에 별로 없다. 그러나 한순간 퍼덕이던 그들의 날갯짓만은 늘 반복되는 경험처럼 내 기억에 생생히 남아 있다.

독서는 사고를 주도하지만, 사고가 자신의 지난 추억들과 저절로 얽혀 드는 것까지 막지는 못한다. 알베르토 망구엘(Alberto Manguel)은 "우리가 읽는 본문은 문자적인 뜻과 문학적 의미를 넘어서서 자신의 경험의 투사(投射), 말하자면 자기 모습의 새도를 획득한다"[5]고 지적했다. 즉 나는 내 정신적 새도를 본문에 투사하고, 그러면 본문 자체는 더 희미해지는 것이 아니라 더 밝아진다. 데이비드 라일 제프리는 성 아우구스티누스의 글을 고찰하는 대목에서 이렇게 말했다. "글쓰기와 같이 독서도, 공시적으로나 통시적으로나, 문맥화가 불가피한 활동이다. 우리는 지금 읽는다. 다른 사람들은 전에 읽었다. 우리가 읽는 모든 본문은 과거의—비교적 최근의 과거일지라도—산물이다."[6)

그러므로 내 사고는 피어시그의 소설 세계에 사로잡혀 있는 동안 또한 깊은 추억의 샘에서 물을 마시고 있다. 그러나 추억은 살아나자마자 배경 속으로 물러난다. 다음 문장을 읽는 순간 나는 다시 내레이터와 그 아들과 함께 오토바이를 타고 미네소타, 사우스다코타, 몬태나 주를 시간 가는 줄 모르고 끝없이 달린다. 지평에 이는 먹구름은 다시 나 자신의 추억들로 나를 뒤덮는다. 평원에 폭풍이 몰아치던 추억, 서쪽 지평에서 갑자기 세 개의 뇌운이 일어나 말을 타고 달리던 나를 마치 성부, 성자, 성령처럼 쫓아오던 추억이다. 계속 그런 식이다. 커트 보네거트(Kurt Vonnegut)의 말처럼 말이다. 독서란, 본문 속 화자의 사고로, 그리고 그와 나란히 내 사고로, 상상하는 것이다. 나는 그의 것이고 그는 나의 것이다.

여기 문제가 있다. 독서가 사고를 주도할 때, 우리의 사고는 타인의 사고에 흡수된다. 많은 사람이 당연히 이를 위험하게 보았다. 검열 제도란 순진한 독자들의 사고가 조종당할 것이라는 우려, 엉뚱한 책들을 읽는 것이 우리의 지적, 종교적, 영적 건강—또는 집권 여당의 정치적 건강!—에 위험하다는 우려에서 나온 것이다. 남부의 노예들은 대체로 글을 깨치는 것이 금지되었다. 중세 교회에는 금서 목록이 작성되어 몇 년에 한 번씩 개정되었다.[7) 그 최종판이 1948년에 나왔으나 1966년 이후로는 인쇄가 중단되었다.[8] 우려하는 부모들이 학교와 공공 도서관에서 소위 해로운 책들(「호밀밭의 파수꾼」이나 「허클베리 핀」 같은)을 없애려 한 시도들―대개는 수포로 돌아갔지만―이 수없이 많았다. 그러나 도발적인 책들을 없애거나 심지어 서재에 자물쇠를 채워도 별 소용없다. 버지니아 울프는 "원한다면 당신의 서재를 잠가 두라. 그러나 당신이 내 생각의 자유에 달 수 있는 문이나 자물쇠나 빗장은 없다"[9]고 썼다.

그러나 검열 제도를 낳은 근본 발상은 옳았다. 책은 위험하다. 최고의 책들은 사상과 관점과 도덕적 소신 따위의 강력한 전달 매체인 까닭이다. 책을 위험하게 하는 것은, 책의 가치관과 그런 전달 능력이다. 세르티앙즈는 대개 확실한 길잡이지만, 이 부분에서는 흔들리는 모습을 보인다.

당신이 주로 잘라 내야 하는 것은, 실속과 진지함이 떨어지는 부류의 독서다. 소설이 사고에 독소가 된다는 데는 의문의 여지가 없다. 좋아한다면 가끔 한 권씩, 문학의 멋을 놓치지 않으려고 레크리에이션 정도로 읽을 수 있겠지만, 그마저도 양보다. 대다수 소설은 사고를 새롭게 해 주는 것이 아니라 오히려 망쳐 놓는다. 생각을 방해하고 혼란에 빠뜨린다.[10]

스벤 버커츠(Sven Birkerts)는 책의 침투성을 그보다 훨씬 깊이 이렇게 포착했다. 최고의 책들은 "멀리서 사로잡는다"고 그는 말한다.

몰입할 수밖에 없는 책에는 대개 멀리서 사로잡는 위력이 있다. 자꾸만 내 생각이 책의 등장인물들과 이야기로 돌아간다는 뜻이 아니라―물론 그것도 늘 있는 일이지만―뭔가에 홀린 기분이 든다는 뜻이다. 진짜 뭔가에 "홀릴" 때 "피안(彼岸)"의 영들의 존재가 느껴지듯이, 때로 나는 책의 생명이 별안간 나를 침입하는 것을 느낀다. 순간이나마 그 생명이 내 생명인 냥 벽이 허물어진다. 물론 일부 책들의 경우지만, 일단 그런 일이 벌어지면 이는 선물처럼, 거저 주어진 자아의 초월처럼 느껴진다. 어떻게 설명해야 할지 잘 모르겠다. 수동적으로 읽고 있던 나의 상념들과 잠재된 자아를, 어떤 연상의 촉발로 말미암아 갑자기 전면(前面)으로 분로(分路)해 내는, 일종의 인지적 "단락(短絡)"이라 할까. 아니면 감정 중추를 장악할 정도로 책의 일부를 생생히 살려 내는, 어떤 언어적 연금술의 산물이라 할까.[11]

이렇듯 책은 과연 위험하다. 하지만 하나님의 각양 좋은 선물도 다 마찬가지다. 책은 그분의 가장 큰 선물 중 하나다. 특히 더한 책이 하나 있다.
두려움 없이 우리의 생명 자체를 내맡겨야 할 그 책은, 바로 성경이다. 이 책을 강조하고 이 책을 깊고 넓게 읽을 것을 독려하는 일은 기독교 전통의 커다란 공헌 중 하나다. 사고를 주도해야 할 독서가 있다면 바로 성경 읽기다.

렉치오 디비나

사고가 주도하는 독서의 한 형태인 렉치오 디비나가 옛날부터 있었는데도, 나는 이를 불과 몇 년 전에야 알았다. 성경 읽기에 이토록 중요한 것을 내가 여태 몰랐다는 사실은 부끄럽지만 대단히 신기한 일은 아니다. 내가 개신교인으로 자랐고, 일반 대학에서 문학 비평을, IVF에서 성경 공부를 배웠다는 사실로 대부분 설명된다. 개신교와 IVF의 유산은 이해를 높여 주는 독서법은 충분히 강조하지만, 거의 전적으로 이성적이고 실용적이다. 어떤 본문에 대해서든 던지는 기본 질문은 세 가지다. (1)본문이 말하는 바는 무엇인가? (2)본문이 의미하는 바는 무엇인가? (우선 저자가 본래 의도한 독자들이나 듣는 자들에게 말하려 한 본래의 의미를 묻는 질문이다.) (3)본문이 내 삶에 주는 의미는 무엇인가? (즉, 하나님은 내가 여기서 무엇을 배우고 적용하기를 원하시나?)[12]

물론 이런 방식을 엄격히 적용하면(나는 그렇게 하라고 배웠다), 한낱 지식적 반응 이상의 결과를 낳을 때가 많다. 성경을 읽고, 깊이까지는 몰라도 그 기본을 이해하고, 내 삶에 주는 의미에 순종했을 때, 종종 그 결과는 내 죄에 대한 슬픔, 회개, 하나님의 용서에 대한 감사 기도, 하나님과 피조 세계에 대한 감탄과 외경, 개인적 예배와 및 공예배였다. 이런 전반적인 틀에 따라 성경을 읽자 생동감도 생기고 삶에 변화도 나타났다. 이런 성경 읽기 방식을 배우게 해 주신 하나님께 나는 감사드린다. 게다가 나는 가끔씩 자신도 모르게 렉치오 디비나를 하기도 했다. 하나님 말씀을 주의 깊게 읽으면 말씀 자체가 독자에게 역사한다. 그러나 중세기에 개발된 독서 형태인 렉치오 디비나는, 말씀이 역사하는 방식들에 주목하며, 독자들이 정말 하나님의 음성을 들을 가능성을 높여 준다. 강의와 편집을 쉬던 안식년 중에 나는 렉치오 디비나를 배웠는데, 처음에는 직접 하면서 배우다가 나중에 거기에 관한 글들을 읽게 되었다.

그렇다면 렉치오 디비나란 무엇인가? 그리고 이런 독서가 어떻게 사고를 주도하나? 현재 내가 알고 있는 렉치오 디비나는, 어떤 기술이 아니라 특정 행동들이 일어나는 분위기 내지 환경이다. 마이클 케이시가 「거룩한 독서」(*Sacred Reading*)라는 탁월한 책에 말한 것처럼 "성경 읽기란 자체적 프로그래밍이나 모든 세뇌의 반대다. 이는 하나님께, 우리의 마음과 사고와 양심에 말씀하실 기회를 드리는 것이다."[13]

지금부터 렉치오 디비나의 요소들을 하나씩 나누어 살펴보겠지만, 그 요소를 꼭 순차적인 개념으로 볼 필요는 없다. 유진 피터슨은 이 요소들을 "임의의 순서로 계속 재현, 반복되는 순간들"[14]이라 했다. 우선 중세기와 수도원의 정황과 별도로, 내가 이해한 렉치오 디비나부터 살펴본 다음, 중세기 정황과 관련된 측면들은 그 뒤에 살펴볼 것이다.

준비. 첫째, 한 달 이상의 장기간에 걸친 독서 계획을 세운다. 읽기에 더 좋고 나쁜 성경 본문은 없다. 그렇다고 아무데나 골라서는 안 된다. 성경의 어느 한 책을 통독하는 것은 질서 있는 독서의 한 가지 좋은 방법이다. 또 다른 방법은 루벤 잡(Rueben P. Job)과 노만 샤우척(Norman Shawchuck)의 「목사들과 봉사자들을 위한 기도 지침서」(A Guide to Prayer for Minister and Other Servants) 같은 안내서에 제시된 대로 읽는 것이다. 내 영적 멘토가 최근에 안식년을 시작하는 내게 준 이 책은, 매주 정해진 시편 한 편을 일주일 동안 날마다 읽도록 되어 있다.[15] 그러니까 독자들은 1년간 모두 52편의 시를 접하면서 각각의 시와 깊은 교감을 이루게 된다. 그런 깊은 교감이 렉치오 디비나의 열쇠다.

둘째, 매번 혼자 조용히 있을 수 있는 장소를 꼭 찾아야 한다. 다행히 우리 집에는 혼자 있기가 가능한 방이 있다. 그래도 내게는 집에서 차로 10분 거리인 모튼 수목원이 침묵과 주목에 더 도움이 된다. 날씨가 춥거나 궂을 때는 자동차 안이 내 기도실이 되기도 한다.

셋째, 바른 마음가짐으로 독서에 임하는 것이 중요하다. 기도는 말씀을 읽는 동안 우리를 만나 주시도록, 하나님께 말로 아뢰는 구체적인 요청이다. 기도가 엄수 사항은 아니지만, 수용적인 사고 방식을 갖추는 데 큰 도움이 된다. 이런 수용적 자세는 독서를 하는 동안 더 깊어진다. 최고의 표현이 따로 있는 것은 아니나 좁과 쇼첵이 제안한 기도는 이렇다.

주님, 주님께서는 주님의 얼굴을 구하는 자들을 만나 주시겠다고 약속하셨습니다. 제가 주님 앞에 있사오니 지금 오셔서 제게 주님의 임재를 알리소서. 나의 주 예수 그리스도의 이름으로 기도합니다. 아멘.[16]

이는 우리의 성경 읽기가 그저 지적인 정보를 위한 것이 아니라 하나님과의 만남을 위한 것임을 인정하는 기도다. 마이클 케이시가 그것을 잘 표현했다.

렉치오 디비나를 통해 우리가 하는 일은 무엇인가? 하나님을 구하는 것이다. 하나님의 음성을 듣고 하나님의 뜻을 행하기를 소원하는 것이다. 다만 우리는 탐색 모드로 움직인다. 우리는 아직 바라는 목표에 도달하지 못했다. 그러므로 우리의 독서는 근본적으로 하나님을 향한 우리의 갈망의 표출이다.[17]

마음과 사고의 주파수가 듣는 데 맞춰져 있으면, 우리는 시작할 준비가 된 것이다.

주의 깊게 소리 내어 읽는다. 우선 성경 자체를 단순히, 차분히, 주의 깊게 읽는다. 베네딕트회 수사들의 관행을 따라 우리도 본문을 소리 내어 읽는다.

설령 혼자 있더라도, 하나님 말씀을 입으로 발음해 보면, 말씀과 그 저자이신 성령의 임재가 더 잘 느껴진다. 물론 느낌만이 아니다. 성령은 언제나 임재하신다. 우리가 그분께 부재할 뿐이다. 낭독은 이미 존재하는 실체를 실감하는 데 도움이 된다. 장 르클레르크(Jean LeClercq)는 이렇게 말했다.

[렉치오 디비나의 결과는] 단어의 발음을 통한 힘줄의 기억, 단어의 청취를 통한 청각의 기억이다. 명상이란 이 행위에 주의력을 쏟아 전체를 암기하는 것이다. 그래서 명상은 독서와 불가분의 관계다. 말하자면 명상은 신성한 본문을 몸과 영혼 안에 새기는 것이다.…명상이란 낭독하는 문장에 바짝 다가서서, 모든 단어를 저울질하여, 어의(語義)의 깊이를 속속들이 재는 것이다.[18]

중세기 수사들은 다른 사람들이 있을 때도 소리 내어 읽었다.[19] 예컨대 "고즈의 존(John of Gorze)이 입술을 달싹이며 웅얼웅얼 시편을 읽는 소리는 꼭 벌이 윙윙대는 소리 같았다고 한다."[20] 혼자 있을 때면 우리는, 입술을 윙윙대는 정도가 아니라, 공중 앞에서 낭독할 때와 같은 의미와 힘으로 단어를 발성해야 하지 않을까. 그럴 때 우리도 "책장의 음성"[21]을 듣게 된다.

공공 형태의 렉치오 디비나가 지금도 베네딕트회 수도원들에서 정말 시행되고 있다. 그중에 어떤 수도원들에서는, 식사 때마다 수사들이 말없이 먹는 동안 한 사람이 소리 내어 읽는다. 그렇게 하면 시편 전체를 3-4주에 한 번씩 읽게 된다. 또 어떤 수도원들에서는, 일과 중에 시편을 읽고 노래한다. 식사 중에는 영적 고전이나 일반 서적도 읽는다.

주의 깊게 다시 묵독한다. 재독(再讀)은 모든 좋은 독서에 꼭 필요한 요소지만 렉치오 디비나에는 특히 그렇다. "하나님의 말씀은 살아 있고 활력이 있어"(히 4:12). 우리가 주의 깊은 독서를 통해 말씀에 노출되면, 말씀은 우리의 생각을 꿰뚫고 우리 마음과 의지의 자리에까지 가닿는다. 독서 자체가 우리를 변화시키는 것이 아니라 하나님이 독서를 통하여 우리를 변화시키신다. 이는 나의 간증이요 성경을 읽고 하나님을 만난 모든 사람의 간증이다.

무엇보다 재독이란 몇 번이고 다시 읽는다는 뜻이다. 이런 반복을 통해 해석의 환경까지 조성된다. 해석이란 문자적 의미―본문이나, 실은 본문의 저자가 의도한 본래의 의미―에 신중히 주목하는 것이다. 유진 피터슨은 "해석은 현학적 태도와 거리가 멀다. 해석은 사랑의 행위다"[22]고 말했다. 본서를 여기까지 읽을 수 있었던 사람이라면 누구나, 내가 IVF에서 배웠던 모든 독서 도구들을 해석에 기용해야 한다. 나아가 성경을 학문적으로 배운 사람들은 그 분야의 보다 전문적인 도구들도 모두 사용해야 한다.

나의 성경 읽기에 빠져 있었던 것은 재독이었다. 내 영적 멘토는 내게, 날마다 경건의 시간을 갖되 좁과 쇼첵의 지침대로 할 것을 권했다. 그러나 그 책에는 읽어야 할 성경 본문도 너무 적었고, 병행하여 읽을 만한 옛 위대한 성인들의 글도 너무 적었다. 내가 헌신한 경건의 시간은 1시간인데, 대개 30분이면 그 책에서 하라는 대로 다 할 수 있었다.[23] 평소 나는 책을 빨리 읽는 편은 아니지만, 그래도 멘토의 지시대로 속도를 늦추어 혼자 조용히 있을 여유, 본문이나 내가 앉아 있는 숲이나 서재에 깨어 주목할 만한 여유를 내야 했다. 나는 속도를 늦추고 아무 일이나 벌어지도록 잠자코 있었는데, 확신컨대 바로 그 행동을 통하여 하나님은 내가 오래 전부터 바라던 변화들을 이루셨다. 즉 인내심과 열린 마음이 싹텄고, 읽은 대로 순종하려는 의지도 회복되거나 아예 새로 생겼고, 머리와 가슴에 의욕도 되살아났던 것이다.

그 시간 동안, 나는 IVP 성경 공부의 전형적인 질문들을 일부러 사용하지 않았다. 그냥 말씀의 역사에 맡겼다. 이 시간은 본문에 대한 단순한 주목, 영적인 책들의 발췌문 읽기, 기도로 이루어졌다. 그 이상은 없었다. 주의력 있는 독서의 보다 지적인 면들—내 성경 공부에서 해석에 해당되는—은 그날 중 다른 시간의 몫으로 남겨 두었다.

그러나 해석에 집중하는 시간이 되어도, 우리는 해석을 렉치오 디비나와 분리시켜 생각해서는 안 된다. 고든 피(Gordon Fee)가 강조하여 말한 것처럼 "따라서 해석의 목표는 우리의 삶과 다른 사람들의 삶에 참된 영성을 불러일으키는 것이다. 그 안에서 하나님의 사람들은 영원히 살아 계신 하나님과의 교제 가운데 살며, 그리하여 세상을 향한 하나님 자신의 목표에 합당하게 살아간다."[24]

본문의 세계로 들어간다. 이는 유진 피터슨이 묵상을 설명한 문구다. 주의력 있게 읽으면서 본문을 공부하고 흡수하는 사이, 우리는 그 말씀 속으로 들어갈 수 있다. 우리의 관심이 그냥 "학문적"—추상적, 비인격적—이해에만 있다면, 그것밖에 얻지 못할 수 있다. 그러나 그것은 렉치오 디비나 식의 해석은 아니다. 피터슨의 말마따나 "이 본문은 하나님—창조하시는 하나님, 구원하시는 하나님, 축복하시는 하나님—을 계시하고 있다."[25] 우리는 본문 속에서 하나님의 음성을 듣고자 본문에 우리 자신을 연다. 우선은 본래의 듣는 자들에게 말씀하시는 하나님의 음성을 듣고, 다음으로 우리에게 주시는 말씀을 듣는다.

묵상이란 본문에 공감하기 위해 기도하는 마음으로 상상력을 동원하는 것이다.…묵상은 침입이 아니라 되새김이다. 전체 계시의 이미지들과 이야기들이 우리의 이해를 뚫고 들어오게 하는 것이다. 묵상으로 우리는 이야기 속의 모든 사

람과 편안하게 대화하며, 모세와 엘리야와 예수께서 함께 대화하던 자리로 들어간다.[26]

본문 말씀 속으로 들어가 우리에게 주시는 하나님의 음성을 들으면, 자연히 우리도 반응으로 드릴 말씀이 많아진다. 그러나 우리의 첫 반응은 아마도 놀람과 외경, 밝아 오는 깨달음, 전에 못 보던 것을 보는 것, 하나님이 정말 임재하시는 것처럼―물론 그분은 임재하신다―그분의 음성을 듣는 것이다. 이제 기도는 "녹색 관(管)으로 꽃을 움직이는 힘"[27]만큼이나 자연스럽게 나온다.

기도. 과연 기도는 렉치오 디비나의 주요소다. 사실 케이시는 렉치오 디비나 자체를 "기도의 기법이요 삶의 길잡이"[28]라 불렀다. 기도로 우리는 주의 말씀에 "응답"한다. 우리의 솔직한 반응이 담겨 있다면, 어떤 말이든 상관없다. 무턱대고 찬양의 말부터 쏟아 낼 필요는 없다. 다른 내용도 머릿속에 얼마든지 많을 수 있다. 하나님의 말씀은 우리를 찔러 옛사람과 새사람을 갈라내는 "좌우에 날선 검"이다. 좌절과 분노의 말이 종종 최선의 말이다. 가장 진실한 반응이기 때문이다.

여기서 시편이 가장 좋은 길잡이가 된다. 시편은 이스라엘이―선지자들과 왕들과 백성이―자신들의 렉치오 디비나에, 즉 거룩하신 하나님에 대한 체험에, 응답한 말들이다. 시와 기도와 예배의 감격으로 이루어진 이 영광스런 시집에는, 내 생각에, 없는 감정이 없는 것 같다. 주의력 있게 읽으라. 내용을 이해하고 그대로 기도하라.

기도란 편하지만 답답한 자아의 세계에서 나와, 자기를 부인하되 널찍한 하나님

의 세계로 들어가는 길이다. 자아를 버려 충만한 영혼이 되는 것이다.[29]

일상의 세계로 다시 들어간다. 기도할 때 우리는 이미 일상의 세계로 다시 와 있다. 결국 실재하는 유일한 세계인 그 세계에, 지금까지 하나님 말씀의 세계가 빛을 비춰 주었다. 기도는, 우리가 매번 하나님 말씀을 묵상하고 일상의 세계로 돌아올 때마다, 그 건너는 다리를 놓아 준다.

렉치오 디비나의 증거는 사실 여기서 나타난다. 우리가 정말 성경 말씀 속에 살다 왔느냐 여부는 우리가 일상의 세계를 어떻게 살아가느냐로 나타나기 때문이다. 들음은 행함을 요구한다. 5장에서 본 것처럼, 존재란 우리의 지식이 행위로, 믿음이 순종으로, 이론이 실천으로 구현된 상태다. 피터슨의 말처럼 "우리 대부분의 경우, 자신이 꿈꾸던 세계를 버리고 은혜와 자비, 희생과 사랑, 자유와 기쁨의 세계를 얻으려면 여러 해가 걸린다."[30] 다행히 우리 중 태반의 삶에는 아직 여러 해가 남아 있다. 우리에게 남아 있는 해가 얼마이든 렉치오 디비나의 삶이 되기를 바란다!

렉치오 디비나의 중세기 정황

지금까지 말한 렉치오 디비나는 역사와 정확히 맞아 들지 않는다. 내가 렉치오 디비나의 한 부분으로 포함시킨 학문적 해석이, 중세기에는 렉치오 디비나와 별개일 뿐 아니라 오히려 상반되는 것으로 간주되었다. 사실, 렉치오 디비나의 가장 강력한 지지자들은 대개, 내가 본서에 시종일관 권해 온 지성 활동 전체를 거부한다.[31]

중세기 수도원 제도에 대한 탁월한 연구에서, 장 르클레르크는 수도사

하부 문화와 학자 하부 문화를 대조했다. 전자는 내면적 영성, 기도, 격리된 공동체 내에서의 하나님의 임재 추구를 강조했다. 후자는 학문적 연구, 논쟁, 성경 해석의 보조 도구로서 일반 문학과 철학의 습득 및 활용, 기독교 신학과 진리 전반의 추구를 강조했다. 대조되는 면들을 대략 정리하면 다음과 같다.[32]

수도사	학자
수도원	학교
신성한 독서	논쟁, 이의 제기
영성	학습
내면	외면
명상적	행동적
사랑	지식
거룩	토론
성경	철학
체험	생각
경배	사유

양쪽의 교사들도 다음과 같이 대비될 수 있다.

수도사	학자
성 베네딕트	아벨라르드
성 클레르보의 베르나르	피터 롬바르드
성 아시시의 프랜시스	성 토마스 아퀴나스

수도사 하부 문화가 어쩔 수 없이 세상을 부인하는 금욕주의 쪽으로 기울었다면, 학자 하부 문화는 세상 특히 그 지적인 활동들을 인정했다.[33] 자

크 르 고프(Jacques Le Goff)는 학자들의 방법을 기술했는데, 우선 그들의 독서가 나온다.

학자의 기본 방법은 본문에 대한 논평, 독서(lectio), 심층 연구로 시작된다. 심층 연구는 자구(littera)에 관한 문법적 분석으로 시작되어, 의미(sensus)를 부여하는 논리적 설명으로 진행된 다음, 본문의 지식과 사고(sententia) 내용을 밝히는 해석으로 끝난다.[34]

이어 논평과 토론과 변증이 나온다.

그러나 논평은 토론을 낳았다. 변증은 본문 이해를 벗어나 본문이 제기하는 이슈들을 다룰 수 있게 해 주었고, 진리 추구라는 문맥 안에 본문을 축소시켰다. 전체 난제들이 해석의 자리를 대신 차지했다. 적절한 절차들을 따라, 독서는 이의 제기로 변했다.[35]

그 결과 현대의 "대학 지성인"이 탄생했다.

대학 지성인은, 당시의 유일한 지지 근거인 본문에 "이의를 제기하는" 순간, 수동적 독자에서 능동적 질문자가 되는 순간, 태어났다. 해석자는 더 이상 스승이 못되었고, 대신 사고하는 자가 스승이 되었다. 사고하는 자는 해결책을 내놓았다. 창조했다. 이의에 대한 그의 결론 즉 해답은, 그의 사고의 열매였다.[36]

르 고프는 "이성의 법칙에 순종하는, 엄격하고 도발적이고 독창적인 사고의 여왕 스콜라 철학은 그렇게 생겨났다"[37]고 결론지었다. 그리하여 성경을 연구할 때 연약한 자로서 본문에 완전히 마음을 열고 전적으로 수용하려던 태도는, 인격적 참여와 분리된 듯한 지적인 호기심으로—아직 회의나 의혹까지는 아닐지라도—대치되었다. 르 고프가 상황을 묘사한 것처럼, 추상적 개념은 13세기 지성인들에게 주된 유혹이었다. "스콜라 철학자들은 역사—우발적이고, 늘 움직이며, 발전해 나가는—와 단절될 위험마저 자초하면서, 추상적이고 영원한 진리들에 천착했다.…스콜라 철학 지성인들에게 커다란 유혹 중 하나는 지적인 테크노크라시를 만드는 것이었다."[38]

여기, 사고가 독서를 주도하여, 복수를 가한다. 그런 태도가 군림하면, 냉랭한 학문 지상주의가(그것도 최악의 형태로) 굳어진다. 독자는 하나님의 영광을 위한 지성인이 아니라 인간 이성의 영광을 위한, 그리하여 결국은 자기 자신만의 영광을 위한, 지성인이 된다.

역시 세상이란 변할수록 오히려 그대로다. 중세기의 성경 읽기 상태는—그리고 지성 세계 전반은—지금 우리와 유사하다. 우리는 좀처럼 가슴과 머리를 하나로 보지 않는다. 그래서 우리에게는, 우뚝 선 인물 성 아우구스티누스가 놀랍기만 하다. 그는 지성의 인력(引力)과 심성의 인력으로 평생 씨름하면서도, 역시 평생 누구 못지않게 그 둘의 통합을 보여 주었다.

물론 본서의 논지가 옳다면, 머리와 가슴은 하나님이 우리를 창조하신 그대로 이미 하나다. 우리가 무엇이든, 사실 우리는 자신의 존재 안에서 하나다. 이것이 5장의 요지였다. 즉 존재는 좋은 쪽으로든 나쁜 쪽으로든 앎과 행함을, 믿음과 순종을 하나 되게 한다. 물론 그리스도의 제자들에게는, 궁극적으로 좋은 쪽이다. 시간이 다하는 그날, 우리의 완성되고 영화(榮化)된 존재가 완성된 마음과 지성과 몸—그리고 인간의 다른 모든 면—을 하나 되게 하여 완벽한 조화를 이룩할 것이기 때문이다. 그러니 지금부터 그 상태와 친해지는 것이 좋다. 이런 통합은 하나님 나라를 먼저 구하는 삶의 중요한 일면이다. 여기서 우리는 기독 지성인에 대한 우리의 정의의 마지막 문구를 구현하게 된다. 즉, 우리의 지성의 삶은 하나님의 영광을 위한 것이다.

결론적으로 렉치오 디비나는 독서가 사고를 주도하는 가장 완벽한 형태다. 그러나 우리가 감히 이런 일편단심의 충절을 바치는 대상은 오직 성경뿐이다. 성경 이외의 것을 읽을 때는 사고가 독서를 주도해야 한다.

사고가 산만해질 때, 원치 않는 곳으로 끌려가 사고가 갑자기 멎을 때, 사고가 불쑥 "안 된다"고 소리치거나 "천천히 생각해 보겠다"고 말할 때, 그때는 독서의 방향이 바뀐다. 사고가 독서를 주도해야 하는 것이다. 이번에는 세르티앙즈가 지혜의 말을 들려준다.

> 책은 신호, 자극제, 조수, 기폭제다. 책은 대용품도 아니고 족쇄도 아니다. 우리의 생각은 곧 우리 자신이어야 한다. 책을 읽을 때, 우리의 선각들은 우리의 목표점이 아니라 출발점이 되어야 한다. 책은 요람이나 무덤이 아니다. 물리적으로 우리는 젊게 태어나 늙어 죽는다. 지적으로는, 여러 세대의 유산 덕분에, "우리는 늙게 태어난다. 그러나 젊게 죽으려 해야 한다."[39]

그렇다면 사고는 어떻게 독서를 주도해야 하나?

독서를 주도하는 사고

독서를 주도하는 사고는 독서의 통상적 모드는 아니나 연구의 통상적 모드다. 이는 정보와 시각과 소견과 통찰을 찾아 본문을 채굴하는 학자의 모드다. 단, 그는 본문에 빠진 부분, 본문 자체의 사상과 맞는 부분, 맞지 않는 부분과 그 이유를 늘 유심히 살핀다. 그래서 학자 즉, 진지한 학도는 대개 본문 속을 천천히 지나가면서, 중요해 보이는 대목들에 밑줄을 치고, 여백에 메모를 하고, 페이지 상단과 하단에 미니 논문을 쓰고, 사상들과 은유들로 더불어 상호 작용하고, 저자의 비판을 받아넘긴다. 요컨대 책을 내 것으로 삼는 정도가 아니라 자신의 "책"을 기안하는 것이다. 그 책은 현재 읽고 있는 책보다 나을 것이다. 현재 읽는 책에서 "진리"는 통합하고 오류는 뺄 뿐 아니라, 독서를 주도하는 과정에서 새롭게 정리된 사고가 보태지기 때문이다.

요지는 이것이다. 우리가 책을 읽는 것은 단지 다른 사람들의 말을 듣기 위해서가 아니라 다른 사람들의 생각을 분별하기 위해서다. 우리는 진리를 배우려고 읽는다. 다른 사람들의 상상일 뿐인 실체가 아니라, 하나님이 창조하신 실체를 알고 거기에 참여하기 위하여 읽는다. 독서의 이 목표를 향하여 나아가지 못하면, 우리도 조세프 피퍼가 말한, "진짜 주제인 실체는 논하지 않고 전혀 다른 주제인 철학들만 논하는, 그런 철학자의 현대판"[40]이 되고 만다. 피퍼는 적절하게 아퀴나스의 말을 인용한다. "철학 공부란 다른 사람들이 어떻게 생각했는지 배우는 것이 아니라 사안의 진리가 무엇인지 배운다는 뜻이다."[41]

어떻게 사고는, 진리를 목표로 한 독서를 주도하나? 내가 이 장을 쓰면서 읽고 있는 책을 예로 들어보자. 얼마전 나는 「독서로 인한 파멸: 책 인생」(Ruined by Reading: A Life in Books)의 도입부를 읽었다. 저자인 린 섀런 슈워츠(Lynne Sharon Schwartz)의 책을 나는 여태 한 번도 읽어 본 기억이 없다.

나는 이 장을 쓰느라고 독서를 연구하는 중이고, 그것이 이 책을 구입한 주된 이유다. 또 제목도 호기심을 끌었다. 게다가 책 표지에 이런 추천 글까지 있었다. "굉장히 지적인 책이다.…슈워츠는 중력의 법칙에 순응하면서도 가끔씩 용케 지구에서 떠올라 거의 날아다닌다." 추천 글을 쓴 "로스앤젤레스타임스"지 서평난의 프레드릭 부시(Frederick Busch)도 나로서는 처음 듣는 이름이었다. 그 허튼 소리를 읽노라니 며칠 전에 읽었던 스크리아빈의 전주곡에 대한 터무니없는 설명문이 생각났다.

> A장조 연습곡 6번은 6도 음정의 가냘픈 연습곡으로, 싱그런 초장에 요정이 뛰노는 듯한 그림이다. 빠르게, 어둡게, 격하게 치는 B플랫 단조 연습곡 7번은 병거에 실려 삼도천의 메마른 강바닥을 건너는 음산한 길이다.[42]

피아니스트이며 나처럼 스크리아빈의 피아노 음악을 좋아하는 내 아들에게 부시의 추천 글을 읽어 주었더니, 아들은 포복절도했다. 나도 같이 했다. 맑은 날, 부시 풍의 추천 글은 명료한 사고를 뿌옇게 만들 수 있다. 그래도 슈워츠의 제목만으로도 내 주머니에서 정가보다 10퍼센트 할인한 돈이 나가기에 충분했다.

그렇다면 「독서로 인한 파멸」은 어떻게 시작되나?

일간지를 읽다가 내 삶을 재고하게 되는 경우란 극히 드물다. 그런데 최근 "뉴욕타임스" 기사에 어느 중국인 학자의 글이 인용되었다. "불교 신앙 때문에…독서욕이 사라진" 사람이었다. 차 씨는 "책이란 더 읽을수록 해롭다. 남들의 생각이 내 자유로운 생각을 방해하지 못하도록, 내 사고의 자유를 지키는 편이 낫다"고

했다. 나는 그의 말을 오려서 침대 옆 탁자 위에, 내가 읽는 중이거나 읽을 계획이거나 읽어야 할 것 같은 책 더미 옆에 붙여 두었다.[43]

이 도입부의 방향을 감지하자마자 내 사고는 본문에서 떨어져 나와 제 길을 간다. "선(禪)의 음지다. 내 사고 방식과 이렇게 다를 수는 없다"는 생각이 들었다.

나는 잠시 멈추고 펜을 꺼내 여백에 줄을 긋는다. 내 의견과 정반대인 이 말을, 본서의 이번 장 서두에 인용해도 될 듯했다. 그러고 나서 계속 읽노라니 다른 생각들―본문으로 인해 촉발되었지만 본문과 전혀 일치하지 않는―이 의식에 떠오른다. 나는 "독자들은 스릴을 원한다", "언어만이 스릴을 준다" 따위의 문구에 밑줄을 친다. 서로 같은 성질이지만 과장 표현된 개념들이다. 나는 생각한다, "나는 지금 철학자의 말이 아니라 저널리스트의 말을 읽고 있는 거다." 그것도 괜찮은 일이다. 모든 것은 때가 있게 마련이고, 나는 지금 휴가 중이다. 철학자들이 아니라 저널리스트들을 접할 때다. 플라톤이나 키르케고르라면 몰라도―늘 즐겁게 가르치는 파스칼이라면 물론 좋고―칸트나 헤겔은 아니다.

휴가가 끝날 즈음, 나는 그 책을 다 읽었고, 여기저기 밑줄을 쳤고, 여백에 메모도 해 두었다. 책은 이 장을 계속 쓸 때―8개월 후가 되어 버렸지만―다시 살펴볼 요량으로 다른 책들 속에 쌓아 두었다. 그 사이에 다른 책들이 많이 끼어들었고, 나는 각 책에 걸맞게 주의력 있게 읽느라고 읽었다. 그중 더러는 쌓인 채로 내 손에 들리기를 기다렸다. 어떻게 사고가 독서를 주도하는지 더 인증이 필요할 때를 위해서 말이다. 그중 일부는 이 장 후반부에 나온다. 그러나 우선은 사고가 독서를 주도하는, 한 가지 계획적인 방식부터 살펴보고자 한다.

세계관 관점에서 읽기

1960년대 초반부터 나는 각 책에 주로 구현된 세계관의 관점에서 책을 읽어 왔다. 이는 저자 개인이 세계를 어떻게 보는지, 저자의 글 속의 인물들과 이야기들이 어떤 철학을 보여 주거나 옹호하거나 비방하는지, 알아보는 방식이다. 다시 말해, 이는 사고가 독서를 주도할 수 있는 한 가지 계획적인 방식이다. 세계관의 관점에서 읽으면, 그 책의 세계에 간접 체험으로 참여할 뿐 아니라, 작품에 마주 서서 중요한 질문들—독자가 진리를 추구하는 과정에서 마땅히 고려해야 하는—을 던지게 된다. 나는 세계관에 대하여는 『기독교 세계관과 현대사상』(IVP)에, 세계관의 관점에서 읽는 법에 대하여는 『어떻게 천천히 읽을 것인가』(이레)에 이미 자세히 쓴 바 있다.[44] 따라서 여기서는 비교적 간략히 말하고자 한다.

본질적으로, 세계관의 관점에서 읽는다는 것은 작품이 다음 질문들에 명시적, 암시적으로 답하는 방식을 살피면서 읽는 것이다.[45]

1. 가장 중요하거나 근본적인, 실체—정말 실재하는 것—은 무엇인가? 하나님, 신들, 물리적 우주 따위의 답이 있을 수 있다.

2. 외부의 실체 즉, 우리 주변 세상의 본질은 무엇인가? 예컨대 세상은 창조되었나 저절로 있나? 혼돈 상태인가 질서가 있나? 물질인가 영인가? 우리의 일부인가 우리와 동떨어져 있나?

3. 인간이란 무엇인가? 고도의 복잡한 기계, 잠자는 신, 하나님의 형상대로 지음 받은 인격체, "벌거벗은 원숭이" 등의 대답이 가능하다.

4. 사람이 죽으면 어떻게 되나? 영원히 소멸되나, 더 나은 상태로 변화되나, 아니면 윤회하나?

5. 뭔가를 안다는 것이 어째서 가능한가? 답의 예로, 우리가 전지하신 하나님의 형상대로 지음 받았다는 개념도 있고, 오랜 진화 과정에서 생존의 조건으로 의식과 이성이 발달되었다는 개념도 있다.

6. 무엇이 옳고 그른지 어떻게 아나? 인간은 선하신 하나님의 형상대로 지음 받았나? 우주의 순리 속에 도덕법이 씌어 있나? 옳고 그름은 인간의 선택이나 좋은 느낌만으로 결정되나? 도덕관념이란 단순히 문화적, 물리적 생존의 조건으로 생겨난 것인가?

7. 인간 역사에 의미가 있다면, 그 의미란 무엇인가? 하나님 내지 신들의 목적을 실현하는 것인가? 지상 천국을 이루는 것인가? 거룩하신 사랑의 하나님과 공동체를 이루어 살 한 백성을 준비하는 것인가?

이런 기본 질문들의 답이 수필, 소설, 시마다 다 나오는 것은 아니지만, 읽고 있는 작품이 의미 있는 것일수록, 이런 질문들을 모두 다루거나 그 답들이 전제되어 있을 소지가 그만큼 높다. 나아가, 우리의 독서가 사고를 주도하는 정도가 강할수록, 우리는 나중에 우리의 사고가 독서를 주도할 때 이런 질문들에 더 쉽게 답할 수 있다.

일례로 솔 벨로우(Saul Bellow)의 「새믈러 씨의 혹성」(*Mr. Sammler's Planet*)을 보자. 284페이지 보급판에 위 일곱 가지 질문 하나하나에 대한 시각이 가득 차 있음을, 처음 읽을 때도 알 수 있다. 좀더 생각하면서 다시 한 번 읽으면, 소설의 세계관을 고찰하기에 좋은 대목들이 수없이 전면에 떠오른다. 여기서는 그중 셋만 살펴볼 것이다.

그전에 우선 소설의 내용을 간략히 살펴보자. 이야기는 나이 일흔의 아터 새믈러의 며칠간의 삶을 중심으로 전개된다. 시간은 지금이고(처음 간행된 해는 1969년), 장소는 뉴욕 시다. 새믈러를 중심으로 소수의 조연들이 탄탄하게 묘사되는데, 모두 기준점은 새믈러다. 구성은 대단할 게 없다. 새믈러가 자기와 비슷한 연배의 조카 엘리아 그루너 박사의 임박한 죽음을 받아들이는 과정에서 보이는 행동이다. 이야기는 그루너 박사의 죽음과 그의 영혼을 위한 새믈러의 마지막 기도로 끝난다.

그러나 이야기의 진짜 핵심은, 그 며칠간 새믈러가 어떤 행동을 취하느냐가 아니라 새믈러가 어떤 사람이며 어떻게 살아왔느냐 하는 것이다(그 대부분은 새믈러가 자신, 자신의 과거, 현재 뉴욕에 있는 친구들과 친척들을 회상하는 동안, 의식의 흐름의 플래시백을 통해 밝혀진다). 이 소설은 주제들과 상징들이 매우 풍부하고 복잡하다. 새믈러의 생애가 70년간의 유태 민족의 의식을 닮았기 때문이다. 폴란드에서 태어난 새믈러는 1920년대와 1930년대에 영국에 거주하며, 지식인 저널리스트로 일하면서 바르샤바 신문들에 기사를 공급했다. 1940년에 대륙으로 돌아온 그는 자기 부인, 다른 폴란드계 유태인들과 함께 줄지어 총에 맞고는 그대로 죽도록 공동묘지에 버려졌다. 그러나 새믈러는 빠져나와 무덤 속에 숨어 있다가, 결국 그루너 박사를 통해 난민으로 뉴욕에 왔다. 거기서 그는 진즉 도피해 와 있던 자기 딸과 함께 은인인 조카의 후의에 힘입어 살아간다.

물론 소설을 처음 읽기 시작할 때는 그런 내용이 하나도 나오지 않는다. 인물과 과거 행적의 세부 사항은 서서히 펼쳐진다. 그러다 마침내 소설 전체를 보면, 새믈러 씨의 세계의 형체가 분명해지고 그의 세계관이 훤히 드러난다. 그리고 나서 도입 단락을 다시 보면—우리의 사고가 독서를 주도하는 가운데—처음에 보이지 않던 것들이 보인다. 소설의 위대한 교향악을 여는 풍부한 묘사와 사상의 전주곡이 보인다. 도입 단락은 이렇다.

먼동인지 평상시 하늘같았으면 먼동이라 할 만한 것인지 아무튼 그 직후에, 텁수룩한 눈의 아터 새믈러 씨는 자기 웨스트사이드 침실의 책들과 문서들을 들고는 그 책들이 잘못되었다는, 그 문서들이 잘못되었다는 강한 의혹에 사로잡혔다. 일흔이 넘어 한가하게 사는 사람에게 어떤 면에서 그런 의혹 사로잡힌 것은 크게 중요하지 않았다. 옳은 것을 주장하려면 괴짜가 되어야 했다. 옳다는 것은 다분히 설명의 문제였다. 지적인 인간은 설명하는 생물이 되었다. 아버지는 자식에게, 아내는 남편에게, 강사는 듣는 자에게, 전문가는 범인(凡人)에게, 인간은 자기 영혼에게 설명했다. 이것의 뿌리, 저것의 원인, 사건의 근원, 역사, 구조, 이유들. 대부분 한 귀로 들어왔다 한 귀로 나갔다. 영혼은 자기가 원하는 것을 원했다. 영혼은 자기의 타고난 지식이 있었다. 설명의 상부 구조 위에 비참하게 앉아 있는 영혼은 어디로 날아가야 할지 모르는 가엾은 새였다.[46]

나중에 우리는 첫줄에 "눈"이 단수로 언급된 이유, 새믈러가 자신의 책들을 돌아보는 이유, 설명으로는 삶의 중대사들을 충분히 다룰 수 없음에 대하여 그가 고민하는 이유를 알게 된다. 이 소설이 새믈러가 세상을, 세상과 자신의 관계를, 어떻게 "보는가"와 깊이 연관되어 있으리라는 것을 우리는 처음 읽을 때도 감지할 수 있다. 다음 페이지에서 우리는 새믈러의 눈이 하나만 성하다는 것, 그가 늘 "뿌연 색안경"을 써서 그 눈을 보호한다는 것을 알게 된다. 그리고 몇 페이지 더 가면 "설명"의 주제가 다시 표면화된다.

논쟁들! 설명들! 새믈러는 생각했다. 보다 흔한 다음 버전이 준비될 때까지 모두가 모두에게 모든 것을 설명할 것이다. 이 버전은, 즉 한두 세기 동안 사람들이 서로에게 말해 온 것의 잔여물은, 이전 것 같고 허구 같을 것이다. 실체의 보다 많은 요소가 어쩌면 새 버전에 통합될 것이다. 그러나 중요하게 고려할 점은, 삶이 그 충일함과 본래의 팽만함을 회복해야 한다는 것이다.…설명의 위험과 망신을 잘 아는 새믈러 자신도 설명에 꽤 능한 사람이었다.[47]

여기 새믈러의 역사주의가, 세계관이란 세월 따라 오고 간다는 그의 개념이, 등장한다. 진리는 시간과 함께 변한다. 사람이 원하는 것은 안정, 지성으로는 안 되고 영혼으로만 가능한 안정이다. 그러나 자신도 "설명에 꽤 능한 사람"인지라 새믈러는, 설명이 없는 이유에 대한 설명을 늘 찾는다. 자신의 갈망을 채우고자 그는 기독교 신비가 마이스터 에크하르트(Meister Eckhart)에게 주의를 돌리고, 에크하르트는 산상수훈의 묵상을 통해 그를 실체로 인도한다.[48] 소설 끝에서 새믈러는 실체와 화해한다. 죽은 조카의 시신 앞에서 드리는 그의 기도는 그루너 박사가 "자신의 계약 조건을 다했다"는 위안으로 끝난다. "각 사람은 마음 깊은 곳에서 그 조건을 압니다. 제가 제 것을 알듯이 말입니다. 모두가 압니다. 우리 모두가 안다는 것—그것이 진리입니다, 하나님. 우리가 안다는 것, 우리가 안다는 것, 안다는 것, 안다는 것이 말입니다."[49]

뭔가를 안다는 것이 어째서 가능한가? 이 하나의 세계관 질문만을 주로 다룬 많은 본문 중에서, 나는 세 군데만 인용했다. 이 주제에 관한 내용은 그밖에도 아주 많다. 뿐만 아니라, 더 분석해 보면 다른 여섯 가지 질문에도 다 쉽게 답할 수 있다. 아주 간단히 말해서 답은 이렇다. (1)궁극적 실체는 인격적인 하나님이다. (2)외부의 우주는 그분의 피조물이다. (3)인간은 자유로이 행동하고, 자기 행동에 책임지며, 결국 하나님이 자기에게 주신 목적을 이루는 그분의 피조물이다. (4)사후에도 어떤 삶이 있는 듯하나 자세한 내용은 불확실하다. (5)인간은 결국 지성으로 아는 것이 아니라 실체에 대한 직관적 이해로 안다. (6)하나님은 선의 기초이나, 이 세상에는 선악이 깊이 섞여 있어 아무도 둘을 떼어 낼 수 없다. (7)역사는 종착점을 향하여 선형(線形)으로 진행되고 있으며, 그 종착점은 인간은 모르고 하나님만이 아신다.

「새믈러 씨의 혹성」의 주제가 이 세계관이라고 말한다면, 물론 무리가 있다. 소설의 "주제"는 20세기 중반이라는 외면 세계에 자리한 새믈러 씨와 그의 내면세계이다. 우리가 살펴보는 세계관은 그 배경이다. 이 배경은 소설에도, "설명들"—진짜 설명들!—을 찾는 우리 자신의 추구에도, 대단히 중요하다. 사고가 독서를 주도할 때 우리는 소설만 아니라 자기 자신을 대면하기 때문이다. "설명들"에 대한 새믈러의 생각은 옳은가? 마이스터 에크하르트는 예컨대 토마스 아퀴나스보다 선호되어야 하나? 진리란 극히 역사적인 것, 결국 거의 허구적인 것인가? 우리 모두는 자신과 실체와의 계약이 무엇인지 알고 있나? 우리 모두는 그 계약을 성취하나? 묵상하며 읽노라면, 다른 세계관 질문들과 관련된 질문들도 수십 가지 떠오른다. 새믈러의 하나님은 거기 계시는 하나님인가? 실체란 새믈러의 생각처럼 팽만한 것인가?

좋은 소설, 좋은 시는 마땅히 주의 깊게 읽어야 한다. 「새믈러 씨의 혹성」은 좋은 소설이다. 탁월한 소설, 탁월한 시는 마땅히 매우 주의 깊게 읽어야 한다. "이차적" 세계를 창조하는 능력으로—주목한다면, 우리는 그 세계에 들어가 살 수 있다—좋은 소설과 시는, 일상 경험이라는 우리의

"일차적" 세계에 창(窓)을 내준다. 우리는 좋은 소설과 시에게, 성경에 그리하듯 신성한 독서로는 아니지만, 세상적 독서로 우리 자신을 내준다. 우리가 하나님의 피조물들이 창조한 문학의 세계에서 나올 때, 하나님의 피조물로서 하나님이 창조하신 세계 속으로 나온다는 것을, 알기에 그렇다. 그분의 세계는, 우리가 알 수 있도록 지으신 실제 세계다. 그 알게 하시는 일환으로 그분은 우리로 하여금 다른 사람들이 이해한 세계에 능히 들어가게 하신다. 그래서 독서를 통한 사고에는, 사고가 주도하는 독서와 독서가 주도하는 사고가 둘 다 포함된다. 전자로 시작된 일이 후자로 완성된다.

많은 책 중의 하나들

어떤 책들—잡지들, 학술지들—을 읽을 것이냐가 늘 문제다. 위치타의 에이스데이 서점이나 옥스퍼드의 블랙웰스 등 큰 서점에 처음 가면 나는 가슴이 뛴다. 늘 읽고 싶었던 책들이 많이도 있다. 얼마나 기쁜지! 그러나 책방을 나서기 전에 경미한 절망이 나를 덮친다. 통 읽을 시간이 없을 테니 말이다.

그래서 답은 선택, 선택이다. 나는 사르트르의 실존적 인간(l'homme, 영어의 상응 단어를 쓸 수 없지 않은가?)이 된 기분이다. 자유를 선고받은 무익한 열정이다. 그러다 기운을 차린다. 아, 천국이 있지 않은가! 천국은 내 가장 오랜 열망들이 이루어지는 곳이리라. 여태 읽지 못한 책들을 다 읽을 시간이 있거나, 아니면 그보다 더 좋은 것이 주어지리라. 물론 그렇다고 내 선택 작업이 면제되는 것은 아니다. 그러니 어떻게 선택할 것인가?

어떤 원칙들은 자명하다. 당신의 인생 사명과 가장 관계되는 주제들을 다룬, 최고의 책들을 읽으라. 여기서 세르티앙즈는 다시 도움이 된다.

> 중심 사상들이 저자에게서 직접 나온 책들만 읽으라. 그런 책들은 별로 많지 않다. 책들은 서로 반복하거나 서로 희석하거나 서로 반박하는데, 반박도 일종의 반복이다. 잘 보면 알겠지만, 사고에 있어 새로운 발견이란 드물다. 사고에 관한 한 오랜 재고품이나 차라리 영구 재고품이 가장 낫다.[50]

이런 최고의 책들이 우리에게 주는 유익에 대한 세르티앙즈의 말은 자못 공상적이지만, 그의 이상주의는 우리에게 힘을 준다.

천재 작가들을 접할 때 우리는 더 높은 경지로 올라가는 즉각적 유익을 누린다. 우리에게 무엇을 가르치기 전에 그들은, 이미 자신들의 우월성만으로도 유익을 끼친다. 그들은 우리의 길을 선도한다. 우리를 산정(山頂)의 공기에 길들인다. 그간 우리는 저지대에서 움직이고 있었다. 그들은 단숨에 우리를 자신들의 대기 속으로 데려간다. 그 고매한 사상의 세계에 가면, 진리의 얼굴이 베일을 벗는 듯하고 아름다움이 빛을 발한다. 우리가 이 선견자들을 알고 따른다는 사실에서 생각하게 되는 것이 있다. 결국은 우리가 다 한 인류이며, 영(靈) 중의 영이신 우주의 영께서 우리 안에 계시다는 사실이다. 신성한 말이 터지려면 우리는, 그 성령께 자신을 맞추는 길밖에 없다. 모든 영감—언제나 예언적인—의 근원에는 "인간이 글로 쓰는 모든 내용의 가장 궁극적 저자이신 하나님"이 계시기 때문이다.[51]

이어 세르티앙즈의 다음과 같은 경고도 늘 명심해야 한다.

지식의 근원은 책이 아니라 실체에, 그리고 우리의 생각에 있다.…우리에게 첫째로 중요한 것은 저자가 하는 말이 아니다. 중요한 것은 실재하는 것이다.…어쨌든 독서의, 적어도 명작 독서의, 주된 유익은 여기저기 흩어진 진리들을 습득하는 것이 아니라 우리의 지혜가 자라나는 것이다.52)

이 첫 번째 원칙이 실은 유일한 진짜 원칙이다. 스스로 아는바 자신의 인생 사명과 관계되는 내용 이상의 독서를 계획한다는 것은 불가능하다. 우리는 자신이 무엇을 모르는지 모른다. 특히 여기에는, 우리가 서점이나 도서관을 나설 때 거기 남겨지는 모든 책의 내용도 포함된다.

전기(傳記)를 가지고 논하는 것이 위험하긴 하지만, 여기서는 최선일지도 모르겠다. 그래서 나는 미시간 호가 굽어보이는 곳으로 일주일 동안의 휴가를 떠날 때 가지고 간 내 책 더미로 다시 돌아간다. 당시 나의 책 선택을 생각하며 적어 둔 내 글도 살펴볼 것이다. 우선 하나는 존 헨리 뉴먼의 「자기 생애를 위한 변호」다. 제목이 주는 느낌보다는 훨씬 재미있는 책이지만, 그럼에도 불구하고 19세기의 문법 때문에 아무래도 내가 호반에서 읽을 책은 아니다. 차라리 나는 뉴먼의 「기도와 시와 헌신」(Prayers, Verses and Devotions)에 빠져들 것 같다. 아니면 뉴먼 학자인 이언 커의 「뉴먼의 그리스도인 소고」(Newman on Being a Christian)도 좋다.

내가 가지고 간 또 다른 책은 캐슬린 노리스의 「수도원 산책」(The Cloister Walk, 생활성서사)이다. 맑고 고요하고 사색적인 산문으로, 내 사고를 의의 길에 올려 주는 마냥 즐거운 책이다. 내 사고로는 이루기 힘든 자못 훌륭한 작품이다. 도착할 때 이미 반쯤 읽은 상태다. 나는 이 책이 그녀의 이전 책이자 내 생각에 더 잘된 책 「다코타」(Dakota)보다 더 오래오래 남기를 바라며 내용을 음미한다. 「다코타」는 수많은 붉은어깨검정새들을 놀래어 날아 가게 했으므로, 나는 책이 끝나지 않기를 바랐더랬다. 그러나 책은 끝났고, 그래서 나는 「수도원 산책」으로 넘어갈 수밖에 없었다. 만일 노리스에 싫증 나면—당치도 않지만!—나는 헨리 나우웬의 「창조적 사목」(Creative Ministry, 분도)으로 넘어갈 수도 있다. 표지 추천 글에 "모든 그리스도인의 생활 방식에 관한" 책이라고 소개되어 있다.

물론 지난주에 읽기 시작한 리처드 위버의 책 「생각은 결과를 낳는다」 (Ideas Have Consequences)도 있다. 문화사에 관심 있는 사람들은 잘 아는 책이다. "본서는 서구의 붕괴에 관한 또 하나의 책이다."[53]라고 되어 있는 첫 문장만 보아도 논지를 알 것 같다. 이는 다소 금기된 도입인데, 첫 1-2장을 보면 도입부의 이 폭탄 발언이 무색하지 않다. 나는 휴가 중에는 이 책을 많이 읽을 것 같지 않다. 그래도 머잖아 언젠가 다시 집어들 것이다.

내게는 또 엔도 슈사쿠(遠藤周作)의 소설도 두 권 있다. 하나는 「내가 남긴 소녀」(The Girl I Left Behind)이고 또 하나는 보다 최근작인 「깊은 강」(Deep River)인데, 내가 알기로 후자(「깊은 강」)는 엔도가 말년에 전자(「내가 남긴 소녀」)를 다시 고쳐 쓴 것이다. 나는 이번 주나 아무 때나 그 둘을 순서대로 읽을 참이다. 일본의 그리스도인 소설가 엔도는 거의 모든 작품에서, 복음 전파의 시도를 강력히 탄압하는 나라에 존재하는 기독교의 문제로 씨름한다.

나는 엔도의 소설들을 거의 다 읽었는데, 그중 맨 처음 것은 16세기말과 17세기 초, 기독교가 일본에 처음 전래될 때의 처연한 고통의 사연을 담은 「침묵」(Silence, 홍성사)이다. 「침묵」은 그리스도인이라면 누구나 직면할 수 있는 가장 괴로운 딜레마를 제시하여, 독자들의 사고와 감정을 뒤흔들어 놓는다. 갓 개종한 일본인들의 신앙생활을 돌보는 한 선교사 신부가 신앙을 전파한다는 이유로 장군에게 붙잡혀 옥에 갇힌다. 육체적 고문은 선교사 신부의 몫이 아니라 그의 일본인 교인들의 몫이다. 똥구덩이 위에 거꾸로 매달린 교인들은 팔목을 살짝 베인 채로 서서히 피를 흘리다 죽어간다. 교인들이 풀려나게 하려면 신부는 예수의 그림을 밟아 자신의 신앙을 부인하기만 하면 된다. 그는 어찌해야 하나?

물론 부인하는 척하고 그림을 밟아 그리스도인들을 풀려나게 할 수도 있다. 그러나 만일 그렇게 하면, 그리스도인들은 신부가 자기들을 위해 겉으로만 그랬다는 것도 모른 채 신앙을 잃고 말 것이다. 정답이 없어 보인다. 소설을 읽노라면 어느새 우리의 생각은, 고심 끝에 뜻을 정하는 신부의 생각 속에 들어가 있다. 동시에 우리는 신부의 생각에서 나와, 딜레마를 자신의 것으로 본다. 그리고 당신도 나 같다면, 합리적인 답이든 어떤 답이든 답을 찾지 못한다. 지금 여기서 결말을 밝히지는 않겠다. 여기서 말하면, 과거에 자행된 하나의 중대한 악을 모르던 내 독자들이 그 악을 미리 알게 되어, 엔도의 책을 직접 읽을 때 의미가 반감될 터이니 말이다.

그러나 「침묵」을 읽은 직후에 그의 「사무라이」(The Samurai)를 읽으라는 것만은 강력히 권하고 싶다. 일본 역사의 같은 시기를 다룬 소설이다. 거기 보면 한 신부와 한 불교도 사무라이가, 십자가의 그리스도로 고난당하는 하나님이야말로 예배―설령 자기들이 예배하다 순교하는 한이 있더라도―에 합당한 유일한 하나님임을 삶의 말초 신경들에까지 깨닫는다.

엔도의 모든 소설은 기독교 세계관의 틀에서 본 인물의 심리 연구다. 그래서 「내가 남긴 소녀」와 「깊은 강」을 읽을 생각만 해도 나는, 독서를 통한 사고의 두 가지 모두―사고를 주도하는 독서, 독서를 주도하는 사고―에 기대가 된다.

내가 호반에 가져온 이 공통점 없는 책들을 어떻게 봐야 하나? 이는 철저히 임의적인 것일까? 자신의 계획성 부족에 대한 린 섀런 슈워츠의 말은 내게도 똑같이 해당될까?

아무거나 임의로 읽을 것이냐 여부를 두고 나는 장시간 어리석게 오락가락한다.…나는 임의성이 우주를 결정한다면 내 독서도 결정할 수 있다는, 질서를 강요하는 것은 세상의 순리에 애써 저항하는 것이라는, 존 케이지 식의 원칙을 붙들고 싶다. 임의성이 오랫동안 지속되다 보면 그 나름의 틀을 낳거나, 안에서부터 어쩔 수 없이 유기적으로 나오는 틀을 허용하리라. 그러기를 나는 바란다.[54]

과연 내 선택은 임의처럼 보인다. 그러나 아니다. 내가 선택한 책들 중에는 현재의 내 연구 프로젝트와 직결된 것 네 권, 신앙 연륜이 꽤 깊어진 내가 지금 더 골똘히 추구하고 있는 영성 개발과 직결된 것 두 권, 문화 비평에 관한 지속적 관심과 직결된 것 한 권, 그리고 내가 가장 좋아하는 저자들 중 하나의 소설(소설은 언제나 직설적 해설에서 벗어나는 쉬운 길이다) 두 권이 있다. 이 책 더미는, 나를 모르는 사람에게나 잡동사니로 보인다.

하지만 임의성도 같이 있다. 내 관심사들과 관계되는 많은 책은, 읽지 않은 채 내 책꽂이에 싸여 있거나 독서대 뒤의 책장에 꽂혀 있다. 슈워츠가 "내가 읽는 중이거나 읽을 계획이거나 읽어야 할 것 같은 책들"[55]이라고 말한 그런 책들이다. 나는 왜 하필 이 책들을 골랐을까? 슈워츠의 말이 맞을지도 모른다. 임의성에서 내면의 틀이 나올 것이다.

분명 임의성은 책을 구입하는 내 습관에 한몫한다. 나는 서점에 들어가면 새 책을 들고 나오지 않는 일이 별로 없다. 들어갈 때는 생각조차 못했던 책을 살 때도 많다. 책들은 저절로 서가에서 내 손에 떨어지지 않는다. 책들은 표지와 제목과 저자와 주제로 내 시선을 끈다. 그러면 나는 속수무책이다. 독서도 임의적일 때가 많다. 때로 나는 불쑥 마음이 동하거나 "눈에 띄어" 사 온 책들을, 오래오래 내 눈길을 기다려 온 책들보다 먼저 읽는다. 하지만 새 책들도 책꽂이에서 기다리는 신세가 될 때도 많고, 그나마 공간이 좁아지면 내 서재의 적당한 서가로 옮겨 간다. 내 독서에는 약간 신비가 있다. 근거 있는 신비다. 슈워츠의 말처럼 "어쩌면 임의성은 애당초 그렇게까지 임의가 아닌지도 모른다. 어쩌면 각 단계마다, 우리가 읽는 것이 곧 우리이거나 우리의 되어 가는 모습인지도 모른다."[56)]

역설이지만 독서를 통한 사고에는 대개 두서없는 순서가 있다. 하나의 생각, 하나의 책은 다음 것으로 이어지고, 그것은 다시 다른 것으로 이어지고 또 이어진다. 결국 자기가 어디서부터 시작했는지 거의 잊어버린다. 무질서하게 흐르는 의식의 흐름이 있다. 조심하지 않으면 우리는, 방향성이 분명치 않은 무의식의 강에 뗏목처럼 떠내려간다.

그러다 몽상에서 깨어나면, 이제 계획이 책임을 떠맡을 때다. 사고가 독서를 주도할 때다. 사고가 독서에 안심하고 자기를 맡겨, 가도 괜찮은 목적지로, 확고한 의지의 본문에 실려 갈 수 있을 때까지는, 그래야 한다.

독자의 기도

독서는 우리를 여러 곳으로 데려간다. 때로는 가서는 안 되는 곳들도 있다. 때로는 멈추어 말없이 경외심에 젖을 수밖에 없을 정도로, 우리를 실체와 이어 주는 곳들도 있다. 어느 경우든 우리의 독서를 우리 주님의 지도에 맡기는 것보다 더 잘하는 일은 없다. 존 베일리처럼 말이다.

오 은혜의 임재여, 오늘 제가 정성 들여 책이나 신문을 읽을지도 모르는데 그 시간에 저를 떠나지 마소서. 바른 책들을 택하도록 그리고 일단 택했으면 바른 방식으로 읽도록 제 생각을 인도하소서. 뭔가를 얻으려고 읽을 때는, 제가 읽는 모든 것으로 인해 주님과 더 가까워지게 하소서. 그냥 기분 전환으로 읽을 때는, 제가 읽는 것 때문에 주님과 멀어지지 않게 하소서. 저의 모든 독서로 제 생각이 새로워져, 무엇이든 정결하고 아름답고 참된 것을 더욱 간절히 구하게 하소서.[57]

지식건축법

○ 내 생각에 대체로 우리는, 자신을 물고 쏘는 책들만 읽어야 한다. 우리가 읽는 책들이 마치 머리에 날아오는 강타처럼 우리를 번쩍 깨우지 못한다면, 애당초 책을 읽을 필요가 무엇인가? 당신 말대로, 행복을 느끼기 위해서? 하지만 책이 한 권도 없어도 우리는 똑같이 행복할 수 있다. 우리를 행복하게 해 줄 책들이라면 우리 자신도 딱 당하면 쓸 수 있다. 우리에게 필요한 것은, 가장 고통스러운 불운처럼, 나보다 더 사랑했던 이의 죽음처럼, 우리를 때리는 책들이다. 마치 자살처럼 아무도 없는 숲속으로 추방당한 것 같은 기분이 들게 하는 책들이다. 책이란 우리 안의 얼어붙은 바다를 내리치는 도끼여야 한다. 내가 믿는 바로는 그렇다.

프란츠 카프카_「오스카 폴락에게 보낸 편지」

○ 렉치오 디비나란 대체로 즉각적 만족을 주지 않는다. 그것은 장기간에 걸친 능동적이고도 수동적인 과정이다. 씨를 뿌린 다음날 열매를 거두는 것은 아니다! 애벌레가 순식간에 나비로 변하는 것도 아니다!

베르나르도 올리베라 신부_"참으로 신성한 독서"

○ 옛날 사람들에게 묵상이란 본문을 읽고 "마음에 새긴다, 외운다"는 뜻이다. 마음이라는 말의 가장 충만한 의미, 즉 자신의 전 존재로 말이다. 입으로 발음하니 몸으로 외우고, 내용을 새겨 두는 기억으로 외우고, 의미를 이해하는 지성으로 외우고, 실천을 원하는 의지로 외우는 것이다.

장 르클레르크_「학구열과 하나님을 향한 갈망」

○ 우리의 신성한 독서는 그저 순간을 위한 것이 아니다. 우리는 우리 삶을 복음화하려는 목적으로 읽는다. 우리가 단지 음식 맛을 즐기려고 먹는 것이 아니라 몸 전체에 양분을 공급하고 꿈을 실현할 충분한 에너지를 생성하기 위해 먹는 것과 마찬가지다.　　　　　마이클 케이시_「신성한 독서」

○ 우리가 복음서를 읽는 것은 그저 그리스도에 대한 개념이나 관점을 얻기 위해서가 아니라, 계시의 말씀 속에 들어가 그 안을 지남으로써, 우리 영혼 안에 하나님으로 거하시는 그리스도를, 믿음으로, 생생히 접하기 위해서다.　　　　　토머스 머튼_「명상의 씨」

○ 그러므로 세속 저자들의 책을 읽을 때, 그 속에 나타난 진리의 훌륭한 빛을 통하여 우리가 기억해야 할 것이 있다. 인간의 사고가 원래의 순전한 모습에서 아무리 변질되고 타락했을지라도, 여전히 창조주의 훌륭한 선물들로 장식되고 싸여 있다는 사실이다.　　　　　장 깔뱅_「기독교 강요」

○ 문학과 관련하여 근본적으로 짚고 넘어갈 것이 있다. 지금은 유물이 되었지만 대체로 중세기 사람들은 오늘날과 달리 주로 눈으로 읽으면서도, 그 보이는 것을 입으로 발성하고, 그 발성되는 말을 귀로 들었다. 소위 "책장(冊張)의 음성"을 들은 것이다. 이는 실로 청각적 독서다. 읽는다는 것은 동시에 듣는다는 뜻이기도 하다.…읽는다는 말과 독서라는 말이 별도의 설명 없이 쓰일 때는, 노래나 글쓰기처럼 전신과 전심의 참여를 요하는 활동을 뜻한다.　　　　　장 르클레르크_「학구열과 하나님을 향한 갈망」

8. 독서를 통한 사고

9

논쟁자 예수

실내 곳곳에서 놀라는 소리가 들렸다. 강사는 방금 이렇게 말했다. "예수는 역사상 가장 똑똑한 사람입니다."

청중들 중에 그 말을 들을 준비가 되어 있는 사람은 거의 없었다. 그러나 그 말을 들었고, 생각해 보았고, 거기에 동의하지 않을 논리적 방도를 찾아보았으나, 아무도 반박에 나설 수 없었다. 놀란 청중들은 한동안 긴장을 떨치지 못했다.

지성인 예수

몇 년 전 나도 그 청중 가운데 있었다.[1] 그때 나는 무척 놀랐다. 놀란 이유를 지금은 알 것 같다. 강사가 만일 "예수는 역사상 가장 지혜로운 사람입니다"라고 말했다면, 우리 모두는 "그야 그렇지"라고 생각하며 계속 듣다가 딴생각하다 그랬을 것이다. 청중들은 다 석·박사 학위 소지자였다. 우리는 다 전국의 유수한 대학들에서 대학원생을 상대로 사역하고 있는 IVF

간사들이었다. 우리는 예수를 구주와 주로만 아니라 정말 역사상 가장 지혜로운 분으로 인정하고 알았다. 우리는 복음서에서 그분의 말씀을 수없이 읽었고, 그분의 말씀이 우리 삶 속에 이루지는 것도 보았다. 우리는 "예수는 없거나, 아니면 그런 말을 한 적이 없거나, 혹 했더라도 지금 우리의 해석과는 다른 의미로 말했다"고 비판하는 자들에게 답할 줄도 알았다. 예수가 역사상 가장 지혜로운 분이라는 개념에는 우리도 얼마든지 수긍할 수 있었다. 하지만 우리에게 들려온 말은 그게 아니었다.

남 캘리포니아 대학교 철학 교수 달라스 윌라드는 이렇게 말했다. "예수는 역사상 가장 똑똑한 사람입니다."[2]

그렇다면 우리는 왜 놀랐을까? 주된 이유를 어렵지 않게 알 수 있다. 사실, 우리 중 태반은 예수를 똑똑한 분으로 생각하지 않았던 것이다.[3] 대학에 있는 사람들은 똑똑하다. 물론 첫째는 교수들, 특히 명문 대학 교수들이다. 다음은 그 대학들의 대학원생들이고, 다음은 같은 대학들의 학부생들이다. 지성의 서열은 그렇게 내려간다. 과학자들은 똑똑하다. 우주의 원리에 대한 놀라운 통찰로 노벨상을 받은 사람들은 특히 그렇다. 아인슈타인! 더 꼽을 필요가 있을까? 도스토옙스키나 셰익스피어나 단테 등 소수의 작가들도 똑똑하다. 소수의 독자적 지성인들도 똑똑하다. 소크라테스나 데카르트나 파스칼 같은 철학자들이 거기에 해당된다. 하지만 예수는 똑똑하지 않았다. 그분은 지혜로웠다.

물론 지혜에는 똑똑함도 웬만큼 암시되지만, 반드시 대학 수준의 두뇌는 아니다. 나의 할아버지는 지혜로웠다. 아시시의 성 프랜시스는 지혜로웠다. 그리고 예수도 지혜로웠다. 하지만 역사상 "가장 똑똑한" 사람이라? 썩 맞는 말 같지 않다.

충격 받은 내 동료들의 머릿속에 어떤 생각이 스쳐 갔는지 나는 모른다. 그러나 내가 무엇을 깨달았는지는 안다. 똑똑한 사람이자 지혜로운 사람인 달라스 윌라드는 나머지 우리가 보지 못하는 것—예수가 역사상 가장 똑똑한 사람이라는 사실—을 볼 만큼 똑똑했다는 것이다.

함께 생각해 보자. 우리는 예수에 대해 무엇을 믿고 있나? 우리는 예수가 하나님의 말씀 즉, 로고스의 성육신임을 믿는다(요 1:1-4). 태초에 로고스가 있었다. 태초에 그분은 하나님과 함께 있었다. 태초에 그분이 하나님이었다. 로고스인 그분은 언제나 신성의 궁극적, 최종적 지성이었다. 전에도 그랬고 지금도 그렇다. 그분은 한낱 추상적인 개념이 아니라 존재의 실체 자체다. 로고스인 그분은 성육신하기 전에 우주뿐 아니라 "만물…하늘과 땅에서 보이는 것들과 보이지 않는 것들"(골 1:16)을 창조하는 과정에 관여하셨다. 그분은 그때도 우주를 속속들이 아셨고 지금도 그렇다. 그분 안에는 "지혜와 지식의 모든 보화"(골 2:3)가 감추어져 있다. 로고스인 예수는 인간의 앎—비단 그리스도인들의 앎이나 하나님에 대한 지식만이 아니라 만물에 대한 만인의 앎—의 궁극적 기초다. 장차 세상을 심판하실 그분의 기준은 완전한 공의다(행 17:31). 이중 어떤 것에도 우리는 놀라지 않는다. 이는 기독교의 전통적 신학이다.

그러나 거기에 어떤 의미가 암시되어 있는지 보라. 예수가 로고스의 성육신일진대 어떻게 역사상 가장 똑똑한 사람 외의 다른 것이 될 수 있단 말인가?

그야 그렇지만…당신의 생각이 들려온다(이로써 내 수법이 탄로 났다!). 우리는 성육신의 육신 부분을 망각해 왔다. 말씀은 육신이 되었다. 그분은 영광스런 집을 떠나 예수가 되셨다. 인간의 본체를 취하셨다. 자신의 전지성을 잠시 내려놓으셨다. 사도 바울은 예수가 하나님과 동등 됨을 취할 것으로 여기지 아니하셨다고 했다(빌 2:6). 그리고 예수는 자기가 이 땅에 다시 올 때를 모른다고 제자들에게 직접 말씀하셨다(마 24:36). 하늘에 계신 아버지만이 아신다. 예수는 자신에게 없는 지식을 이끌어 내시려는 듯 사람들에게 진짜 질문들을 던지셨다. "내게 손을 댄 자가 누구냐?"고 그분은 주변의 무리에게 물으셨다(눅 8:45). 지상에 계실 때 예수는 세상에 대한 과학적 지식을 보이시지 않았다.

예수의 온전한 인성을 가장 준열하게 보여 주는 것은 아마 겟세마네 동산의 기도일 것이다. C. S. 루이스는 이렇게 지적했다.

> 그분의 많은 말씀으로 미루어, 우리 주님은 오래 전부터 자신의 죽음을 내다보셨음이 분명하다. 우리 같은 자들이 만들어 낸 세상에서 그분 식의 행동이 필연적으로 무엇을 부를지 그분은 아셨다. 그러나 겟세마네에서 기도하시기 전까지는 이 지식이 어떻게든, 그분에게서 필시 거두어져 있었던 것이 분명하다. 아무리 아버지의 뜻을 조건으로 달았다 해도, 잔이 지나가지 않을 줄 뻔히 알면서 동시에 잔이 지나가기를 기도할 수는 없는 일이다. 이는 논리적으로나 심리적으로나 불가능한 일이다.…이 마지막(그리고 잘못된) 요행의 기대, 그에 따른 영혼의 동요, 피가 된 땀—그것이 없었다면 어쩌면 그분은 진짜 인간이 아니었을지도 모른다.[4]

물론 그분은 진짜 인간이었다. 단, 이상적, 관념적 형태가 아니라 유형의 인간이었다. 그분은 그 시대의 사람이었다. 우리가 아는 그분의 말씀들로 보건대, 그분은 시대적으로 자기보다 앞섰던 그리스의 주요 철학자들이나 인도의 성자들을 언급조차 하시지 않았다. 물론 그분은 히브리 성경을 당대의 학자들보다 더 잘 아셨거나 적어도 그렇게 생각하셨다. 그분이 자기 존재의 가장 깊은 심연에서—지성과 감정으로—하나님을 인격적으로 아셨다는 데 우리는 절대 동의한다. 그분이 역사상 가장 솜씨 좋은 최고의 이야기꾼이었다는 논증은 얼마든지 가능하다. 그리고 도덕적 통찰에서 그분을 능가할 수 있는 도덕 철학자나 현자나 신관(神官)은 정녕 찾아볼 수 없다. 그러나 그분은 모든 것을 아시지는 않았다. 그분은 자신이 역사상 가장 똑똑한 사람임을 우리에게 보이시지 않았다. 아니, 보이셨던가?

지금부터 약간 상상력을 발휘해 보자. 성육신이 일어난 때가 2천 년 전이 아니라고 상상해 보자. 그때가 1972년이었다고 하자. 우리는, 결국은 인정할 수 없는 큰 가정들을 인정해야만 한다. 그분이 태어난 1970년대의 세상이, 우리 중 일부가 경험한 세상—국가들과 진보된 기술과 대학들과 점증하는 민주적 개인주의가 있는 세상—이라고 인정해야만 한다. 예수께서 2천 년 전에 태어나시지 않았다면, 오늘날 우리의 이런 세상이 존재할 가망성은 극히 미약하다. 기독교는 과학과 기술과 민주적 개인주의가 발전하게 된, 지적인 배경과 밀접한 관계가 있다. 하지만 그 점일랑 잠시 제쳐 두고, 만일 육신이 되신 로고스가 서기 2000년에 스물여덟 살이었다면 어떻게 행동하셨을지 생각해 보자.

그분이 빈곤선을 웃도는 평범한 미국 가정에 태어났다고 상상해 보자(실제로 예수는 그런 히브리 가정에 태어났고, 막 6:3에 따르면 목수였다). 그분이 보통 미국 소년으로 자라 고등학교를 다니고 대학과 대학원에 갔다고 하자. 이제 스물여덟인 그분은 고급 학위를 마치려는 참이다(당대 그분의 동네 사람들이 그분을 평범한 성인, 이웃집의 장성한 아들로 생각했음을 염두에 두라[눅 4:16-30]).

이제 예수를, 물리학을 전공하는 대학원생으로 상상해 보라. 육신을 입은 하나님의 말씀이 수학을 하고, 학술지를 읽고, 우주의 형성을 생각하고, 끈 이론(string theory)을 실험하고, 양자 역학을 연구한다. 전지성(全知性)은 유보해 두셨지만, 그래도 그분은 총명한 사람이다. 타락하지 않은 인간 지성의 소유자다. 그것만으로도 지식 습득의 굵직한 도덕적 장벽이 하나 허물어진다. 당신이 그분의 지도 교수라 하자. 그분의 학위 논문을 당신은 어떻게 읽을 것인가?

이번에는 그분을 심리학 전공자로 상상해 보라. 인간을 자신의 형상대로 지으신 분이, 프로이트에서 스키너까지 심리학에 대한 역사 비평을 쓰고 있다.

이번에는 그분을 철학 전공자로 상상해 보라. 그분은 하나님의 존재를 믿을 근거에 관한 논문을 쓰고 있다.

이번에는 그분을 문학 전공자로 상상해 보라. 말씀으로 우주를 존재케 한 분이 로고스 중심주의(문자 언어보다 음성 언어를 중시하는 사조—옮긴이)에 반대하는 현대 해체주의자들의 이론들을 평가하고, 윌리엄 포크너의 소설이나 단테의 「신곡」(Divine Comedy)을 설명한다.

생각만 해도 어찔어찔한 이미지들이다.

물론 우리는 여기서 조심해야 한다. 나는 지금 예수가 20세기 물리학 지식의 내용을 보유했다거나 철학자 데리다(Derrida)의 비평 언어 이론을 아셨다고 말하는 것이 아니다. 지금 내 말은, 팔레스타인의 길을 걸은 예수가 당대의 누구보다도 지적으로 더 알았고 지적으로 더 능하셨다는 뜻이다. 끈 이론이야 어차피 아무도 몰랐다. 만일 그것이 예수의 사명과 유관했다면, 틀림없이 그분은 그 분야의 지식에도 접근하실 수 있었을 것이다. 그러나 그 분야는 그분이 꼭 해야 할 일에 중요하지 않았다. 즉, 그분은 현대의 모든 개념을 아실 역량은 있었지만 그 개념을 보유하시지는 않았다. 그런 부류의 지식을 습득하시지 않은 것이다. 그분은 그 시대의 사람이었다.

사실, 현대 과학 이론들에 대한 지식만으로는 그분의 참모습이 오히려 작아진다고 말해도 무리가 아니다. 뉴턴이나 아인슈타인의 물리학 없이도 예수는 물 위를 걸으셨고, 베드로에게도 잠시 물 위를 걷는 법을 가르치셨고, 물을 포도주로 바꾸셨고, 사나운 풍랑을 잔잔케 하셨기 때문이다. 윌라드의 말처럼 예수는 "분자의 주인"이었다.[5] 그분은 자기 나름의 지식에 힘입어, 지상에서 자신의 사명을 다하는 데 필요한 일들을, 성령의 능력으로 행하실 수 있었다.

이 각각의 그림 즉 물리학자 예수, 심리학자 예수, 철학자 예수, 문학 비평가 예수는 우리가 복음서에서 보는 예수, 경건의 시간에 만나는 예수, 공예배에서 찬미하는 예수보다 못하다. 예수를 그렇게 볼 때 우리는 그분을, 예수 세미나(소위 교리적 의미가 부여되기 이전의 역사적 예수를 연구하는 학회—옮긴이) 소속 학자들의 많은 "예수들" 중 하나—철학자/시인, 해설자, 기적 행하는 자, 혁명가—로 축소하는 쪽에 아슬아슬할 정도로 가까워질 수 있다. 우리는 예수를 축소하는 것을 피해야 한다. 예수를 우리의 상상의 틀에 맞추어서는 안 된다. "성경 학식의 확실한 결과들"에 기초했다는 상상도 마찬가지다. 예수는…음, 예수는 인간이지만 결국 어떤 식으로도, 지적인 면에서도, 비할 데 없는 분이다.

거의 2년이 지나 윌라드가 다른 강연에서 말한 것처럼 "예수가 주(主)일진대 정말 얼마나 우둔할 수 있겠는가?"[6] 당연히 예수는 역사상 가장 똑똑한 사람이요 가장 지적인 지성인이다. 어쩌다 우리는 다르게 생각할 수 있었단 말인가?

다시금 경고한다. 내 의도는 1세기의 예수가 역사상 가장 똑똑한 사람임을 보이는 데 있지만, 오늘날의 기독 사상가인 우리에게는 지금 우리가 관계 맺고 있는 분이 부활하신 그리스도임을 깨닫는 것이 더 중요하다. 우리가 처한 역사의 시점에서 볼 때, 지상에서의 그분의 지적인 역량과 습득은 전지전능하고 무소부재하신 부활의 주께 뿌리를 두고 있다. 지성의 습성에 있어 우리는 바로 그분을 의지한다. 우리가 아원자 구조의 복잡성을 골똘히 생각할 때, 구전 언어의 정교한 문법 형태를 파악하려 할 때, 자신의 괴로운 심리를 이해하려 애쓸 때, 무한히 세부적인 것까지 답을 아시는 분은 부활하신 그리스도다.

그래도, 지상에서 자신의 지성을 보이신 예수를 보면서 우리는, 현재 그분께 있는 무한한 지식에 대해서만 아니라 우리의 지성을 개발하고 사용하는 가치에 대해서도 확신을 가져야 한다. 윌라드의 말처럼 "예수께서 논리적 사고를 어떻게 활용하셨는지 잘 보면, 지성과 창의력 중추들의 주인이신 예수께 대한 우리의 확신이 깊어질 뿐 아니라, 우리가 참여할 수 있는 지성 생활의 모든 분야에서 그분을 더 잘 주인으로 모실 수 있다."[7) 그래서 지금부터 거기로 넘어간다.

논쟁자 예수

로고스이신 예수 그리스도는 우리의 논증 능력의 인식론적 기초다. 그분은 논쟁자 예수다. 성육신하신 하나님의 아들 예수 그리스도는 우리가 어떻게 사고해야 하는가를 보여 주는 최고의 모본이다. 그분처럼 되고 싶지 않을 사람이 누가 있겠는가!

그러니 비할 데 없는 예수, 복음서의 예수로 돌아가 보자. 신약에 그려진 그분을 연구하면, 혹 상상력을 발휘하지 않았다면 놓쳤을 뻔한 부분을 정말 볼 수 있다. 그래서 우리는 묻는다. 예수께서 사고하실 때 하신 일은 무엇인가? 이는 우리에게 숨겨진 부분이다. 그러나 우리는 예수께서 공적으로 말씀하실 때 하신 일이 무엇인지는 볼 수 있고, 그것을 통해서 그분의 사고가 어땠는지 최소한 일부는 파악할 수 있다.

공관복음에 그려진 예수는 핵심을 찌르는 짤막한 말들과 이야기들을 들려주신다. 요한복음에 그려진 예수는 긴 강화(講話)들을 들려주시는데, 그중 일부에서 예수는 표준 논법들을 따르는 인간의 평범한 논증을 사용하신다.

그러나 이런 논법들을 보기에 앞서 알아 두어야 할 것이 있다. 우리가 살펴볼 말들은 예수의 입에서 나온 어구 그대로가 아니다. 공관복음이든 요한복음이든 우리가 듣게 될 예수의 말씀은 헬라어를 영어로 옮긴 것이며, 헬라어 자체도 예수께서 쓰신 아람어를 번역한 것이다. 이런 파생물에도 예수의 사고의 본질적 틀들이 여전히 구현되어 있다고 우리는 가정한다. 대다수 전통적 기독교 학자들도 그렇게 가정하며, 많은 급진적 기독교 학자들과 비기독교 학자들도 마찬가지다. 그분의 말씀을 담은 원전들이 복음서 외에 별로 없고, 그나마 있는 것들도 「도마 복음」처럼 영지주의에 많이 더럽혀져 신빙성이 떨어진다는 점을 감안할 때, 사실상 달리 도리가 없다.[8]

사실, 예수의 말씀이 거의 전적으로 헬라어로만 남아 있다는 사실은 오히려 이점일 수도 있다. 우리가 믿는 바처럼, 하나님이 우리가 예수에 대해 가장 알아야 할 내용을 복음서를 통해 주셨을진대, 헬라어로 된 예수의 말씀으로도 우리에게 충분할 뿐 아니라 영어나 스와힐리어나 반투어나 독일어로 된 말씀도 마찬가지다. 헬라어로 표기된 예수의 말씀을 공부하여 많은 것을 배울 수 있음에도 불구하고, 우리에게 있는 영어 본문으로 논증하는 것도 얼마든지 정당하다. 지금부터 하려는 일이 그것이다.

우리가 알지 못했던 예수

복음서를 진지하게 읽는 독자라면 누구나 책장에서 튀어나오는 예수의 예기치 못한 면에 놀랄 수밖에 없다. 잘 보면, 우리가 만나는 예수는 언제 보아도 새롭고 신선하다. 본문과 떨어져서 한참 지나면, 우리의 예수 상은 흐려진다. 그분의 독특하고 두드러진 실체가 그 또렷한 윤곽을 잃는다. 그분은 점점 더 화가 노먼 로크웰(Norman Rockwell)의 그림처럼 수더분하고 대하기 편한 사람이 되어 간다. 매주 우리와 같이 교회에 가서 예배는 드리지만 우리에게 책임을 묻지는 않는, 길 건너에 사는 착실하고 지혜로운 사람이 된다.

그러나 복음서를 읽으면, 번번이 우리를 당황하게 만드는 우뚝 솟은 인물과 맞닥뜨리게 된다. 그분은 금방 우리를 매료했다가 다시 좌절에 빠뜨리는가 하면, 위로하면서 동시에 깊이 고민하게 만든다. 이 실체를 상대하려 할 때, 우리는 지적인 작업과 실존적 작업 둘 다에 부딪친다. 여기 1세기 시공 속의 예수가 현재의 예수가 되어, 우리가 사는 21세기 순간의 카이로스 속으로 들어온다. 여태까지 우리가 복음서를 읽으며 이해했던 모든 내용, 학자들의 모든 설명, 경건의 시간에 되새겼던 성인들의 모든 묵상은, 복음서를 새롭게 읽을 때마다 의문에 붙여진다.

당대 사람들과의 만남 속에서 계시되는 예수의 사고를 볼 때, 우리 의식의 이면에 이 생각을 새겨 두면 도움이 된다. 즉, 예수께서 우리 가운데 행하실 때 하신 일들과 말씀들은 극히 예기치 못한 것들이다.

그분의 예기치 못한 면의 계시는 수태 고지, 베들레헴 목자들에게 뒤이어 일어난 신기한 사건들, 박사들의 경배, 이집트 피난으로 시작된다. 그분의 사고의 예기치 못한 면은 열두 살 때부터 계시되기 시작한다. 며칠 동안 그분은 그 "지혜"(눅 2:47)로 예루살렘의 랍비들을 놀라게 했다. 바로 후에(연령상이 아니라 본문의 순서상) 마귀에게 답변할 때 그분은 성경을 사용하며 깊은 통찰을 보이셨다(눅 4:1-13). 예수는 단지 귀여운 아이가 아니었다. 그것뿐이었다면 랍비들은 그렇게 오랫동안 그와 함께 있지 않았을 것이다. 성경 지식 위에 아버지의 뜻을 행하려는 결연한 마음이 합해졌고, 그래서 사탄은 가장 교묘한 간계로도 그분을 사명에서 빗나가게 할 수 없었다.

예수는 죄를 지을 수도 있었을까? 많은 사람이 해 온 질문이다. 윌라드의 답은 단순하며, 내 생각에, 정곡을 찌른다.[9] 그렇다, 예수는 죄를 지을 수도 있었으나 너무 똑똑해서 죄를 짓지 않았다. 그분은 그 이상을 아셨다. 생각해 보라. 그분이 어째서 죄를 짓고 싶겠는가? 죄는 사람을 자유케 하지 않는다. 구속할 뿐이다.

예수께서 자기 동네와 인근 동네 사람들을 만나시기 시작하자, 그분을 죽이려는 위협이 거의 일상사가 될 정도로, 사람들의 기대가 처참히 무산된다. 누가복음 4:14-30에 한 이야기가 나온다. 사역 초기에 그분은 고향 나사렛에 도착하여 습관대로 안식일 정기 예배에 참석하신다. 누군가 그분께 성경을 드려 읽게 한다. 그분은 이사야 61장을 펴서 처음 두 구절을 읽은 다음, 성경을 담당자에게 돌려주고 자리에 앉아 가르치신다(통상적 관행이다). 이어 그분은 메시아의 사명을 묘사한 그 두 구절이 자기를 가리키는 것이라고 선포하신다. 처음에 이웃들은 그분의 말뜻을 알아듣지 못한다. 평소 그분에 대해 좋게 말하던 이웃들이다. 그러다 그들은 잠시 생각해 본 후 고개를 갸우뚱거린다. "이 사람은 우리 동네 사람이잖아? 요셉의 아들 이잖아?"

충격을 더 주시려는 듯 예수는 옛 속담을 인용하신다. "선지자가 고향에서 환영을 받는 자가 없느니라." 그리고는 자기를 가장 위대한 히브리 선지자들 중에 엘리야와 엘리사 둘에 견주신다. 그들도 동포들에게는 거부당했으나 이방인들에게는 영접 받았다. 하나는 시돈 사람에게, 하나는 수리아 사람에게 그랬다.

우리는 이 사건이 얼마나 충격적인 일인지 볼 필요가 있다. 예컨대 이스라엘의 한 젊은 정치가가 국회에서, 자기가 오랜 대망의 메시아이며 만일 다른 정치가들이 이를 믿지 않는다면 PLO에 가서 말하겠다고 선포하는 장면을 상상해 보라. 야세르 아라파트라면 그를 믿어 줄 것이다. 이번에는 기독교 정황에 넣어 보자. 한 젊은 대학생이 여름 방학 때 집에 와서 자신이 다니던 침례교회에 말하기를, 첫째 자기가 2천 년 전에 말한 대로 재림한 예수이며, 둘째 만일 이웃들이 자기를 믿지 않는다면 시내 저쪽의 하레 크리슈나(Hare Krishna) 사원으로 가겠다고 하는 장면을 상상해 보라. 그들은 그를 믿어 줄 것이다. "회당에 있는 모든 자들이…다 분이 가득"했던 이유, 예수께서 무리 가운데로 지나서 피하셨기에 망정이지 그렇지 않았다면 그분을 동네 밖으로 쫓아내어 낭떠러지에서 밀쳐 내렸을 정도로 분개한 이유를, 이제야 우리는 조금 알 수 있을까?

예기치 못하다 못해 아예 엉뚱하게 말하고 행동하는 예수를 우리는 번

번이 만난다. 그분은 창녀가 머리털로 자신의 발을 씻게 두면서 자기를 초대한 바리새인 주인에게는 솜씨 좋은 이야기로, 여자는 용서받았으나 그는 그렇지 못함을 보여 주신다(눅 7:36-50). 그분은 위선적인 바리새인들보다 회개하는 세리들과 강도들을(눅 18:9-14; 23:43), 어른들보다 어린아이들을(눅 18:15-17), 부유한 기부자들보다 가난한 과부를(눅 21:1-4), 부자보다 거지를(눅 16:19-31), 주인들보다 종들을(눅 22:24-30) 더 귀히 보신다. 그분의 가족들이 그분을 보러 왔으나 무리 때문에 길이 막혔을 때, 그분은 제자들—이미 자기와 함께 있던 자들—이 자신의 참 어미요 형제라고 말씀하신다(눅 8:19-21). 또 누구든 그분의 제자가 되려면 "자기 부모와 처자와 형제와 자매와 더욱이 자기 목숨까지 미워"해야 한다고 말씀하신다(눅 14:26). 사람들의 병을 고쳐 주시고 그것을 율법으로 정당화면서, 그분은 안식일 규정들의 엄수를 거부하신다.

안식일 논의를 제외하고, 지금까지 열거한 사례들은 예수의 사고 작용보다는 그분의 예측할 수 없는 면을 보여 준다. 그러나 예수의 지성의 특징은 안식일 논의에 더 명확히 나타난다. 이제 우리는 예수의 논증 방식의 사례들로 넘어가, (1)점증적 논법 (2)증거를 통한 논법 (3)대화를 통한 그리고 사람들과의 직접적 대립을 통한 논증 (4)성경 해석 (5)이야기 등을 살펴보려 한다.

점증적 논법

예수는 자주 유추법으로, 더 구체적으로 전문 용어로 말하면, 점증적 논법(a fortiori, "한층 유력한 이유로"라는 뜻—옮긴이)으로 논증하셨다. 점증적 논법은 대체로 다음과 같은 형태로 이루어진다.

1의 진실성이 인정된다.
2의 논거가 1의 논거보다 강하다.
고로 2의 진실성도 인정되어야 한다.[10]

예를 들어, 사람이 자신의 애완용 고양이를 존중하다는 것이 마땅하다면 자신의 어머니를 존중하고 심지어 사랑하는 것은 훨씬 더 마땅하다. 예수는 이런 논법을 종종 사용하셨다.[11] 특히 자세한 한 예가 요한복음 7:21-23에 나온다.

내가 [안식일에] 한 가지 일을 행하매 너희가 다 이로 말미암아 이상히 여기는도다. 모세가 너희에게 할례를 행했으니 (그러나 할례는 모세에게서 난 것이 아니요 조상들에게서 난 것이라.) 그러므로 너희가 안식일에도 사람에게 할례를 행하느니라. 모세의 율법을 범하지 아니하려고 사람이 안식일에도 할례를 받는 일이 있거든 내가 안식일에 사람의 전신을 건전하게 한 것으로 너희가 내게 노여워하느냐.

이것을 형식대로 표현하면 다음과 같다.

전제 1: 생후 8일째에 아이에게 할례를 주는 것은 설령 그날이 안식일이라 해도 정당한 행위다.
전제 2: 사람을 치유하는 일은 할례보다 더 중요하고 생명을 살리는 행위다.
결 론: 사람을 치유하는 일은 설령 안식일에 이루어진다 해도 정당한 행위다.

이렇게 예수는 종교 지도자들에게 그들 자신이 알고 있는 율법에 맞게 행동하라고 도전하신다. 안식일에 치유하는 일이 하나님께서 인정하시는 일임을, 종교 지도자들은 이미 알고 있거나 의당 알아야 한다. 동시에 그분의 논증에는 그들의 지식이나 동기에 대한 암시적 비판이 들어 있다. 이 긴 본문에서 예수는 자신을 비난하는 자들이 자신을 죽이려 해 왔음을 수차례 언급하신다(요 5:18; 7:19; 8:37, 40). 이제 예수는, 종교 지도자들이 자신을 죽이기 위해 하나님의 율법을 무시하거나, 계속 무지(無知)한 상태로 남아 있으려 한다고 말씀하신다. 말로는 하나님의 율법을 자신들의 도덕적 기준으로 삼는다고 주장하면서 말이다.

안식일과 관련된 두 번째 예는 누가복음 13:10-16에 나온다. 예수께서 "십팔 년 동안을 귀신 들려 앓으며 꼬부라져 펴지 못하는" 한 여자를 고쳐 주시자 회당장은 분개한다.

"일할 날이 엿새가 있으니 그 동안에 와서 고침을 받을 것이요 안식일에는 말 것이니라" 하거늘, 주께서 대답하여 이르시되 "외식하는 자들아, 너희가 각각 안식일에 자기의 소나 나귀나 외양간에서 풀어내어 이끌고 가서 물을 먹이지 아니하느냐. 그러면 열여덟 해 동안 사탄에게 매인 바 된 이 아브라함의 딸을 안식일에 이 매임에서 푸는 것이 합당하지 아니하냐."

이 논법의 형식은 아주 간단하다.

전제 1: 하루 동안 목마른 소나 나귀를 안식일에 풀어 물을 주는 것은 정당하다.
전제 2: 18년 동안 병으로 고생한 여자가 소나 나귀보다 더 풀어 줄 가치가 있다.

결 론: 안식일에 이 여자를 고쳐 주는 것은 정당하다.

이 경우, 논증의 정당성이 어찌나 분명했던지 "모든 반대하는 자들은 부끄러워"한 반면 보통 사람들은 "그 하시는 모든 영광스러운 일을 기뻐"했다(눅 13:17).

점증적 논법의 세 번째 예는 누가복음 18:2-8에 나온다. 예수께서 제자들에게 끈질긴 기도를 독려하시는 대목이다.

이르시되 "어떤 도시에 하나님을 두려워하지 않고 사람을 무시하는 한 재판장이 있는데 그 도시에 한 과부가 있어 자주 그에게 가서 '내 원수에 대한 나의 원한을 풀어 주소서' 하되

"그가 얼마 동안 듣지 아니하다가 후에 속으로 생각하되 '내가 하나님을 두려워하지 않고 사람을 무시하나 이 과부가 나를 번거롭게 하니 내가 그 원한을 풀어 주리라. 그렇지 않으면 늘 와서 나를 괴롭게 하리라' 하였느니라."

주께서 또 이르시되 "불의한 재판관의 말한 것을 들으라. 하물며 하나님께서 그 밤낮 부르짖는 택하신 자들의 원한을 풀어 주지 아니하시겠느냐. 그들에게 오래 참으시겠느냐. 내가 너희에게 이르노니 속히 그 원한을 풀어 주시리라."

이것을 삼단 논법 형식으로 표현하면 이렇게 된다.

전제 1: 끈질기게 간청하면 불의한 재판관도 정의를 시행한다.
전제 2: 공의의 재판관이신 하나님은 분명 불의한 재판관보다 더 낫다.
결 론: 하나님은 끈질긴 기도에 속히 응답하신다.

이런 논법의 예는 복음서에 얼마든지 수두룩하다.

증거를 통한 논법

논증의 한 방법은, 자신이 특정 내용을 사실로 보는 "이유"를 대는 것이다. 즉, 자신의 입장을 옹호하는 것이다. 요한복음 5장에서 예수께서 하시는 일이 바로 그것이다. 누가복음에도 비슷한 형태의 논증이 나온다.

요한복음 5장에서 예수는 종교 지도자들과 진지한 대화를 나누신다. 그날은 안식일인데 예수는 방금 베데스다 못에서 한 남자를 고쳐 주셨다. "유대인들"(요한은 종교 지도자들을 그렇게 지칭하고 있다)이 그 소식을 듣고 이의를 제기한다. 그들은 안식일에 병을 고치는 것은 전통 율법을 범하는 일이라고 주장한다. 그러자 예수께서 자신의 행위를 이렇게 설명하신다. "내 아버지께서 이제까지 일하시니 나도 일한다." 이에 대한 반응으로 유대인들은 "더욱 예수를 죽이고자 하니 이는 안식일을 범할 뿐 아니라 하나님을 자기의 친아버지라 하여 자기를 하나님과 동등으로 삼으심"이다(요 5:17-18).

예수는 유대인들의 결론을 반박하시지 않는다. 대신 그분은 여섯 가지 내용을 더 진술하시는데, 이를 종합하면, 정말 그분이 정확히 유대인들의 주장대로 하고 계심이 확증된다. 그 이유들을 쭉 풀어서 보면 그 점이 분명해진다.

1. 나는 내 아버지께서 행하시는 그것을 행한다. 즉, 죽은 자들에게 생명을 준다(5:18-25).
2. 나는 아버지를 대신하여 심판한다(5:22).
3. 내가 공경 받지 못하면 하나님도 공경 받지 못하신다(5:23).

4. 나를 믿는 자는 하나님을 믿는 것이다(5:24-27).

5. 하나님처럼 나도 내 안에 생명이 있다(5:26).

6. 하나님의 능력으로 나는 언제나 그분이 원하시는 대로 한다(5:30).

이런 주장들로 예수는 자신에 대한 반론에 오히려 힘을 실어 주신다. 적들의 결론을 뒷받침할 만한 이유들을 더 얹어 주신 것이다. 사실상 예수는 "너희 말이 옳다. 나는 내가 하나님과 동등하다고 주장하고 있다"고 말씀하신다. 그러나 그분은 답변 없이 그냥 유대인들을 떠나시지 않는다. 그분이 스스로 하나님과 동등하다고 주장하신 것은 그분이 정말 하나님과 동등하시기 때문이며, 여태까지 유대인들은 그 사실을 직접 볼 기회가 충분히 있었다.

그래서 그분은 형세를 질문자들 쪽으로 역전시켜 자신의 신성 주장이 왜 사실인지 다섯 가지 이유를 밝히신다(요 5:31-46).

1. 세례 요한이 내가 누구인지 증거한다(5:33).

2. 내가 하는 "일들"이 내가 누구인지 증거한다(5:36).

3. 아버지께서 내가 누구인지 증거하신다(5:37).

4. 성경이 내가 누구인지 증거한다(5:39).

5. 모세가 내가 누구인지 증거한다(5:46).

예수는 종교 지도자들이 이런 이유들을 접할 기회가 있었다고 가정하신다. 종교 지도자들은 세례 요한의 증언을 들었다. 그들은 예수께서 행하시는 일들을 보았다. 그들은 하나님의 생각을 알고 있거나 안다고 주장하고 있다. 그들은 성경을 읽었다. 그들은 모세를 자신들의 종교적 권위자로—모세는 토라 자체의 저자이므로 어쩌면 최고의 종교적 권위자로—받아들이고 있다.

유사한 유형의 논법을 쓰시는 예수님이 누가복음에도 나온다. 옥에 갇힌 세례 요한은 예수를 메시아로 지목했던 자신의 말에 확신을 잃었다. 그래서 그는 제자들을 예수께 보내, 그분이 정말 "오실 그이"인지 여쭙게 한다(눅 7:20). 대답으로 예수는 예언된 메시아의 일들을 행하신다.

> 마침 그 때에 예수께서 질병과 고통과 및 악귀 들린 자를 많이 고치시며 또 많은 맹인을 보게 하신지라. 예수께서 대답하여 이르시되 "너희가 가서 보고 들은 것을 요한에게 알리되 맹인이 보며 못 걷는 사람이 걸으며 나병환자가 깨끗함을 받으며 귀먹은 사람이 들으며 죽은 자가 살아나며 가난한 자에게 복음이 전파된다 하라. 누구든지 나로 말미암아 실족하지 아니하는 자는 복이 있도다" 하시니라. (눅 7:21-23)

이 일들은 이사야 61:1-2의 성취로써, 예수는 이미 자신을 가리켜 그 본문을 인용하신 바 있다(눅 4:18-19).

요한복음과 누가복음에서 예수께서 제시하신 이 각각의 이유에는 풍부한 의미가 함축되어 있으나, 그것을 더 풀어내는 것은 본 장의 취지를 벗어난다. 본 장의 취지는 예수께서 종종 인간의 평범한 범주들로 사고하셨고, 인간의 평범한 논리를 사용하여 자신의 입장을—이 경우 자신의 참 정체에 대한 입장을—옹호하셨음을 예증하는 것이다. 예수의 정체의 문제는 복음서의 가장 긴장된 대화 중 하나인 다음 본문의 주제이기도 하다.

논쟁하는 예수

요한복음 7-8장은 7:53-8:11의 짤막한 지엽을 빼고는 하나의 일관된 논쟁을 이룬다.[12] 배경은 초막절 시기의 예루살렘이고, 질문자들은 "무리"와 종교 지도자들이다(요한은 단순히 "유대인들"이라 칭한다). 그리고 이 두 장의 중심 논제는 예수의 정체다. 예수는 자신을 누구라고 생각하는가? 그리고 그분은 정말 누구인가?

논쟁의 전체 흐름은 매우 복잡하다. 비난과 답변, 공격과 역공이 이음매 없는 옷감처럼 한꺼번에 펼쳐진다. 여기서 이 논쟁을 상세히 고찰할 생각은 없다. 그러려면 성경 해석으로 너무 깊이 들어가게 된다. 그러나 논쟁 자체의 특성만 관찰해도 우리는 많은 것을 배울 수 있다. 이 두 장의 핵심 주장은 예수께서 자신의 정체를, 이스라엘 백성에게 하나님이 누구이고 그들이 무엇을 믿어야 하며 나아가 어떻게 살아야 하는지 가르쳐 주도록, 하나님의 보내심을 받은 자로 밝히신 것이다.

성전 뜰에서 가르치기 시작하신 예수는 듣는 자들을 놀라게 하신다. "이 사람은 배우지 아니하였거늘 어떻게 글을 아느냐"(요 7:15)고 그들은 묻는다. 예수는 배우지 않았나? 그분이 공식 교육을 받았다고 생각할 직접적 이유는 우리에게 없지만, 열두 살 때의 행적으로 보아 "배움" 자체가 그분께 낯설지 않았다고 믿을 이유는 있다. 어쨌든 그분의 재기(才氣)는 쉽게 눈에 띄었다. 그러나 예수는 자신의 교훈의 기원을 하나님께로 돌리신다. 나아가 그분은 "사람이 하나님의 뜻을 행하려 하면 이 교훈이 하나님께로부터 왔는지 내가 스스로 말함인지 알리라"(요 7:17)고 말씀하신다.

예수의 "인식론"에서, 하나님의 뜻을 행하는 것은 예수의 가르침이 하나님에게서 왔는지 여부를 "아는"(확신을 가지고 이해하게 되는) 것과 불가분의 관계다. 만일 예수님의 가르침이 하나님에게서 왔다면, 불문(不文)의 가정—구약 성경에 명백히 고루 배어 있는—은, 예수의 가르침이 진리이며 그 진리를 아는(그리고 행하는) 것이 최고의 가치라는 것이다. 그래서 예수는 지도자들에게 앎과 행함의 분리부터 곧바로 지적하신다. 즉 그들이 율법을 구속력 있는 진리로 받아들이면서도 그대로 순종하지 않는다는 것이다. "모세가 너희에게 율법을 주지 아니하였느냐. 너희 중에 율법을 지키는 자가 없도다"(요 7:19). 이 도전으로도 모자라다는 듯, 예수는 자신을 죽이려는 그들의 계획을, 그 공공연한 비밀을, 폭로하신다.

지도자들은 자신들의 계획을 완강히 부인하며 역공을 펼친다. "당신은 귀신이 들렸도다"(요 7:20). 예수는 그들의 추궁을 무시하신 채 자신의 추궁을 계속하신다. 진리를 구하지 않고 외모로만 판단하는 지도자들을 비난하신 것이다. 요한복음 7-8장의 나머지 부분에서 예수는, 진리를 보지 않으려는 완악한 고의적 거부, 위선, 망상 따위의 일그러진 세력들과 씨름하신다. 예수의 말에 설득당하는 사람들도 있고 그분을 체포하여 죽이려는 사람들도 있다. 그러나 예수는 그 성품의 힘과 지성의 위력으로 싸움판에 들어가, 침착하면서도 뜨겁게 이런 충격적 주장들을 펼치신다. "내가 스스로 온 것이 아니니라. 나를 보내신 이는 참되시니 너희는 그를 알지 못하나 나는 아노니 이는 내가 그에게서 났고 그가 나를 보내셨음이니라"(요 7:28-29). "나를 믿는 자는 성경에 이름과 같이 그 배에서 생수의 강이 흘러나오리라"(요 7:38). "나는 항상 그[아버지]가 기뻐하시는 일을 행하므로"(요 8:29). 자신의 정체를 거부하는 지도자들에게 그분은 이토록 단호하고 사려 깊게 대응하신다. 우리가 진리를 알고 행하려 할진대, 이 두 장을 읽으면서 예수의 지성의 깊이를 인식하지 않기란 불가능해 보인다.

강화는 요한복음 8장 중반부에서 절정에 달한다. 많은 이의 거부에도 불구하고, 이 시점에서 "많은 사람이 믿"었고, 그래서 예수는 그들에게 향하신다. "예수께서 자기를 믿은 유대인들에게 이르시되 '너희가 내 말에 거하면 참 내 제자가 되고 진리를 알지니 진리가 너희를 자유롭게 하리라'"(요 8:31-32).

예수가 만일 유대인들에게 삶의 길을 일러 주라고 아버지께서 보내신 분이라면, 그들은 그분의 이어지는 말에 주목하고 거기에 맞게 행해야 한다. 논리적으로 그럴 수밖에 없다. 그러나 예수의 대화에서 종종 그렇듯이, 뜻밖의 일이 벌어진다. "믿은 자들"이 그 길을 당장 거부한 것이다. 무엇보다도, 그러려면 그들은, 자신들에 대해 받아들이기 어려운 사실, 즉 자기들이 죄에 속박되어 있음을 믿어야만 했기 때문이다. 급기야, 예수께서 가장 "교만한" 주장("아브라함이 나기 전부터 내가 있느니라!"[요 8:58])을 하신 후, 그들은 노기가 충천하여 그분을 돌로 치려 한다.

예수께서 곤경에 빠지신 것은 바로 자신의 지성에 대한—즉 청중들이 모르는 것을 자신은 안다는—주장 때문이라고 말할 수도 있다. 그러나 더 중요한 요지는, 예수께서 우리 같은 사람들로 더불어 "논쟁하신다"는 사실이다. 그분은 질문자들이 자신의 말을 알아들을 수 있다고, 그리고 마음만 먹으면 하나님에 관한 진리, 예수에 관한 진리, 그들 자신에 관한 진리를 이해하고 받아들일 수 있다고 가정하신다. 이 두 장 즉 요한복음 7-8장이야말로 예수의 지성의 작용을 보여 주는 훌륭한 예증이다.

해석자 예수

예수는 이미 열두 살에도 구약 성경을 배우고 있었고(눅 2:41-52) 장성할 무렵에는 달인이었다. 산상수훈(마 5-7장)에서 예수는 성경을 자유로이 넘나들며, 랍비들처럼 해석만 한 것이 아니라 놀라운 권위로 말씀하셨다(마 7:29). 암시적으로 성경 자체와 동등한 권위를 주장하신 것이다.

당시 교사들의 흔한 관행 중 하나는 성경 해석이었다. 학자들은 이전 학자들의 말을 인용하고 자신의 말을 덧붙이는 등 이 일에 심혈을 기울였고, 혹 누구의 작품이 동료들의 격찬을 받으면 그 작품이 유산이 되어 전통에 더해졌다. 그래서 논쟁이 벌어질 때면 그들은 성경과 전통을 근거로 예수의 가르침을 시험했다.

마가복음 12:13-34에 보면 당국자들이 부활 후의 결혼과 가장 큰 계명에 대하여 예수께 해석상의 질문을 던진다. 그분은 쉽게 처리하신다. 그리고는 35-37절에서 형세를 역전시켜 당국자들에게 질문을 하나 던지신다.

> 어찌하여 서기관들이 그리스도를 다윗의 자손이라 하느냐. 다윗이 성령에 감동하여 친히 말하되 "주께서 내 주께 이르시되 '내가 네 원수를 네 발 아래 둘 때까지 내 우편에 앉았으라' 하셨도다" 하였느니라. 다윗이 그리스도를 주라 하였은즉 어찌 그의 자손이 되겠느냐.

이는 전통적인 하가다(haggada, 탈무드에서 율법 이외의 교훈적 이야기—옮긴이) 질문, 즉 성경의 외견상의 모순들을 해결하는 질문이다. 이 경우 질문은 어떻게 메시아가 다윗의 자손이면서 동시에 다윗의 주일 수 있는가 하는 것이다. 이 난제에 답하라는 도전 앞에서 종교 당국자들은 속수무책이다. 그러나 후에 신약 성경 기자들은 답한다(행 2:29-34; 13:39; 히 1:5-13). 신약 학자 윌리엄 레인(William L. Lane)의 말처럼 "이 본문들에서 다윗의 예언적 약속(시 110:1)은, 예수가 구주라는 선포에 시발점 역할을 한다. 이 약속은 그분이 부활하여 영광을 얻으심으로 성취된다. 예수는 성경을, 이 경우 다윗에게 주어진 약속을, 성취하시는 분이다."13) 예수는 이 난제로 당국자들을 당황케 하실 뿐 아니라, 제자들에게 나중에 그분을 예언의 성취로 해석하는 데 도움이 될 본문을 일러 주신다.

예수께서 성경을 자유자재로 구사하시는 예를 찾자면 거의 끝이 없다. 경솔한 인용이나 해당 주제와 직결되지 않은 인용은 찾아볼 수 없다. 논리학자 예수에 대한 연구에서 윌라드는 네 본문을 강조한다. 마태복음 12:1-8(의식법에 관하여), 누가복음 20:27-40(몸의 부활에 관하여), 마태복음 5:29-30(죄의 유발 요인들에 관하여), 누가복음 20:42-42(다윗의 자손이자 동시에 주이신 메시아에 관하여)와 그 상응 본문인 마가복음 12:35-37이다. 각 경우마다 예수의 해박한 성경 이해가 돋보인다.14)

이야기꾼 예수

예수에 대해 조금이라도 아는 사람이라면 누구나 알듯이 그분은 위대한 이야기꾼, 정녕코 역사상 가장 위대한 이야기꾼이었다. 가장 긴 이야기인 탕자의 비유(눅 15:11-32)도 짧다. 등장인물 수는 대개 둘이나 셋으로 최소에 그친다. 그러나 잔뜩 호기심을 자아내는 그분의 비유들의 형태는 독특하다. 이 비유들은 듣는 자들을 흠뻑 빨아들여, 그들이 반응하기 전에는 사실상 이야기가 끝나지 않는다.

예컨대 탕자의 비유를 보라. 청중들(세리들, 죄인들, 서기관들)은 이야기 속에 자기들이 등장인물로 나옴을 깨닫는다. 세리들과 죄인들은 방탕하게 살다가 회개하고 용서받는 동생이다. 서기관들은 순종하다가 막판에 아버지를 거부하는 형이다. 형은, 집에 돌아온 동생을 받아 주는 아버지를 받아들이지 않는 한, 용서를 누릴 수 없다. 이야기 자체는, 바깥에 그대로 남아 흥겨운 잔치 소리를 듣고 있는 형의 모습으로 끝난다. 그러나 청중들의 이야기는 끝나지 않는다. 그들은 아직도 잔치에 들어갈 기회가 있다. 회개하는 밑바닥 사람들을 받아 주시는 예수를 받아들이기만 하면 된다. 이 모든 과정에서 예수는 자신의 하늘 아버지처럼 행동하고 계신다. 그래서 만일 "서기관들"이 이 이야기를 듣기 전에 그래 왔던 것처럼 예수를 거부한다면, 그들은 하늘 아버지를 거부하는 것이다. 예수는 다른 데서도 이점을 명백히 밝히신 바 있다. "너희 말을 듣는 자는 곧 내 말을 듣는 것이요 너희를 저버리는 자는 곧 나를 저버리는 것이요 나를 저버리는 자는 나 보내신 이를 저버리는 것이라"(눅 10:16).

그러나 내가 길게 살펴보고자 하는 이야기는 선한 사마리아인의 비유다. 이는 예수 특유의 이야기 솜씨를 보여 주는 훌륭한 예다. 사실, 우리가 이미 본 예수의 많은 특징적 요소들이 이 속에 예시된다.

앞서 말했듯이 예수는 종종 자신의 이야기 속에 청중을 끌어들이신다. 그것이 이번 비유보다 더 분명히 나타나는 곳은 없다. 그렇다면 그분의 청중은 누구일까? 물론 일차적 청중은 "어떤 율법사"이지만, 이차적 청중도 있다. 비유의 배경을 보면 그 둘 다에 대해 통찰을 얻을 수 있다.

어떤 율법 교사가 일어나 예수를 시험하여 이르되 "선생님, 내가 무엇을 하여야 영생을 얻으리이까."

예수께서 이르시되 "율법에 무엇이라 기록되었으며 네가 어떻게 읽느냐."

대답하여 이르되 "네 마음을 다하며 목숨을 다하며 힘을 다하며 뜻을 다하여 주 너의 하나님을 사랑하고 또한 네 이웃을 네 자신같이 사랑하라" 하였나이다.

예수께서 이르시되 "네 대답이 옳도다. 이를 행하라 그러면 살리라" 하시니

그 사람이 자기를 옳게 보이려고 예수께 여짜오되 "그러면 내 이웃이 누구니이까."(눅 10:25-29)

일차적 청중의 특징을 잘 보라. 율법 교사의 동기는 예수의 가르침을 정말 배우려는 것이 아니라 "예수를 시험"하는 것이다. 그는 "어디까지나 나는 율법 교사다. 예수도 나만큼 아나 어디 한번 보자"고 생각했다.

그러나 예수는 율법 교사의 위선을 보시고 즉시 형세를 역전시켜, 그의 생각이 어떤지 물으신다. 그리고 구약 성경(신 6:4-8; 레 19:18)에서 직접 답을 가져다 문자적인 정답을 내놓는 율법 교사를 칭찬하신다. 그러나 예수께서 한걸음 더 들어가 "이를 행하라 그러면 살리라"고 하시자 율법 교사는 예수의 칭찬 속에, 자기와 예수가 헤어지는 순간에 터지도록 장치된 시한폭탄이 들어 있음을 깨닫는다. 이제 율법 교사는 자기가 던진 질문에 자기가 내놓은 답대로 살아야 한다! 즉 하나님을 전적으로 사랑하고 이웃을 또한 사랑해야 하는 것이다.

반응으로 율법 교사는 첫째 계명은 건드리지 않는다. 거기에는 논쟁이 있을 수 없음을 그도 안다. 율법 교사는 "하지만 하나님이 누구입니까?"라

고는 말할 수 없다. 그런 무지의 탄로는 "율법 교사"로서 변명의 여지가 없는 일이다. 그래서 그는 둘째 계명을 공략하며 이웃의 정의를 묻는다. 예수의 율법 해석을 시험하는 정도가 아니라, 편안한 대상들로 자신의 헌신의 범위를 좁히려 한 것이다. 그 범위란 동족 유대인일 수도 있고, 아예 더 좁게, 사회적 계층이 자신과 같은 사람들일 수도 있다.

범위가 무엇이든 분명 예수는 율법 교사에게 자기 지식에 책임질 것을 명하셨다. 물론 문제가 있다. 남들을 내 몸처럼 사랑한다는 것—나를 위해 하는 일들을 남들을 위해 한다는 것—은 솔직히 누구를 막론하고 인간으로서는 불가능한 일이다. 설령 이웃을 사랑할 능력이 있다 해도 우리는 이웃 사랑을 원치 않을 것이다.

그래서 궁지를 벗어나 보려고 율법 교사는 율법에 대해 약간 더 까다로운 질문을 던진다. "내가 나처럼 사랑해야 할 사람이 도대체 누구입니까?" 율법 교사의 첫 질문에는 직설적으로 답하신 예수께서 둘째 질문에는 유명한 이야기로 답하신다.

예수께서 대답하여 이르시되 "어떤 사람이 예루살렘에서 여리고로 내려가다가 강도를 만나매 강도들이 그 옷을 벗기고 때려 거반 죽은 것을 버리고 갔더라. 마침 한 제사장이 그 길로 내려가다가 그를 보고 피하여 지나가고 또 이와 같이 한 레위인도 그곳에 이르러 그를 보고 피하여 지나가되 어떤 사마리아 사람은 여행하는 중 거기 이르러 그를 보고 불쌍히 여겨 가까이 가서 기름과 포도주를 그 상처에 붓고 싸매고 자기 짐승에 태워 주막으로 데리고 가서 돌보아 주니라. 그 이튿날 그가 주막 주인에게 데나리온 둘을 내어 주며 이르되 '이 사람을 돌보아 주라. 비용이 더 들면 내가 돌아올 때에 갚으리라' 하였으니 "네 생각에는 이 세 사람 중에 누가 강도 만난 자의 이웃이 되겠느냐." 가로되 "자비를 베푼 자니이다." 예수께서 이르시되 "가서 너도 이와 같이 하라" 하시니라. (눅 10:30-37)

예수는 율법 교사의 질문에 답하셨나? 아니다. 질문은 우문이었다. 문제는 "누가 내 이웃이냐?"가 아니라 "내가 어떤 사람이 되어야 하느냐?"이다. 당신은 **이웃이 되어야** 하며, 이는 당신이 접하는 사람이면 누구나 당신의 관심 대상이라는 뜻이다. 이웃답게 행동하라. 이웃다움이 당신의 모든 행동의 특징이 되게 하라. 사실, 이야기 끝에서 율법 교사는 예수께는 물론 자신에게도 옳게 보이지 못한 채, 다시 궁지에 몰려 그야말로 쥐구멍이라도 찾아야 할 판이다.

'시원하다. 당해도 싸다. 감히 예수께 그런 질문을 던지다니! 그 정도밖에 모른단 말인가?' 우리는 혼잣말한다. 이 비유에 대한 우리의 생각이 거기서 끝난다면, 우리의 상태는 공부를 시작할 때보다 끝낼 때 오히려 더 나빠진다.

예수와 율법 교사의 대화는 율법 교사의 위선만 보여 주는 것이 아니다. 그것은 사회 속의 자신을 보는 율법 교사의 근본적 방식에 일격을 가한다. 그리고 거기서 이야기는 보다 보편적 차원으로 선회한다. 율법 교사 못지않게 우리에게도 적용되는 차원이다. 다시 말해, 예수의 이야기에는 이차적 청중이 있으니, 곧 독자인 당신과 나다!

다시 보자. 이번에는 이야기의 악역과 영웅을 보자. 물론 강도들은 악역이지만 이야기 속에서 그들의 기능은 배경을 입히는 정도다. 진짜 악역은 피해자를 보고 그냥 지나간 사람들, 즉 제사장과 레위인이다. 둘 다 "선한"

사람, "종교적인" 사람, 지역 사회의 기둥이다.

반면, 영웅은 사마리아인이다. 사마리아인은 유대 혈통과 아시리아 혈통이 섞인 팔레스타인의 한 집단이다. 그들은 "순수" 유대인들한테 어찌나 멸시를 받았던지, 요한복음에 보면 예수께서 사마리아 여자에게 말을 붙이시자 여자가 깜짝 놀란다. "유대인이 사마리아인과 상종하지 아니"하기 때문이다(요 4:9). 위에 보았듯이 유대의 종교 지도자들은 예수를 공격하면서 이렇게 내뱉은 적이 있다. "우리가 너를 사마리아 사람이라 또는 귀신이 들렸다 하는 말이 옳지 아니하냐"(요 8:48).

예수의 비유의 위력을 실감하려면, 예수께서 선한 유대인들을 악역으로 택하시고 사마리아인을 영웅으로 택하셨을 때, 율법 교사가—예수 당시의 정상적 유대인이라면 누구나 다—얼마나 노했겠는지 볼 필요가 있다. 그러나 그런 선택은 의도적이었다. 걸려 있는 문제는 이웃다움 자체였고, 이는 하나님을 사랑하는 것 다음으로 중대사였다. 예수는 이웃다움을 하나님의 선민의 행동에서 찾으시지 않고, 오히려 가장 아니다 싶은 사회 계층 사람을 택하심으로, 요점을 최대한 부각시키셨다. 그렇게 그분은 인간 마음의 핵심 본성—율법 교사의(그리고 우리의) 이기심, 다른 사람들을 향한 우리의 부정확하고 불의한 편견—을 지적하셨다. 한 주석가의 말처럼 "이 비유는 선행을 베푼 여행객에 대한 미담이 아니라 사회적, 인종적, 종교적 우월감에 대한 무서운 고발이다."[15] 율법 교사가 두 번째 큰 계명에 순종하려면, 즉 이웃들을 자신처럼 사랑하려면, 주변 사람들을 대하는 자신의 태도를 완전히 재조정해야 한다.

이 비유를 떠나기 전에, 우리는 이 이야기가 율법 교사 못지않게 우리에 관한 것임을 반드시 깨달아야 한다. 이야기에 현대의 옷을 입히라. 제사장과 레위인 대신 오늘날 우리가 존중하는 부류의 사람들—우리의 종교 지도자들, 우리의 교회 장로들, 우리의 사회적 그리고 심지어 도덕적 엘리트들—을 대입하라.

그리고 사마리아인 대신 우리 사회 계층의 밑바닥 사람들을 대입하라.

빈민가의 건달
  (우리가 일하는 원칙주의자라면)
복지 수당으로 살아가는 어머니
  (우리가 반듯한 신도시 주민이라면)
증권가의 브로커
  (우리가 심플한 삶을 지향하는 그리스도인이라면)
페미니스트 민중 선동가
  (우리가 극단적 페미니즘을 반대한다면)
남성 우월주의자
  (우리가 성경적인 페미니스트라면)
팔레스타인 사람
  (우리가 이스라엘 사람이라면)
꼴 보기 싫은 동료 학생
  (우리가 대학생이라면)

자신이 가장 덜 좋아하는 부류의 사람이 누구이든, 그 사람이 우리 이야기의 사마리아인이다. 이웃다운 자로 드러날 사람은 그 사람이다. 우리가 본받아야 할 사람도 그 사람이다.

우리는 여기에 준비되어 있나? 자신의 편견을 꿰뚫어 볼 수 있나? 이 이야기는 우리를 물구나무 자세로 뒤집어 놓지 않나? 고개를 땅에 대고 세상을 바짓가랑이 사이로 보는 것 같지 않은가? "가서 너도 이와 같이 하라"는 예수의 말씀이 우리에게 들려온다. "네가 멸시하는 자처럼 행하라. 네가 멸시하는 자가 하나님처럼 행하기 때문이다." 우리는 그리할 것인가? 어디서 이웃다움을 만나든 이웃다움을 알아볼 것인가? 나 자신의 이웃다움이 내 면상 밖을 벗어나지 못함을 우리는 인식할 것인가?

본래의 정황에서, 예수의 비유들은 결말 없이 끝날 때가 많다. 이번 것도 그렇다. 율법 교사는 어떻게 반응하나? 우리는 모른다. 율법 교사에게 달려 있다. 비유들을 읽을 때 우리는 어떻게 반응할 것인가? 우리한테 달려 있다. 비유의 이야기는 우리 삶의 행동으로 끝난다. 이야기로 인해 우리는 변화될 수도 있고, 그렇지 않을 수도 있다. 결말은 우리가 쓴다. 우리 앞에 그림이 있고, 그리고 예수께서 말씀하신다. "가서 너도 이와 같이 하라."[16]

예수의 비유가 그토록 강력한 교육 도구가 되는 것은 바로 이 특성, 즉 끝이 열려 있는 특성 때문이다. 거기에 자신을 바치면, 우리의 사고는 그분의 제자가 된다. 우리가 결말을 제대로 쓰면, 우리의 삶은 변화된다. 우리의 닫힌 마음을 엶에 있어, 비유 속의 예수를 만나는 것보다 더 좋은 길은 없다.

인간의 앎의 기초

인간의 앎의 궁극적인 기초는 인간의 자율적 이성이 아니다. 인간의 자율적 경험도 아니다. 인간의 모든 앎의 궁극적인 철학적, 신학적 기초는 로고스다. 기초는 존재론적이다. 존재만이 아니라 이성 내지 의미이신 하나님이다. 이 로고스가 육신의 형태를 입었다. 바로 "논쟁자" 예수다.

이렇듯 예수는 정말 "논증자"다. 그렇다, 더 나아가 그분은 "지성인"이다. 물론 그분은 지성인을 강조하시거나 명시적으로 언급하시지 않았다. "슬기 있는" 자들을 남다른 특권층으로 지목하시지도 않았다. 사실, 희열의 한순간 그분은 오히려 정반대 모습을 보이셨다.

> 그 때에 예수께서 성령으로 기뻐하시며 이르시되 "천지의 주재이신 아버지여, 이것을 지혜롭고 슬기 있는 자들에게는 숨기시고 어린아이들에게는 나타내심을 감사하나이다."(눅 10:21)

그렇다고 "지혜롭고 슬기 있는" 자들이 진리를 알기 위해 지성을 잃어야 한다는 뜻은 아니다. 지성인이 반(反)지성인이 되어야 한다는 말도 아니다. 이는 모든 사람이 우선 어린아이처럼 하나님의 계시를 받아야 한다는 뜻이다. 하나님의 선물들—지성 자체, 그리고 하나님의 은혜로운 계시를 통해 성경과 자연에서 오는 내용—을 받는 것이 우선이다. "나는 이해하기 위하여 믿노라"는 아우구스티누스의 원칙에, 그 정신이 잘 담겨 있다.

물론 예수의 겸손은 그분의 지성을 배제하지 않았다. 그분께는 소위 스타의 모습이 없었다. 그분은 그분이었고, "스스로 있는 자"이신 그분은 자기 아닌 어떤 것처럼 되려 할 필요가 없었다. 그러나 내 생각에, 지상 생활 동안 예수께서 지성의 모든 덕—진리를 향한 열정, 일관성을 향한 열정, 거룩을 향한 열정, 다른 사람들을 향한 긍휼—을 보이셨음을 아는 것이 유익하다. 139-140페이지에 나오는 네 덕의 도표를 다시 보라. 그중 예수께서 본을 보이시지 않은 것이 무엇인가? 누차 말하지만, 겸손까지도 해당된다. 자신의 독특한 권위를 주장하실 때도 예수는, 자신의 권위를 아버지께 넘겨 드리며, 아주 겸손히 그리하셨다. 요한복음 7-8장의 긴 강화를 시작하실 때 예수는 "내 교훈은 내 것이 아니요 나를 보내신 이의 것이니라"(요 7:16)고 말씀하신다. 뿐만 아니라, 새벽에 기도하러 나가실 때 그분은 영성 훈련과 지성 훈련—침묵, 고독, 주의력, 기도—둘 다의 본을 보이셨다. 그분이 율법 교사와 나누신 대화는 선한 사마리아인의 비유와 함께 수평적 사고의 예로도 볼 수 있다. 즉, 그분은 질문자의 잘못된 "율법적" 패러다임을 하나님 나라의 참된 패러다임으로 전환하셨다.

그러므로 본 장의 목표는 로고스 하나님을 인간 지성의 기초로 인식할 뿐 아니라, 그 로고스가 어떻게 성육신하신 성자 하나님을 통하여 기독 지성인의 모델을 구현해 주는지 보는 것이었다. 로고스 그리스도는 논증자 예수다. 그런 그분이, "율법 교사"에게 하신 것처럼, 지성에 관하여 우리에게도 "가서 너도 이와 같이 하라"고 하시지 않겠는가?

지식건축법

○ 우리는 예수가 사상가임을, 이것이 더러운 단어가 아니라 본질적 작업임을, 그분의 다른 속성들이 사고를 배제하는 게 아니라 오히려 그분이 정말 온 인류를 통틀어 가장 위대한 사상가요 "지구상에 살았던 가장 지적인 사람"임을 확증해 줄 뿐임을, 이해할 필요가 있다. 그분은 늘 논리적 통찰의 힘을 사용하여, 사람들로 하여금 그들 자신의 마음과 생각의 내면으로부터, 자신들과 하나님에 관한 진리에 이를 수 있게 하셨다.

달라스 윌라드_「논리학자 예수」

○ 우리 각자가 만들어 내는 그리스도 상은 제한적이고 불완전하다. 우리의 기준으로 재단한 것이다. 우리는 우리 자신의 형상을 입은 그리스도를 만들어 내는 경향이 있다. 자신의 동경과 갈망과 이상을 투사하는 것이다. 그분에게서 우리는 자신이 찾고 싶은 것을 찾는다. 우리는 그분을 하나님의 성육신으로만 아니라, 때마침 우리와 사회 전반과 자신이 속한 사회가 목표 삼아 살아가고 있는 것들의 성육신으로 만든다.

토머스 머튼_「명상의 씨」

○ 예수께서 논리를 활용하시는 목표는 싸움에 이기려 함이 아니라 듣는 자들에게 이해나 통찰을 주시기 위함이다.…즉, 그분은 듣는 자들이 결론을 억지로 삼킬 수밖에 없도록 모든 것을 너무 명백히 밝히시지 않는다. 오히려 그분은 알려는 마음만 있으면 누구나 적절한 결론에 이를 수 있고 그 길을 찾을 수 있도록 내용을 제시하시되, 단 그들이 발견한 것처럼—그들이 딱히 그것을 바라든 바라지 않든—되게 하신다.

달라스 윌라드_「논리학자 예수」

○
인류에게 배중률(Law of Excluded Middle: 어떤 명제와 그것의 부정 중 하나는 반드시 참이라는 논리학 기본 법칙—옮긴이)을 정말로 가르치신 분은 질투하시는 여호와였다. 그리스의 논리학(그리고 기하학과 문법) 체계 자체만으로는 분명 부족했을 것이다. 질서 있는 단일 세계를 향한 강력한 종교적 원동력 없이는, 그리고 그 결과로, 기회주의적이고 조작적인 모순에 대한 회피 없이는, 인지(認知)의 기적은 아마 일어나지 못했을 것이다.

어니스트 겔너_「포스트모더니즘, 이성 그리고 종교」

○
자로슬라브 펠리칸의 이야기에 보면 어느 노령의 랍비에게 제자가 묻는다. "랍비들은 질문 형태로 가르칠 때가 아주 많은데 그 이유가 무엇입니까?" 그러자 랍비는 "질문에 무슨 잘못이 있느냐?"라고 되받았다. 예수도 소크라테스 식으로 질문을 질문으로 되받아, 질문자를 결정적 고비로 몰아가실 때가 아주 많았다. 그분의 대답은 듣는 자들의 심장을 찔렀다. 나라도 예수를 대면한 후에 감히 우쭐한 기분이나 자기만족에 젖지는 못했을 것이다.

필립 얀시_「내가 알지 못했던 예수」

○
지성을 일체의 사고력도 없이 영영 눈먼 존재로 비하하는 것은, 하나님의 말씀뿐 아니라 일상 경험에까지 저항하는 것이다. 우리가 보거니와 인간의 지성 안에는 진리를 탐구하려는 일정한 욕구가 심겨져 있다. 진리의 맛이 웬만큼 선재(先在)하지 않는 한 지성은 절대 진리를 열망하지 않을 것이다.

장 깔뱅_「기독교강요」

10 기독 지성의 책임

책 앞머리에 고백한 것처럼 나는 지성인 지망생이었다. 그로부터 거의 50년이 흘렀다. 편집인으로서 나는 수많은 참 지성인과 함께 일하는 특권을 누렸는데, 그중 다수는 우리 주님과 구주께 가장 깊이 헌신한 그리스도인이었다. 또 나는 그보다 훨씬 많은 지성인의 작품들을 읽고 또 읽고 연구하고 거기에 관한 글도 썼는데, 그들 중 대다수는 자칭 비그리스도인이었다. 이들 수상쩍은 사회 계층에 대한 나의 관심은 지난 2년간 더욱 증폭되었다. 나는 이제 또 하나의 고백을 할 준비가 된 것 같다. 지성인이 된다는 것은 결국 큰 문제가 아니며, 특별히 흠모할 일도 단죄할 일도 못된다. 왜? 모든 그리스도인은 자신이 부름 받은 일과 능력의 분량만큼 지성인으로 부름 받았기 때문이다. 아무렇게나 생각하도록 부름 받은 사람은 없다!

지성 사역으로 소명 받은 우리

사람이 지성인이 될 수 있는지 여부는 다분히 자신의 선택 소관이 아니다.

적어도, 대다수 사람의 경우는 그렇다. 지성인은 꽤 총명해야 한다. 우리 모두가 그런 것은 아니다. 지성인은 교육받을 기회가 있어야 한다(정식 대학 교육일 필요는 없다. 바츨라프 하벨과 에릭 호퍼[1]를 생각해 보라. 하지만 폭넓은 학문 분야들을 넓고 깊게 읽을 수 있는 여지는 있어야 한다). 총명하지만, 그런 기회가 없는 사람들도 많다. 지성인은 남다른 전달 능력과 출판 기회가 있어야 한다. 서글픈 사실이지만, 복잡한 개념들을 이해할 줄 아는 총명한 사람들 중에 이해한 개념을 전달할 줄 모르는 사람들도 많다. 그들의 글은 지리멸렬하고 체계가 없고 혼란스럽고 밋밋한데다 상상력이 너무 없다보니 묘미도 없다. 혹 글을 쓸 줄 알아도, 이런저런 이유로 출판으로 연결되지 않는 경우도 많다.
 나아가 보다 구체적으로, 지성인은 서두의 내 정의에 열거된 특징들을 전부 또는 대부분 가지고 있거나 개발해야 한다.

 지성인이란 사고를 사랑하는 사람, 즉 헌신적으로 사고를 다듬고, 사고를 개발하고, 사고를 비판하고, 사고를 뒤집고, 사고의 함축된 의미를 보고, 사고를 쌓아 올리고, 사고를 배열하고, 새 사고가 튀어나와 낡은 사고의 자리 배열이 달라지는 듯할 때 잠잠히 앉아 있고, 사고를 가지고 놀고, 관련 단어로 말놀음을 하고, 사고를 웃고, 사고의 충돌을 지켜보고, 조각들을 주워 모으고, 다시 시작하고, 사고를 판단하고, 사고에 대한 판단을 보류하고, 사고를 바꾸고, 사고를 다른 사고 체계들의 대응물들과 접촉시키고, 사고를 초대하여 함께 먹고 춤추되, 또한 일상생활에 소용되도록 사고를 맞추는 사람이다.

 그저 원하거나 작정한다고 해서 이 모든 특징을 가질 수 있는 사람은 없다. 그 특징을 보유한 사람들도 처음에는 타고난 능력으로 시작하는데, 이는 자신의 소관이 아니다. 환경이 이런 특징을 길러 주기도 하고 가로막기도 한다. 자신의 환경이나 사춘기 이전의 양육 방식을 대폭 통제할 수 있는 사람은 없다. 한번 통제하려 해보라!

그러나 기독 지성인의 정의로 넘어가면 문제가 전혀 다르다. 여기서는 우리의 통제 재량이 상당히 크다.[2] 하나님께 우리는, 주어진 역량으로 맡겨진 일을 감당할 책임이 있다. 무엇보다 우리는 그리스도의 제자가 되어 그분이 어디로 인도하시든 따라가야 한다. 우리의 타고난 지적 능력을 가장 잘 발휘할 수 있는 곳이 아닐 수도 있다. 이블린 언더힐은 이렇게 지적했다.

> 섬세하고 민감한 학자 헨리 마틴은 선교사의 삶에 결정적 소명을 느끼고는, 그 소명을 위하여 자신에게 그토록 완벽하게 들어맞는 지성의 삶을 희생하지 않을 수 없었다.…노상 벌어지고 있는 이런 일들을 통하여 우리가 점차 확신케 되는 것이 있다. 즉 삶의 궁극적 실체는, 기계적 방식이 아니라 살아 있는 인격적 방식으로 일하시는, 성령의 의지와 선택이다. 그리고 영적인 삶은 단지 개인의 향상이나 자기 영혼에 대한 면밀한 주의에 있는 것이 아니라, 어떤 대가에도 아랑곳하지 않고 성령의 감화와 부름에 무조건 자발적으로 반응하는 데 있다.[3]

여기서 하나님의 인도를 받는 다양한 길을 논할 생각은 없다. 9장에 이미 언급한 렉치오 디비나를 시행하면, 하나님이 우리 각자에게 원하시는 바를 분별하는 데 큰 도움이 될 것이다. 그러나 하나님이 원하시는 바는, 당신이―내가―사고를 즐거워하고, 사고를 잘할 줄 알고, 공적인 장(場)에서 그리스도인 특유의 지성인 역할을 감당하도록 부름 받은, 그리스도인이

되는 것일 가능성이 얼마든지 있다.

우리의 역할이 공적인 것이든 아니든, 어쨌든 우리는 자신의 지성을 최대한 충분히, 최대한 잘 사용하도록 부름 받았다. 이런 의미에서 우리 모두가 지성인으로 부름 받았다.

하나님의 영광을 위하여

보다 협의의 지성의 삶으로 부름 받은 그리스도인들은, 정의를 다시 보라.

기독 지성인이란 위 모두를[지성인에 대해 기술된 내용을] 하나님의 영광을 위하여 하는 사람이다.

이 정의 안에 기독 지성인의 책임을 분별하는 열쇠가 들어 있다. 바로 하나님의 영광을 위하여 하는 것이다.

하나님께 영광이 되는 것은 무엇일까? 내가 그 답을 배우는 데는, 어느 신학자보다도 칼 바르트의 도움이 컸다. 그는 이렇게 썼다. "하나님은 자신의 영광에 대해 야단법석하실 필요가 없다. 하나님은 이미 영광스러우신 분이다. 그분은 다만 자신을 그대로 보이시기만 하면 된다. 자신을 계시하시기만 하면 된다. 그분이 자신의 피조물인 인간을 통해 하시는 일이 바로 그것이다. 그분은 우리가 그분의 반사체가 되기 원하신다."[4] 그러니까 하나님은 바로 우리를 통해 영광 받으시는 것이다.

정말? 설마 아니겠지. 우리는 항변할 수 있다. 그건 너무 심하지 않은가? 아니다. 우리는 하나님의 형상대로 지음 받았다. 그래서 우리의 존재에―생각하고 행동하는 방식에―하나님의 성품이 반사될 때, 우리는 그분을 영화롭게 한다. 하나님의 성품은 예수 안에 가장 잘 보인다. 예수는 똑똑하셨다. 역사상 가장 똑똑한 사람이었다. 우리도 똑똑하면 그 똑똑함이 하나님을 영화롭게 한다. 물론 그것만이 아니다. 물론 예수는 지혜로우셨다. 그러니 우리도 지혜로워야 한다. 예수는 선하시고 사랑과 자비와 긍휼이 많으셨다. 그러니 우리도 선하고 사랑과 자비와 긍휼이 많아야 한다.

하나님을 그렇게 영화롭게 하지 않을 때, 우리는 바르트의 말로 "짐승보다 못하다." 짐승들은 창조되었다는 사실만으로 하나님을 영화롭게 하는 본분을 다하고 있기 때문이다. 우리의 본분을 다하지 않으면, 우리에게 화가 된다. 바르트의 말을 다시 들어보라. "하나님을 영화롭게 하도록 지음 받은 우리는 하나님을 알아야만 한다. 그래야 그분을 영화롭게 할 수 있다…그러므로 하나님을 영화롭게 하는 것, 하나님께 합당하게 사는 것은 하나의 의식적인 행위요 의지의 행위다. 한마디로 인간다운 행위다."[5]

그렇다면 사고하는 그리스도인은 어떻게 "하나님께 합당하게 살" 것인가? 다시 말해, "하나님께 영광이 되는 지성의 삶"이라는, 그 구체적 범위 안에 드는 내용은 무엇인가? 두 가지 근본적인 문제와 관련된다. 진리를 배우는 것과 진리를 말하는 것이다. 내 생각에, 이 두 주제를 하나로 귀결시켜서 보면, 그것들의 전개 양상을 가장 잘 볼 수 있다. 바로 진리 안의 삶이다.

진리 안의 삶

"진리 안에 산다"는 표현은 성경이나 엄밀한 의미의 기독교 신학에서 온 것이 아니라 20세기의 가장 훌륭한 지성인 중 하나인 바츨라프 하벨(Václav

Havel)의 심오한 사상에서 온 것이다.[6] 그는 비록 기독교라는 특정 신앙을 거부하지만, 그의 평론들과 옥중 서신들을 보면, 도덕의 초월적 기초에 있어서 근본적으로 유신론적인 사고가 드러난다. 오늘날 국제 정치에 도덕적 양심이 혹 있다면, 바로 하벨과 그의 저작에서 찾을 수 있다. 미국 상하 양원 합동 회의에서 연설할 때, 하벨은 미국의 가장 성공한 정치가들에게 도덕적 책임을 수용하라고 도전했다.

> 우리의 모든 행동의 유일한 구심점은—우리의 행동이 도덕적인 것이 되려면—책임입니다. 내 가족, 내 나라, 내 회사, 내 성공보다 높은 것에 대한 책임입니다. 존재의 차원에 대한 책임입니다. 우리의 모든 행동이 지울 수 없게 기록되는 곳도 거기이고, 제대로 심판받게 될 곳도 거기, 오직 거기입니다.

하벨의 존재(Being) 개념은 그리스도인들이 이해하는 하나님과 너무 비슷하여, 실질적으로 이 말 자체는 기독교적인 말이다.[7] 하벨의 말에 얼마나 성과가 있었는지 국회 의원들의 이후의 행동으로 판단할 수도 있을 것이다. 그러나 진리 안의 삶의 성공 기준은, 다른 사람들을 달라지게 하는 성과에 있지 않다. 신실함처럼 진리 안의 삶도 그 자체가 성공이다.

자신이 반체제 정치범으로 투옥되는 데 일조한 한 평론에서, 하벨은 어느 청과상의 이야기로 진리 안의 삶을 소개한다. 어느 날 그 청과상은 양파와 당근과 함께 배달된 슬로건을 가게에 게시하지 않는다.[8] 그렇다고 그런 류의 슬로건들의 내용을 하벨이 유심히 보아 왔던 것도 아니다. "세상의 근로자들이여, 단합하라!" 그는 그 말이 거짓임을 직감으로 알지만, 여태까지는 그저 정부의 지시에 따라왔다. 이데올로기의 선전과는 달리, 사실 정부란 근로자들이 아님을 하벨은 안다. 모든 이데올로기가 그렇듯이 "후기 전체주의"(1970년대와 1980년대의 체코슬로바키아 정권에 대한 하벨의 용어) 이데올로기도 "세상을 대하는 허울 좋은 방식이다. 후기 전체주의는 인간에게 정체성과 존엄성과 도덕성의 환상을 제시하지만, 실은 그런 것들과의 단절을 더 쉬워지게 만든다."[9] 이데올로기에 지는 것은 거짓 속에 사는 것이다.

그러나 그날, 청과상은 그냥 전단을 게시하지 않기로 한다. 그는 엉터리 선거들을 위해 투표하는 일도 그만둔다. 그는 체제에서 빠져나온다. 그 결과로 그는 관리직을 잃고, 남들 눈에 띄지 않는 창고로 전근된다. 봉급도 줄고, 휴가 계획도 잘려 나가고, 자녀들의 교육도 위험해진다. "그의 반항은 진리 안에 살려는 시도다."[10]

전체주의는 물론 후기 전체주의 정권에서 진리 안에 살려면 대가가 따를 수 있다. 그러나 대통령으로 당선되기 전 감옥에서 야위어 갈 때나 당선 후 세계의 정치가들과 동료 석학들을 상대로 강연을 계속할 때나, 하벨은 그런 삶의 본을 보였고 다른 사람들에게도 그렇게 살 것을 촉구해 왔다.

하벨 같은 지성인들이 너무도 없다는 것은 우리 세상의 비극 중 하나다. 알렉산드르 솔제니친과 혹 조지 오웰이나 알베르 카뮈를 생각할 수 있다. 그러나 20세기는 반대 유형의 인사들로 넘쳐난다. 반지성인들이 아니라, 진리 안에 사는 본분을 비참하리만치 다하지 못하는 지성인들이다.

지성인들의 배신

1장에 언급한 반지성주의는 다분히 정당한 것이다. "지성인들의 배신"[11]이 있어 왔다. 모든 시대의 지성인들이 자기가 지나간 자리에 많은 비극을 뿌렸다면, 우리 시대의 지성인들은 가장 많은 비극을 뿌렸다. 폴 존슨은 비록 편파성은 있을 수 있으나 그의 고발이 완전히 잘못된 것은 아니다. 역작「지식인의 두 얼굴」에서 존슨은 지난 200년간 가장 비난을 살 만한 공인(公人) 사상가들과 작가들을 추려내 속속들이 파헤친다. 존슨은 그들의 작은 과오들, 공적인 판단에서의 가장 악명 높은 과실들, 개인 성품상의 깊은 결함들에 초점을 맞춘다. 예컨대 존슨은 그들 중 하나를, "무기력한 자세로 혼수상태에 빠진 지성인"[12]이라 표현했다. 어니스트 겔너, 토니 저트(Tony Judt), 레첵 콜라코스키, 아치볼드 맥리시(Archibald McLeish), 토머스 몰나(Thomas Molnar) 등의 보다 균형 잡힌 분석들도 존슨의 통렬한 비난과 맥을 같이한다.[13]

그러나 누구를 막론하고 공인 지성인에 대한 가장 큰 문책은, 그 사람이 진리 안에 살려고 애썼는지 여부가 아닐까 생각된다. 지성인들에게 있어 이는, 진리를 배우는 것과 자신이 알거나 혹은 알아야 하는 만큼의 진리를 말하는 것 둘 다를 의미한다. 저트와 콜라코스키는, 누구라도—지성인이든 아니든—거의 눈 감고도 볼 수 있는 것을 지적한, 많은 비평가 중 둘에 지나지 않는다. 콜라코스키는 이렇게 충고한다.

우리 세기의 수많은 지성인이 정치적 선택에서 끔찍한 과오들을 저질러 왔고 가장 잔인한 폭정들에 요란하게 동조해 온 긴 역사는, 잘 알려져 있고 반복 기술되어 왔다. 정치 문제 지도자들로서 그들의 권위가 심각하게 실추된 데는 과오와 폭정이 한몫 작용했을 것이다.[14]

저트는 장 폴 사르트르에 초점을 맞춘다.

사르트르는 소련 반유대주의를 반박하거나 공개 재판 피해자들을 옹호하는 발언을 한 적이 없고, 그의 추종자들과 계승자들이 거기에 대해 그에게 책임을 물은 적도 없다. 1950년대 초반에 그가 내놓은 더 지독스레 한심한 성명들에 대해서도 마찬가지였다. 다시 말해, 1944-1956년은 책임 있는 지성의 황금기가 아니라 정반대였다. 프랑스 지식인들이 그때처럼 무책임했던 적은 없었다. 그들은 마음 내키는 대로 아무렇게나 말하고 썼고, 이번 달에 어느 주제에 대해 분개하며 떠들고는 그 뒤로 몇 년씩 그 문제를 거들떠보지도 않았다. 그래도 그들의 평판이나 목숨에 아무런 피해가 없었다.[15]

저트는 알베르 카뮈의 너무도 맞는 말을 프랑스 지식인들에 대한 자기 연구의 제사(題辭)로 골랐다.

잘못된 사상들은 언제나 유혈로 끝난다. 단, 매 경우마다 누군가 다른 사람의 피다. 그래서 우리 사상가 중 더러는 거리낌 없이 아무 말이나 하는 것이다.[16]

지난 2세기 동안 지성인들이 고수한 가장 잘못된 사상들 가운데 둘은, 진리를 첫째로 개인의 통찰과, 둘째로 이데올로기와 동일시한 것이다.

첫 번째 혼동이 랄프 왈도 에머슨에서보다 더 분명히 나타나는 곳은 없다. 1837년 하버드 대학교 파이베타카파 클럽에서 한 "미국인 학자"라는 연설에서, 에머슨은 사고하는 인간에 대해, 생각이 깊고 지적인 "인간들"이 부름 받은 역할에 대해, 열변을 토했다. 사고하는 인간은 한 인간의 지성을 우주의 지성, 다른 모든 지성과 연결시킨다. 사고하는 인간은 "자기 지성의 신비 속으로 내려감으로 자기가 모든 지성의 신비 속으로 내려갔음을 알기"17) 때문이다. 여기 에머슨의 통찰은 자신의 미국식 범신론과, 남녀 신들을 잃고 대신 남녀 인간들—그들 각자는 "모든 인간에게 생명을 불어넣는 한 영(靈)"18)에 동참한다—로 채워진 동양의 세속 일원론에 입각한 것이다.

지성인은 사고만 하는 자가 아니다. 사고하는 인간에게서 나오는 신비 즉 지식은, 행동으로 옮겨져야 한다.

사고는 [행동] 없이는 절대 진리로 무르녹을 수 없다.…행동하지 않는 것은 비겁한 일이다. 용감한 사고가 없는 한, 학자란 있을 수 없다. 사고의 머리말은, 즉 사고가 무의식에서 의식으로 넘어가는 전환점은, 행동이다. 나는 삶으로 옮긴 만큼만 알 뿐이다. 누구의 말이 생명으로 차 있고 누구의 말이 그렇지 않은지, 우리는 금방 안다.19)

그리고 또, "지성은 지금 생각하고 지금 행동한다. 둘은 서로를 재생산한다.…생각은 기능이다. 삶은 그 기능을 부리는 자다."20)

결국 에머슨이 말하는 사고하는 인간의 본분은, "외양 속의 진상을 보여 사람들을 독려하고 높여 주고 지도하는 것이다."21) 그래서 지성인들은 미국의 초월론이라는 훌륭한 신세계의 대제사장들이 된다.22)

에머슨을 19세기 뉴잉글랜드의 괴벽스러운 인물쯤으로 일축하고 싶을 수 있다. 21세기 미국인들 중에, 자신들의 물질주의를, 상품과 서비스의 생산자요 소비자라는 자신들의 정체를, 버릴 사람이 누가 있겠는가? 거의 없을 것이다. 물질 이면의 영성을 받아들이는 뉴에이지 사람들도 여전히 물질을 웬만큼 실체로, 웬만큼 구매와 소비의 가치가 있는 것으로 생각한다. 그러나 에머슨을 진지하게 대할 좋은 이유들이 있다. 그의 초월론의 한 가지 주요 요소가 계몽주의 사상에 이미 나타났기 때문이다. 그 한 가지란, 계시의 거부와 그에 따른 인간 이성에의 확신이다. 오늘날에는 그 확신이 이데올로기로 나타난다. 사고하는 인간은 사고하지 않는 인간을 개조할 수 있다.

한마디로, 현대 지성인들의 두 번째 혼동은 진리를 이데올로기와 동일하게 생각하는 것이다. 칼 만하임(Karl Mannheim)의 말을 들어 보라.

> 모든 사회에는 그 사회에, 세상에 대한 해석을 제공하는 것을 특수 과업으로 삼는, 사회 집단들이 있다. 이들을 가리켜 "인텔리겐치아"라고 한다. 사회가 정적(靜的) 일수록, 이 계층이 그 사회에서 뚜렷한 지위나 특권적 신분을 얻을 확률은 더 높아진다. 그래서 마술사들과 상류층들과 중세의 성직자들은 마땅히 지식인 계층으로 간주된다. 그들은 각각 그 사회의 세계관을 형성함에 있어, 그리고 다른 계층들 속에 엉성하게 형성된 세계관들의 차이를 고치거나 조정함에 있어, 자기 사회에서 독점적 권한을 누렸다. 그런 의미에서 설교, 고해, 교훈은 서로 다른 세계관들의 조정이 사회 발전의 덜 복잡한 차원에서 이루어지는 방편들이다.[23]

주로 마르크스주의 시각에서 본 만하임은, 사회 현실에 대한 모든 설명을 유물론적 원인들로 제한시킨다. 짐작건대 위 글에서 만하임은, 당위를 규정하는 것이 아니라 실체를 묘사하려고 한 것 같다. 그러나 그런 지성인들이 흔히들 그렇듯, 묘사는 어느새 당위가 된다.

바츨라프 하벨은 "통전적 사회 공학"이라는 적절한 명칭이 붙은 칼 포퍼(Karl Popper)의 입장에 대해 이렇게 말한다.

[통전적 사회 공학]이라는 용어를 [포퍼]는, 역사 발전의 모든 법칙을 안다고 주장하는 어떤 선입견적 이데올로기에 기초하여 세상을—온 세상을, 완전히—더 낫게 변화시키려는 시도들을 지칭하는 말로, 그리고 이런 법칙들이 궁극적으로 실현된 상태를 포괄적, 종합적, 전체적으로 지칭하는 말로 사용했다.[24]

이런 이데올로기의 적용으로 폭력과 테러가 양산되어 왔다. 그래서 카뮈는 "잘못된 사상들은 언제나 유혈로 끝난다. 단, 매 경우마다 누군가 다른 사람의 피다"[25]고 썼던 것이다.

니체와 그의 무수한 추종자들의 말과는 반대로, 진리란, 지성인들이 상상해 내고 "강력한 시인들"—그 말솜씨로 우리까지 자기네 언어를 말하게 만드는—이 선전하는, "은유들의 기동 부대"가 아니다.[26] 진리란 만들어 낼 수 없는 것이다. 하벨이 아주 웅변적으로 우리에게 일깨워 주듯이, 이데올로기 안에 사는 것은 필연적으로 거짓 안에 사는 것이다. 진리란 계시될 수 있을 뿐이다. 우리는 창조자가 될 수 없다. 수용자가 될 수 있을 뿐이다.

그래서 우리 그리스도인은 지나간 세기를 지혜롭게 "읽고" 그 내용에 지혜롭게 반응하는 것이 좋다. 우리의 공인 지성인들이 대부분, 어떻게 생각하고 행동하면 안 되는지를 보여 주는 모델들이지만, 그래도 도움은 된다.

진리 배우기

진리대로 사는 삶의 앞 절반은 진리를 배우는 것이다. 본서의 첫머리부터 우리가 논해 온 내용이다. 여기서 덧붙일 것은 별로 없고, 몇 가지만 강조한다.

우선, 진리를 배운다는 것은 주로 주어지는 것을 받는 문제다. 진리란 마치 공격 특명이라도 받은 냥 현실에서 쥐어짜 내는 것이 아니다. 이런 이미지에서는 성경이나 하다못해 17세기 이전의 철학자의 냄새가 아니라, 프랜시스 베이컨과 르네 데카르트의 냄새가 난다. 사실, 철학 즉 모든 것에 대한 진리의 추구는 경이로 시작된다. 우리는 존재의 존재성에 탄복한다. 우리는 창조된 자연 세계나 책들 특히 성경의 세계를 통하여, 지식을 하나님의 선물로 받는다. 피퍼가 잘 표현했다.

> 헬라인들 전반—플라톤 못지않게 아리스토텔레스도—뿐 아니라 위대한 중세 사상가들도 모두, 감각적 지각에는 물론 지적인 앎 또는 헤라클리투스의 말로 "사안의 존재를 들음"에도, 순전히 수용적인 "보는" 요소가 있다고 보았다.
> 　중세 사람들은 오성(ratio)으로서의 지성과 지성(intellectus)으로서의 지성을 구분했다. 전자는 추론적 사고력, 찾고 또 찾고 추론하고 다듬고 결론짓는 능력인 반면[라틴어로 *discurrere*는 "이리저리 달린다"는 뜻] 후자는 "그냥 보는"(*simplex intuitus*) 능력을 가리킨다. 이렇게 그냥 볼 때, 진리는 마치 눈앞에 경치가 나타나듯 저절로 나타난다. 고대인들이 이해한 인간 사고의 정신적 지력(知力)이란 사실 그 둘—오성과 지성—이 하나로 존재하는 상태였다. 모든 앎에는 이 둘이 포함된다. 후자[지성]의 지칠 줄 모르는 직관력이 전자[추론적 논증]의 길에 침투하여 동행하는데, 여기서 후자는 능동적인 것이 아니라 수동적인, 또는 더 정확히 말해 수용적인 것이다. 즉 수용적으로 작용하는 지성의 힘이다.[27]

이렇듯 능동적 진리 추구에는, 우리에게 주어진 것에 대한 수동적 수용과 우리 사고의 능동적 활동—존 헨리 뉴먼이 말한 "신축성 있는 이성의 힘"28)—이 함께 작용한다. 여러 훈련들이 어떻게 우리를 오성과 이성의 이 쌍둥이 모드로 이끌 수 있는지, 우리는 앞 여러 장 특히 6-7장에서 이미 살펴보았다. 그래서 여기서 더 깊이 들어갈 필요가 없다.

진리 말하기

진리대로 사는 삶의 나머지 절반은 진리를 말하는 것이다.

하벨의 청과상은 간단한 방법으로 진리대로 살았다. 더 이상의 거짓된 삶을 거부한 것이다. 그는 이데올로기적 슬로건들의 게시를 그만두었다. 그리스도인은 누구나—지성인이든 아니든—똑같은 식으로 할 수 있다. 꼭 책을 펴내야만 진리대로 사는 것이 아니다. 기독교 가정이 집에 텔레비전을 두지 않거나 시청을 극히 제한하기로 결정할 때, 이미 진리 안에 살기 시작한 것이다. 머잖아 동네 아이들이 그 집에 텔레비전이 없음을(또는 직간접으로 해로운 내용이 나오는 프로그램들은 시청이 허용되지 않음을) 알게 될 것이다. 그들은 이유를 물을 것이고, 그러면 진리를 말하는 일이 시작된다. 예를 찾자면 얼마든지 많다.

그리스도인 전반에 대해서는 그 정도로 하자. 그렇다면 기독 지성인이 진리를 말한다는 것은 무슨 뜻인가? 최소한 그것은, 평소 의사소통에 극히 정직하고, 해당 상황과 관계된 자신의 모습을 조금도 감추지 않는다는 뜻이다. 물론 이는 아주 원론적인 표현이다. 실제적인 의미는, 사회에서 맡은 각자의 역할에 따라 크게 달라진다. 예컨대 당신이 주로 쓰는 글은 무엇인가? 사무용 통신문인가, 소송 사건 개요인가, 과학 보고서인가, 재정 분석서인가? 평소 당신의 대화 상대는 누구인가? 고객인가, 학생인가, 사장인가, 직원인가, 이웃인가, 비행기의 동료 승객인가?[29] 이것이 당신이 진리를 말하는 정황이다.

내 경우를 예로 들어보자. 나는 인생의 태반을 대학 연구와 교육 분야에서 보냈다. 각 대학들의 세상 지성인들은 자신들이 진리로 여겨 온 것들이나 현재 진리인 척 만들어 내고 있는 것들을 조금도 지칠 줄 모르고 우리에게 말해 왔다. 물론 기독 지성인들도 활동해 왔다. 그러나 기독교계 안팎의 많은 사람이 그 활동을 모르고 있거나 적어도 모르는 척하고 있다.

예컨대 많은 학술회의가 열리고 있으나 철학, 종교학, 성경학 분야를 벗어나면 특유의 기독교적 내용을 발표하는 그리스도인들의 존재는 미미하다. 그리스도인 학자들은, 기독교적 세계관을 담은 학술 논문을 발표하는 사람들 외에도, 얼마든지 더 많을 것이다. 수학이나 자연 과학 즉 화학, 물리학, 생물학 일부의 경우라면 기독교적 내용이 그렇게까지 문제되지 않을 수도 있다. 그러나 생명의 기원 연구와 사학, 문학, 예술은 물론 특히 심리학, 사회학, 인류학 분야의 경우, 기독교 세계관의 일부 계시된 진리들은 관련성이 아주 높아, 기독교적 내용을 전체 그림에 넣지 않는다는 것은 곧 거짓된 삶이다.

인간에 관한 가장 중요한 사실은 우리가 하나님의 형상대로 지음 받았다는 것 아닌가? 그러나 심리학, 사회학, 인류학, 문학 이론, 사학 분야에서 이 개념을 언급이라도 하고 있는 교과서, 학술 논문, 연구 프로그램은 어디 있는가? 하나님의 형상 개념은 이들 각 분야와 전혀 무관한 것으로, 또는 아예 거짓으로, 간주되고 있다. 유명 학술지에 실린 논문들이나 학술 서적 출판사에서 간행된 책들 중에, 이들 각 전공 분야에서 이루어진 기독교적 학문의 예로 꼽을 만한 것들이 어디 있는가? 소수 있기는 하다. 나는 둘을 꼽을 수 있다. 보스턴 매사추세츠 대학교 정치학 교수 글렌 틴더 (Glen Tinder)의 「기독교의 정치적 의미」(The Political Meaning of Christianity), 사회학자이며 트리니티 포럼 수석 연구원인 오스 기니스의 「미국의 시간」(American Hour)이다.[30] 기니스의 경우, 그리스도인이자 동시에 독자적 공인 지성인이라는 표현이 그에게 가장 합당할 것이다.

자연 과학의 경우도, 소위 자연 질서에 관한 가장 중요한 사실은, 가장 중요한 의미에서, 그것이 전혀 "자연" 현상이 아니라는 것 아닌가? 존 헨리 뉴먼의 도전이 꼭 맞는다.

하나님을 인정하라, 그러면 상상 가능한 다른 모든 사실을 포괄하고 에워싸고 흡수하는 하나의 사실을, 당신의 지식 주제들 속에 들여놓게 된다. 지식의 어느 차원, 어느 부분을 연구하든, 어떻게 모든 차원들 속으로 침투하는 그것 앞에서 멈출 수 있단 말인가? 모든 참된 원리에 그것이 넘쳐흐르고, 모든 현상은 그것으로 수렴된다.[31]

과학 문헌들 중에—그중 상당 비율은 그리스도인 과학자들이 쓰고 있다—하나님의 창조와 내재성의 사실을 인정하는 대목이 어디 있나?[32]

세상 대학들의 그리스도인 학자들은 자연주의 이데올로기의 덫에 갇혀 지내 왔고, 비참하게도, 그런 학자들은 명백한 기독교 대학들에도 많이 있다.[33] 하벨의 청과상처럼 많은 교수가 알게 모르게 전공 분야별로 여러 자연주의 플래카드들을 게시해 왔고, 분야의 구체적 이데올로기가 바뀔 때마다 그 내용도 바뀌었다.

- "모든 역사란 승자들이 쓰는 것이다."
- "밑에서부터 거꾸로 쓰는 역사가 가장 옳다."
- "양극화된 시각―이것은 옳고 저것은 틀리다는―은 역사의 문제들을 진지하게 취급하지 않는다."[34]
- "과학에서는 물리적 요인들만 설명에 유효하다. 설계 문제는 논의 대상이 못된다."[35]
- "문학은 하나의 이데올로기다."[36]
- "어떤 본문에도 저자는 없다."
- "이 이야기 속에서 그리스도의 이미지들의 기능을 관찰하라. 그리스도 자신에 대해서는 묻지 말라."
- "조직신학은 조직신학자들이 썼거나 믿는 내용에 대한 연구일 뿐, 믿음의 대상에 대한 연구는 아니다."[37]
- "진리의 효력은 강화(講話)를 통해 산출되는데, 강화 자체는 진리도 아니고 허위도 아니다."[38]
- "인간의 본성은 인간이 만들어 낸다."[39]

이 모든 플래카드들 배후에는, 다음과 같은 가장 퇴폐적인 원리가 깔려 있을 수 있다(실제로 종교에 관한 어느 학술 대회에서 우연히 들은 말이다). "우리 중에 지금 여기서 논하는 내용을 조금이라도 믿는 사람은 하나도 없다. 돈 받고 하는 일일 뿐이다."[40] 이런 학계에서 기독교 신앙의 명백한 플래카드를 게시하기란 쉽지 않았다.

정치학자 존 그린(John C. Green)의 지적이다.

교수가 마르크스주의 관점에서 뭔가 연구한다고 말하면, 다른 사람들은 설령 의견이 다르더라도 그 개념을 일축하지는 않는다. 그러나 교수가 천주교나 개신교 관점의 연구를 제의하면, 화성의 관점을 제의한 것처럼 취급당한다.[41]

캐나다 온타리오 워털루 대학교에서 있은 찰스 하비브 말릭(Charles Habib Malik)의 "기독교와 대학에 관한 파스칼 강연"은, 듣는 자들에게 가히 충격으로 다가왔을 것이다. 말릭은 학문적으로는 하버드, 다트머스, 미국 천주교 대학교에서 교수직을 역임했고, 정치적으로는 유엔 총회와 안전 보장 이사회 의장을 역임한 사람이다. 그런 그가 일반 대학 교수들을 상대로 강연하는 장면을 상상해 보라. 말릭은 대학의 최종 평가자가 누구냐고 묻고는 이렇게 답했다.

> 궁극적 평가자는 예수 그리스도 자신입니다. 우리는 우리의 의견을 내놓는 것이 아니라 대학에 대한 그분의 평가를 구하는 것입니다.…예수 그리스도는 스스로 존재하시며, 대학을 포함하여 온 세상이 그분의 손바닥 안에 있습니다.…예수 그리스도가 대학을 정확히 어떻게 생각하시는지, 그 생각을 알고자 우리는 이렇게 구하고 찾고 두드리고 있는 것입니다.[42]

말릭의 강연은 훌륭한 역작이었다. 과학과 인문학에 대한 그의 예리한 분석은 뛰어난 화술로 더욱 힘을 얻었다. 당시 그의 목소리는 거의 외로운 목소리였다.

물론 일반 학계에 자신의 기독교 신앙을 과감히 고백한 소수의 그리스도인들은 늘 있어 왔다. 우선 누구보다 C. S. 루이스가 생각난다. 그리고는 다른 사람을 더 생각해 내기가 어렵다. 사실, 기독교 학자들이 자신의 공적인 역할을, 자신의 기독교 신앙과 자기 전공 분야의 공공연한 관련성을, 진지하게 생각한 것은 불과 지난 몇 년 사이의 일이다.[43] 그중 가장 눈에 띄는 사람들로 칼빈 대학(Calvin College)에 뿌리를 둔 세 명의 교수, 니콜라스 월터스토프, 앨빈 플란팅가(Alvin Plantinga), 조지 마즈덴이 있다. 셋 다 박사 학위를 수여하는 유수한 대학들에 재직해 왔다. 월터스토프와 플란팅가는 철학자로서, 철학 분야에 기독교 학자들의 존재를 가시화하는 데 앞장서 왔고, 마즈덴은 역사가로서「미국의 대학 정신」,「기독교적 학문연구@현대 학문세계」(The Outrageous Idea of Christian Scholarship, IVP)이라는 두 권의 저서가 옥스퍼드 대학교 출판부에서 간행되었다.[44] 마즈덴은 사실「고등 교육 학술지」(The Chronicle of Higher Education) 표지에 사진이 실리기도 했는데, 사진의 배경은 추계 시즌 토요일마다 많은 사람이 텔레비전을 통해서 본 노트르담 대학교 풋볼 경기장 바로 위에 있는 예수의 거대한 벽화였다.[45] 모든 기독교 학자가 예수께서 정말 어깨 너머로 자기를 보고 계신 것처럼 사고하고 행동한다면 얼마나 좋을까. (알다시피 그분은 정말 보고 계신다.)

그러나 전반적으로, 기독 지성인들은 교육과 정치권력의 회랑에 부재(不在)함으로써 더욱더 눈에 띄어 왔다. 그들은 대개, 진리를 알면서도 그것을 선포할 공적인 장이 없었거나, 아니면 더 변방으로 밀려날까 두려워 기회를 놓쳐 왔다.[46]

"하지만 잠깐만!" 내 친구들 중 더러는 말할 것이다. "당신은 지금 그리스도인들이 써낸 수많은 책, 당신이 촉구하는 바로 그 일을 하고 있는 책들을 망각하고 있군요. IVP 편집인으로서 당신이 그런 책들을 많이 장려하고 출간하지 않았던가요? 또 그전과 후에 지속적으로 Eerdmans 출판사도 그런 일을 해왔고 Zondervan 같은 몇몇 출판사들도 그 일을 해왔지요. 더 자세한 사항은 당신이 쓴 「지성의 제자도」 뒤에 있는 참고 도서 목록에 나와 있고요."[47]

무슨 말인지 안다. 물론 다 맞는 말이다.[48] 그렇다. 사실 그것들이 내 요지를 잘 입증해 준다. 그 책들은—훌륭한 책들이지만—복음주의 기독교 출판사들에서 나왔다. Eerdmans와 그 후로 IVP는, 복음주의 기독교계라는 좁은 반경 바깥의 학문적 독자들이 읽을 만한 책을 펴내는 출판사로 이제 막 받아들여지고 있는 정도다. 뿐만 아니라 이런 출판사들에서 나온 책들은 대부분 명확히 종교적인 주제들을 다루고 있다. 심리학, 사회학, 인류학, 경제학, 인문학, 예술 분야에서, 명확한 기독교적 전제들에 기초한 양질의 저서들은 아직도 손에 꼽을 정도다.[49]

"진실을 말하라, 테리!" 정계의 내 친척이 지지한 한 후보는, 선거 운동에서 그런 구호를 외치며, 자기 동료인 주지사를 상대로 출마했다. 분명 지금은 그 구호에 순종할 때다. 안타깝게도 선거는 실패로 끝났다. 주지사 테리는 재선되었다. 그러나 앞서 말했듯이, 진리를 말하는 삶의 성공은, 결과로 측정되지 않는다. 진리를 말하면, 대학원생은 자칫 박사 학위 취득의 기회를 잃을 수 있다. 조교수는 종신 재직권을 얻을 입지가 좁아질 수 있다. 기독교 학자는 자기 분야의 유수 학술지에 논문이 실리지 못할 수 있다.

그러나 놀의 말이 맞다. "그런 식의 지성 활동은 결국 그 자체가 보상이다. 중요한 인정의 유일한 출처이자 모든 심령을 훤히 보시는 하나님께만 초점을 두기 때문이다."[50]

안타깝게도, 까뮈의 말도 옳다. 문자적으로는 물론 비유적으로도 옳다. "잘못된 사상들은 언제나 유혈로 끝난다. 단, 매 경우마다 누군가 다른 사람의 피다."[51] 다른 사람들—예컨대 기독교적 학문의 보급을 막는 사람들—의 잘못된 사상들 때문에 흘린 피는, 그리스도인 학자들의 피일 수 있다. 진리를 말하면 자신의 직업적 신상이 정말 위험해질 수 있다. 그러나 6장에 논했던 내용을 잊지 말라. 용기는 지성의 덕 중에 하나이며, 오늘날 학계의 그리스도인들에게 절대적으로 필요한 것이다.

책임의 대상은 하나님

우리가 책임질 내용은 진리 안에 사는—진리를 배우고 진리를 말하는—것이지만, 책임의 대상은 하나님이다. 자신의 가족, 신앙 공동체, 이웃, 나라, 주변 세계를 향한 책임을 뛰어넘어, 일차적으로 우리의 책임은 우리의 창조주, 우리의 주님, 우리의 구주이신 성부, 성자, 성령께 있다.

하나님을 영화롭게 하는 전반적 책임이, 지성인이나 지성인 지망생으로서 우리의 그 어떤 특수한 책임보다, 우선된다. 하나님을 영화롭게 하는 것은 우리의 전존재가 수반되는 풀타임 직무이기 때문이다. 날마다 하루를 시작하고 마칠 때 이렇게 기도하면 좋을 것이다.

저로 하여금 모든 것을 단 하나의 이유로만 사용하게 하소서. 주님께 큰 영광을 돌리는 것이 제 기쁨이 되게 하소서.

지식건축법

○ 가장 본래적이고 가장 넓은 의미에서, 진리 안의 삶은 광활한 영역에 미친다. 외계(外界)가 모호하여 지도로 표시하기 힘든 그 영역에는, 인간 의지의 미약한 표출들이 가득한데, 그중 태반은 익명으로 묻힐 것이고, 그 정치적 영향력도 사회 기류 내지 분위기의 한 부분일 뿐, 그 이상 구체적으로 감지되거나 기술되는 일은 없을 것이다. 그런 표출들은 대부분 외부의 조종에 대한 초보적 반항에 그친다. 그저 등을 꼿꼿이 펴고 한 개인으로서 보다 존엄성 있게 살아가려는 것이다.   바츨라프 하벨_「무력한 자들의 힘」

○ 지성인들의 경우, 그들이 전문적으로 책임져야 할 유일한 구체적 문제는 단어를 잘 사용하는 것이다. 즉, 단어를 최대한 오도의 소지 없이 정직하게 사용하는 것이다. 이는 진리의 문제라기보다 진리의 정신의 문제다. 자신이 절대 실수하지 않는다고 보장할 수 있는 사람은 아무도 없기 때문이다. 그러나 진리의 정신을 보전하는 것은 가능하다. 진리의 정신 보전은 자신의 단어와 식별에 대한 깨어 있는 의혹을 절대 버리지 않고, 자신의 오류를 철회할 줄 알며, 자신을 수정할 능력이 있다는 뜻이다.
레첵 콜라코스키_「끝없는 시련의 모더니티」

○ 지식을 위하여 지식을 구하는 사람들이 많다. 그것은 호기심이다. 자기가 알려지려고 지식을 원하는 사람들도 있다. 그것은 허영심이다. 지식을 팔려고 구하는 사람들도 있다. 그것은 수치스러운 일이다. 그러나 다른 사람들을 세워 주려고 지식을 구하는 사람들도 있다. 그것은 사랑(caritas)이다.
클레르보의 성 베르나르

○
기독교의 이론을 설명하느라 애쓰는 당신이 대신, 당신에게 복음이 전해진 유일한 목표인, 주님의 뜻을 행하는 일에 애써 왔다면, 당신과 접해 있는 부분의 세상은 얼마나 상태가 달라졌겠는가! 당신도 할 수 있다는 그분의 말씀을 이해하고, 당신의 현실들을 떠받쳐 줄 자원의 통로가 되는 데 혼신을 다해 왔다면, 아직 주님을 모르는 많은 이의 심령 속에서 지금쯤 주님의 이름이 사랑받고 있을 것이다. 　　　조지 맥도널드_「그리스도 안의 피조물」

○
기독교적 학문의 관건은, 세상 문화에서 정한 기준으로 인정받는 것이 아니다. 관건은 지성(知性)으로 하나님을 높이는 것이다. 그런 노력은 지적인 정직성으로 이어질 것이고, 때로 인정도 받는다. 그러나 그리스도인에게 있어 그 인정은 정말 하찮은 부산물일 뿐이다. 진짜 관건은 하나님이 지으신 것들을 귀히 여기는 것, 그분의 말씀대로 피조 세계가 "좋다"고 믿는 것, 하나님의 아들이 "육신이 되어 우리 가운데 거하"신 그 의미를 가장 깊은 차원까지 탐색하는 것이다. 그런 식의 지성 활동은 결국 그 자체가 보상이다. 중요한 인정의 유일한 출처이자 모든 심령을 훤히 보시는 하나님께만 초점을 두기 때문이다. 　　　마크 놀_「복음주의 지성의 스캔들」

○
교회에는 성경의 비전이 우리의 현 사회 현실들에 정확히 어떻게 적용되는지 알아내는 일을 도와줄 학자들, 그리고 우리의 이 사회 현실을 해석하는 일을 도와줄 학자들이 필요하다.
　　　니콜라스 월터스토프_「정당한 소명인 교수직」

주

머리말

1) Os Guinness, *The Call: Finding and Fulfilling the Central Purpose of Your Life*(Nashville: Word, 1998), p. 73. 「소명」(IVP).
2) Miguel De Unamuno, *The Tragic Sense of Life*, J. E. Crawford Flitch 번역 (New York: Dover, 1954), p. 16.
3) 같은 책, p. 1.
4) 다음 책에 Galicia의 한 유태인 노인의 말로 소개되어 있다. Czeslaw Milosz, *The Captive Mind*, Jane Zielomko 번역 (New York: Vintage, 1955), p. 2.
5) Petrarch가 Giovanni Colonna di San Vito에게 보낸 1342년 9월 25일자 편지로 다음 책에 인용되어 있다. David Lyle Jeffrey, *People of the Book: Christian Identity and Literary Culture*(Grand Rapids, Mich.: Eerdmans, 1996), p. 170.
6) George Santayana, *Character and Opinion in the United States*(Garden City, N.Y.: Doubleday/Anchor, 1920), p. 52.
7) 그렇다, 이 라틴어 표현을 여기에 한 건 좀 심했다. 먼 옛날 아우구스티누스는

"집어 들어 읽으라, 집어 들어 읽으라"는 한 아이의 반복되는 노랫소리를 우연히 들었다(「고백록」 8.12). 그는 그 말대로 로마서 13:13-14를 읽었고 곧이어 감정이 북받치는 영적인 회심이 뒤따랐다. 여기에 인용하기에 좀 심한 말일까? 누가 알겠는가?

1. 어느 지성인 지망생의 고백

1) Denis Diderot, *Rameau's Nephew and D'Alembert's Dream*, Leonard Tanock 번역 (Harmondsworth, U.K.: Penguin, 1966), p. 33. 물론 *Saturday Evening Post*에 실린, 이 18세기 프랑스 철학자가 쓴 이야기를 머릿속에 그려 보려면, 상당한 상상력을 구사해야 한다. 어쨌든 이 잡지에는 어린 나의 채울 수 없는 독서욕을 자극하는 이야기들이 실리곤 했다.

2) 이 정의는 아이젠하워 대통령이 농담 삼아 얘기했던, "필요 이상의 말로 자기가 아는 것 이상을 말하는 사람"이라는 정의와 가깝다. Richard Hofstadter, *Anti-intellectualism in American Life*(New York: Alfred A. Knopf, 1969), p. 10에 아이젠하워의 말이 인용되어 있으며, Hofstadter는 또 지성인을 곱게 보지 않는 다른 말들도 소개했다. pp. 9-10.

3) Paul Roazen은 "지성인들도 정치적, 도덕적, 개인적 실수를 적어도 여느 누구만큼 많이 범한다. 그러나 보통 사람들은 보다 뛰어난 지성들만큼 자기기만에 능하지는 않을 것이다"라고 말했다. "Soft-Hearted Hannah" Elzbieta Ettinger의 저서 *Hannah Arendt/Martin Heidegger/Elzbieta Ettinger*(New Haven, Conn.: Yale University Press, 1995)에 대한 서평, *The American Scholar*, 1996년 여름, p. 459.

4) Betrand Russell, 다음 기사에 인용된 말. Russell Kirk, "The American Intellectual: A Conservative View" in *The Intellectuals: A controversial Portrait*, George B. de Huszar 편집 (Glencoe, Ill.: Free Press, 1960), p. 309.

5) J. I. Packer는 존슨의 지성인 개념을 "자기는 그렇게 살 능력이나 의지도 없으면서 남들의 삶에 대해 이래라저래라 하는 사람"으로 요약했다. J. I. Packer, "The Substance of Truth in the Present Age" *Crux*, 1998년 3월, p. 5.
6) Paul Johnson, *Intellectuals*(New York: Harper & Row, 1988). 존슨의 전체 기술은 다음과 같다. "비종교 지성인은 이신론자일 수도 있고 회의론자일 수도 있고 무신론자일 수도 있다. 그러나 그는 인생을 사는 법에 대해 교황이나 사제 못지않게 인류에게 말해 줄 태세가 되어 있다. 애초부터 그는 인류의 이익을 위한 특별 봉사를 선언했고, 자신의 교육으로 인류를 발전시킨다는 교화의 의무도 자임했다. 그는 이 자칭 업무에 선배 성직자들보다 훨씬 더 근본적으로 접근했다. 계시 종교의 어떤 문헌에도 제약받지 않은 것이다. 과거의 축적된 지혜, 전통의 유전, 선조들이 경험한 규범 법전도, 전적으로 그 자신의 양식(良識)의 판단에 따라 부분적으로 따르거나 완전히 배척하면 그만이었다. 인류 역사상 최초로 인간들은 스스로 사회악을 진단하고 외부의 도움 없이 자기 지식으로 치료할 수 있다고, 뿐만 아니라 자기들이 만들어 내는 타개책으로 사회 구조만 아니라 인간의 본성조차 더 좋게 변화될 수 있다고 주장하고 나섰고, 그런 자신감과 도도함은 날로 더해 갔다. 선배 성직자들과 달리 그들은 신의 종과 해석자가 아니라 대리 신이었다. 그들의 영웅은 하늘의 불을 훔쳐 땅으로 가져온 프로메테우스였다"(pp. 1-2).
7) "지성인"을 하나의 계층으로 정의하고 분류한 비평가들은 존슨 외에도 많이 있다. 예컨대 Thomas Molnar는 *The Decline of Intellectual*(New York: Word, 1961)에서 보다 엄밀한 시각을 취한다. 그는 **지성인**이라는 말이 역사적 정황에 쓰일 때는 1350년부터 1950년까지 살았던 사상가 "계층"에 국한되어야 한다고 주장했다. 그들은 모두 이론가였으나 사상이 동일했던 것은 전혀 아니다. 그 중에는 자유주의적 인본주의자, 마르크스주의자, 진보주의자, 보수주의자가 고루 있었고, 대부분 세속주의자였으나 기독교 신앙을 계속 고수한 사람들도 더

러 있었다. 하나같이 유토피아적 비전을 제시할 뜻이 있었으나, 하나같이 그들의 계획은 인간 본성이라는 암벽 해안에 부딪쳐 파선했다. 인간이란 비전과 이데올로기로 개조되지 않는다. 인간의 변화를 보려면 그것은 그리스도의 능력과 하나님 나라의 도래를 통해서 온다. Joseph de Maistre(1753-1821)가 쓴 것처럼 "우리에게 새사람을 약속하는 사람을, 우리는 약간 무시하듯 웃어 줄 수밖에 없다. 새사람이라는 표현은 복음에 넘기자. 인간 본성은 항상 그대로다"(Crane Brinton, *The Shaping of Modern Thought*[Englewood Cliffs, N.J.: Prentice-Hall, 1963], p. 175에 인용된 말). Lydia Alex Fillingham이 압축한 지성인의 정의는, 우선 장 폴 사르트르를 "정말 이 부류의 특징적인 사람, 즉 아주 다양한 주제에 대해 생각하고, 국가의 중요한 자원으로 대중적 인정을 받고, 똑똑한 혜안을 말할 것으로 기대되고, 때로 정치에 관여하고, 국가와 세계에 대한 지식과 사고를 상징하는 사상가"로 보고 있다(*Foucault for Beginners*[New York: Writers and Readers, 1993], p. 3). 보다 균형 있게 논한 책으로는 Leszek Kolakowski, "The Intellectuals" in *Modernity on Endless Trials*(Chicago: University of Chicago Press, 1990), pp. 32-43; Lewis A Coser, *Men of Ideas: A Sociologist's View*(New York: Free Press, 1965), pp. vii-ix 등이 있다.

8) Hofstadter는 말하기를 19세기 말과 20세기 초에 "아들을 [대학에] 보낸 농부들은 많지 않았다. 보낸 경우, 아들들은 교육의 기회를 역이용하여 농사를 버리고 대개 공학 분야에 들어섰다"고 했다. *Anti-intellectualism*, p. 280.

9) 참조, Ronald Macauley and Jerram Barrs, *Being Human: The Nature of Spiritual Experience*(Downers Grove, Ill.: InterVarsity Press, 1978), pp. 147-53; J. P. Moreland, *Love God with All Your Mind*(Colorado Springs, Colo.: NavPress, 1997), pp. 57-59. John Stott도 그리스도인들의 지성의 사용을 독려하는 훌륭한 소책자(*Your Mind Matters*, Downers Grove, Ill.: InverVarsity Press, 1972)에서, 바울의 말에 대한 반지성주의 해석들을 논박했다. 「그리스도

인의 사고 활용과 성숙」(IVP).
10) 반지성주의가 미국인 전반의 주요 특성이라고 말하는 편이 더 나을 것이다. 이 가능성을 한동안 숙고한 뒤에 나는 이 가능성이 영국인의 주요 특성일 수도 있다는 사실을 알고 약간 안도했다. 참조, L. Susan Stebbing, *Thinking to Some Purpose*(Harmondsworth, U.K.: Penguin, 1939), 장 제목 "영국인은 비논리적인가?" pp. 11-22.
11) Mark Noll, *The Scandal of the Evangelical Mind*(Grand Rapids, Mich.: Eerdmans, 1994), p. 3. 아울러 Os Guinness, *Fit Bodies, Fat Minds*(Grand Rapids, Mich.: Baker, 1994)도 참조하기 바란다. 둘 다 복음주의 그리스도인들에게 책임을 다하는 삶, 즉 뜻(지성)을 다하여 하나님을 사랑할 것을 일관되게 호소하고 있다.
12) 지성인과 반지성인은 얼마든지 정의할 수 있다. 예컨대 Thomas Molnar는 지성인의 정의를 간략히 네 가지로 밝힌다. "앙드레 말로는 지성인을 관념에의 애착에 이끌려 사는 사람으로 정의했다. Peter Viereck는 지성인을 말씀 내지 말을 전업으로 섬기는 사람, 즉 고상한 이상이나 문학적, 예술적, 철학적 추구를 수종하는 일종의 제사장으로 본다"(Thomas Molnar, *The Decline of the Intellectual*[Cleveland, Ohio: World, 1961]. p. 7). 그는 또, Maurice Barrés는 지성인을 "글을 업으로 하는 사람이요 좌익"이라 부른다고 했다(같은 책). 한편 Crane Brinton은 자신의 독특한 세 가지 "반지성주의"를 밝힌 다음 이렇게 결론지었다. "Graham Wallas, William James, Freud, Nietzsche, Bergson, Tristan Tzara, Kafka, Alfred Rosenberg, Hitler, Stalin, 고(故) McCarthy 상원 의원이 모두 한 배에 속할진대 이는 방수 구획, 더 정확히 말해 밀폐 구획이 여럿 되는 아주 큰 배임에 틀림없다"("On the Discrimination of Anti-Intellectualism" *The Fate of Man*, Crane Brinton 편집 [New York: George Braziller, 1961], p. 313).

13) Jacques Barzun은 현 미국 사회에 만연한 반지성주의의 이유를 현대 예술(형태나 정당론 모두 확연히 반이성적인 쪽으로 돌아선), 과학("숫자적이고 객관적이고 확실한" 것만 강조하는), 박애주의(덜 유능한 사람들의 교육을 진흥시켜 더 유능한 사람들에게 손해를 주는) 등 크게 셋으로 꼽았다. Jacques Barzun, The House of Intellect(New York: Harper & Brothers, 1959), pp. 1-30을 참조하라. 처음 두 이유는 일리가 있어 보이나, 마지막 것은 오히려 그로 인한 반지성주의에 합리적 정당성을 부여한다!

14) Hofstadter, Anti-intellectualism, p. 27.

15) 숲속의 도끼 외에 또 다른 이미지는 제 무덤을 파는 것이다. Peter Berger가 암시한 것을 Os Guinness가 The Gravedigger File(Downers Grove, Ill.: InterVarsity Press, 1983), pp. 13-27에 상상력을 살려 사용했다. 「악마의 비밀문서를 훔치다」(정연). 참조, Peter Berger, The Sacred Canopy(Garden City, N.J.: Doubleday/Anchor, 1969).

16) 또한 Barzun, House of Intellect, pp. 4-5도 참조하라.

17) Hofstadter, Anti-intellectualism, p. 27. Jacques Barzun은 이 구분에 이렇게 예외를 단다. "사고할 수 있는 모든 지성은 사고를 위해 살 뿐 아니라 사고로 말미암아 살아야 한다. 사고를 위해서만 사는 것은 지성적 부류가 아니라 감정적 부류에 해당된다". Barzun, House of Intellect, p. 26.

18) 이데올로기적 사고 방식은 사고하는 자에게 언제나 유혹이다. "배우려는 마음보다 근본적으로 지배욕에서 생겨나는 이데올로기적 사고 방식은, 철학과 예술에 대한 침입자다. 이데올로기적 사고 방식은 자기를 꼭 닫아건 채 경쟁을 불쾌히 여긴다. 이데올로기는 진정한 철학과 예술의 특징인 새로운 영향력에 마음을 열지 않고, 참신한 통찰에서 올 수 있는 지적인 격랑에 자신을 노출시키지 않으며, 불편한 사고와 상상을 밀쳐 낸다. 이런 이론가들은 선전을 만들어 내며, 때로 약아빠진 선전도 만들어 낸다. 이런 사람들이 분위기를 주

도하게 되면 지성의 삶과 예술 생활은 수난을 맞는다"(Claes G. Ryn, "How Conservatives Have Failed 'the Culture,'" *Modern Age* 32, no. 2 [1996년 겨울]: 118). Hofstadter도 이점에서 Paul Johnson과 비슷한 입장이다. "사고를 위한 [지성의] 삶—이는 지성의 삶에 대해, 종교적 헌신과 아주 흡사한 헌신이 있다는 뜻이다.…가장 고매한 일, 가장 신성(神性)에 가까운 일은 앎의 행함이다" (Hofstadter, *Anti-intellectualism*, pp. 27-28).

19) Jacques Barzun은 "교육받은 지성"에 관한 글에서 "사실 참된 교육의 한 가지 시험은, 참된 교육이란 그 주인 위에 가볍게 앉는다는 것이다. 그는 다른 사람들이 취해 갈 자신의 망토가 군데군데 얼마나 얇은지 누구보다 잘 안다"고 논평했다. "The Educated Mind" in *Begin Here: The Forgotten Conditions of Teaching and Learning*(Chicago: University of Chicago Press, 1991), p. 211.

2. 기독 지성의 모델을 찾아

1) John Henry Newman, *The Idea of a University*, Frank M. Turner 편집 (New Haven, Conn.: Yale University Press, 1966), p. 101.
2) John Henry Newman, *Apologia Pro Vita Sua*, David DeLaura 편집 (New York: W. W. Norton, 1968), p. 18.
3) Ker는 "1808년 5월 1일 뉴먼은 니콜라스 박사가 운영하는 Ealing의 한 자비(自費) 기숙사 학교로 보내졌다. 사립 학교는 아니었지만 평판이 꽤 좋았다"고 썼다. Ian Ker, *John Henry Newman*(New York: Oxford University Press, 1988), p. 1. 본 장에 나오는 전기(傳記) 내용은 대부분 Ker의 이 탁월한 전기와 뉴먼의 자서전 *Apologia Pro Vita Sua*에서 온 것이다.
4) Ker, *John Henry Newman*, p. 15.
5) 자신의 끊임없는 논쟁 개입에 관하여 뉴먼은 1861년에 이렇게 회고했다. "30년 간 나는 늘 이런저런 종류나 온도의 뜨거운 물속에 있었는데, 결국 그것이 나

를 삶고 말았다." Ker는 "걱정이 그의 '생명을 빨아내고' 있었다"고 덧붙였다(같은 책, p. 503, *Letters and Diaries*, 10:35-36을 인용하여).

6) Charles Frederick Harrold and William D. Templeman, "John Henry Newman" in *English Prose of the Victorian Era*(New York: Oxford University Press, 1938), p. 1616.

7) Newman, *Apologia*, p. 22. David DeLaura는 Whately를, Oriel College에서 "전통적 종교 정통을 거리낌 없이 비판하는 '지성인'" 중 하나로 기술했다(같은 책, p. 22 주). 뉴먼 자신은 "웨이틀리 박사로 말하자면, 그의 사고는 내 사고와 너무 달라 우리는 한 노선에 오래 있을 수 없었다"고 썼다(같은 책, p. 22).

8) Ker, *John Henry Newman*, p. 328.

9) Newman, *Apologia*, p. 2.

10) Ker, *John Henry Newman*, p. 745.

11) Owen Chadwick, *Newman*(Oxford: Oxford University Press, 1983), p. 2.

12) Ker는 *Letters on Justification*을 "'교회 통합' 신학의 선구적 고전"이라 불렀다(Ker, *John Henry Newman*, p. 157).

13) Chadwick, *Newman*, p. 11.

14) Ker, *John Henry Newman*, p. 32에 인용된 말.

15) Ker, *John Henry Newman*, p. 738.

16) 같은 책, p. 150에 인용된 말로, 출전은 *The Letters and Diaries of John Henry Newman*, Charles Stephen Dessain 외 편집 (Oxford, 1978-1984), 6:193.

17) Newman, *Apologia*, p. 17.

18) Ker, *John Henry Newman*, p. 724 주(註), "[뉴먼]으로 하여금 글을 쓰게 만든 것은 '자기가 본 진리 그리고 그 진리를 다른 사람들에게 보여 주려는 열망'이었다." *Letters and Diaries*, 10:343, 368, 168에서 인용한 말.

19) Ker, *John Henry Newman*, p. 312에 인용된 말로, 출전은 *An Essay on the Development of Christian Doctrine*. 또한 Ker, *John Henry Newman*, p. 704도 참조하라.
20) 같은 책.
21) Ker, *John Henry Newman*, p. 35. Newman, *Letters and Diaries*, 2:129-131에서 인용한 말.
22) Ker, *John Henry Newman*, p. 72에 인용된 말.
23) Newman, "The Tamworth Reading Room," Ker, *John Henry Newman*, p. 209에 인용된 말.
24) Mrs. W. Froude에게 보낸 편지. Ker, *John Henry Newman*, p. 298에 인용된 말.
25) Newman, "Intellect, the Instrument of Religious Training" in *Sermons Preached on Various Occasions*. Ker, *John Henry Newman*, p. 434에 인용된 말.
26) Stanley L. Jaki, *Newman Today*의 서문, Proceedings of the Wethersfield Institute (San Francisco: Ignatius, 1989), p. 11.
27) *John Henry Newman: Autobiographical Writings*, Henry Tristram 편집 (London, 1950), p. 200. Ker, *John Henry Newman*, p. 21에 인용된 말.
28) John Henry Newman, *Parochial and Plain Sermons*(San Francisco: Ignatius, 1997), p. 220.
29) 같은 책, pp. 1477-1478.
30) 같은 책, p. 11.
31) 1839년 3월 28일자 일기에 뉴먼은, 앞으로 10년 동안 실천하겠다며 자신의 엄격한 금식과 금욕 방침을 적었다. 그러나 결국 뉴먼은 그 방침을 버리고 "거룩에 이르는 평범한 길"을 취하는데, 이에 대해 그는 "완성에 이르는 짧은 길"에 이렇게 썼다. "정해진 기상 시간이 지나도록 자리에 누워 있지 말라. 첫 생각을

하나님께 드리라. 성례에 잘 참석하라. 삼종 기도에 충실하라. 하나님의 영광을 위해 먹고 마시라. 로사리오 기도를 잘 드리라. 마음을 차분히 가지라. 나쁜 생각을 삼가라. 저녁 묵상을 잘하라. 날마다 자신을 살피라. 너무 늦지 않게 자라. 그러면 당신은 이미 완전하다." Newman, *Prayers, Verses and Devotions*(San Francisco: Ignatius, 1989), p. 329. 다음 책에 인용된 말, Michael Sharkey, "Newman's Quest for Holiness in His Search for Truth" in Jaki, *Newman Today*, p. 177.

32) Newman, *Historical Sketches*. Ker, *John Henry Newman*, p. 484에 인용된 말.

33) Michael Sharkey, "Newman's Quest for Holiness in His Search for Truth" in Jaki, *Newman Today*, pp. 175-187; Ian Ker, "The Christian Life" in *Newman on Being a Christian*(Notre Dame, Ind.: University of Notre Dame Press, 1990), pp. 119-152를 참조하라.

34) 뉴먼의 개념에 대한 더 자세한 기술은 Ian Ker, "Revelation" in *Newman on Being a Christian*, pp. 17-38을 참조하라.

35) Newman, *Tract 73*. Ker, *John Henry Newman*, p. 121에 인용된 말.

36) Newman, *Tract 73*. Ker, *John Henry Newman*, pp. 121-122에 인용된 말.

37) Newman, *The Arians of the Fourth Century*(London: Longmans, Green, 1908), p. 50. Ker, "Newman and the Postconciliar Church" in *Newman Today*, p. 131.

38) 같은 책.

39) Newman, 설교 "Implicit and Explicit Reason." 다음 책에 인용된 말, Ian Ker, *The Achievement of John Henry Newman*(Notre Dame, Ind.: University of Notre Dame Press, 1990), p. 43.

40) Jaki는 "추리 감각"은 뉴먼의 독창적인 용어가 아니지만, 그 용어를 "확실히 대중화한" 사람은 그였다고 말했다. Jaki, "Newman's Assent to Reality, Natural

and Supernatural" in *Newman Today*, p. 196.

41) 1943년 3월 8일 Miss M. Holmes에게 보낸 뉴먼의 편지. Ker, *John Henry Newman*, p. 273에 인용된 말.

42) Newman, *An Essay in Aid of a Grammar of Assent*(이하 *Grammar*, Notre Dame, Ind.: University of Notre Dame Press, 1979), p. 240.

43) Ker, *John Henry Newman*, p. 631.

44) Newman, *Grammar*, p. 304. 대다수 서구인의 성장 환경인 다원주의 세계를 감안한다면, 지금도 뉴먼이 양심의 구체적인 내용에 이런 보편성을 주장할지 나로서는 확실치 않다.

45) 같은 책, pp. 106-107.

46) Ker, *John Henry Newman*, p. 121에서 온 35번 주(註)의 인용문을 참조하기 바란다.

47) Ker, *John Henry Newman*, p. 558.

48) Newman, *Letters and Diaries*, pp. 425-426. Ker, *John Henry Newman*, p. 523에 인용된 말.

49) Ronald Begley는 "Metaphor in the *Apologia* and Newman's Conversion" in *Newman and Conversion*, Ian Ker 편집 (Notre Dame, Ind.: University of Notre Dame Press, 1997), pp. 59-74에서 이 긴장을 고찰했다.

50) Ker, *John Henry Newman*, p. 523.

51) 같은 책, p. 558.

52) Newman, *A Letter to the Duke of York*, in *Certain Difficulties Felt by Anglicans in Catholic Teaching*(London: Longmans, Green, 1898), 2:247-250. Ker, *John Henry Newman*, p. 688에 인용된 말.

53) 같은 책, p. 688.

54) 같은 책, p. 689.

55) 같은 책, p. 690.
56) Newman, Grammar, p. 106. Certain Difficulties Felt by Anglicans에 뉴먼은 이렇게 썼다. "양심은 원시안적인 이기심도 아니고, 자아에 충실하려는 욕망도 아니다. 양심은 그분의 메신저다. 자연으로나 은혜로나 그분은 휘장 뒤에서 우리에게 말씀하시며, 자신의 대리자들을 통하여 우리를 가르치시고 통치하신다. 양심은 그리스도의 원초적 대리자로서, 그 정보로는 선지자, 그 절대성으로는 왕, 그 축복과 저주로는 제사장이다. 비록 교회 전반의 영원한 제사장직은 종결될 수 있을지라도, 성직권의 원리는 양심 속에 계속 남아 통치할 것이다"(2:248-249; Halbert Weidner, Praying with Cardinal Newman[Winona, Minn.: St. Mary's, 1977], p. 71에 인용된 말).
57) 뉴먼의 확신 개념에 대한 더 자세한 분석은 다음 두 책을 참조하기 바란다. Terrence Merrigan, Clear Heads and Holy Hearts: The Religious and Theological Ideal of John Henry Newman(Louvain, Belgium: Peeters, 1991), 특히 pp. 193-228; M. Jamie Ferreira, Doubt and Religious Commitment: The Role of the Will in Newman's Thought(Oxford: Clarendon, 1980).
58) 뉴먼은 자기에게 "내 말을 저울질하고 진술에 신중을 기하도록"(Ker, John Henry Newman, p. 22에 인용된 말) 가르쳐 준 공을 당시 옥스퍼드 St. Mary's 교회 교구 목사였던 Edward Hawkins에게 돌렸다.
59) Ker, John Henry Newman, p. 253에 인용된 말.
60) Newman, Parochial Sermons. Ker, John Henry Newman, p. 97에 인용된 말.
61) Newman, Grammar, pp. 25-92를 참조하라.
62) Ker는 13페이지에 걸쳐 뉴먼의 논증을 요약했다. Ker, John Henry Newman, p. 637-650.
63) Newman, Grammar, p. 163.

64) 같은 책, p. 181.
65) 같은 책, p. 276. 뉴먼의 인식론, 특히 추리 감각에 대한 그의 설명을 동정적으로 해설한 William J. Wainwright의 글을 참조하라. *Reason and the Heart: A Prolegomenon to a Critique of Passional Reason*(Ithaca, N.Y.: Cornell University Press, 1995), pp. 55-83.
66) 데카르트의 확신 추구에 대한 니체의 비평을 나는 "On Being a Fool for Christ and an Idiot for Nobody: Logocentricity and Postmodernity" in *Christian Apologetics in the Postmodern World*, Timothy R. Phillips and Dennis L. Okholm 편집 (Downers Grove, Ill.: InterVarsity Press, 1995), pp. 116-120에 논한 바 있다.
67) Avery Dulles, "Newman: The Anatomy of a Conversion" in *Newman and Conversion*, p. 28.
68) Newman, *Apologia*, p. 81.
69) Harrold and Templeman, "John Henry Newman" p. 1617.
70) Newman, *Apologia*, p. 98.
71) 같은 책, p. 98 주에 소개된 *Contra epistolain Parmenian*(3.4.24)에서 번역한 것.
72) 같은 책, p. 98.
73) 같은 책, p. 99.
74) Newman, Frederic Rogers에게 보낸 편지, 1839년 10월 3일. Ker, *John Henry Newman*, p. 183에 인용된 말.
75) Newman, *Apologia*, p. 99.
76) 같은 책, p. 100.
77) H. Wilberforce에게 보낸 편지, 1884년 10월 30일. Ker, *John Henry Newman*, p. 292에 인용된 말.
78) 같은 편지.

79) John Keble에게 보낸 편지, 1844년 11월 21일, Ker, *John Henry Newman*, p. 294에 인용된 말.
80) Mrs. J. Mozley에게 보낸 편지, 11월 24일, 30일, 12월 2일. Ker, *John Henry Newman*, p. 294에 인용된 말.
81) Ker, *John Henry Newman*, p. 293.
82) Chadwick, *Newman*, p. 5.

3. 지성은 어떻게 완성되는가?
1) Frank M. Turner, "Newman's University and Ours" in John Henry Newman, *The Idea of a University*, Frank M. Turner 편집 (New Haven, Conn.: Yale University Press, 1996), p. 283.
2) Jaroslav Pelikan은 *The Idea of a University*의 함축 의미를 일반 교육을 위해 해석하려 했으나, 뉴먼의 개념들에서 종교를 빼어 내려다 그만 너무 왜곡시켜, 기독교 교육은 물론 일반 교육에도 쓸모없는 책으로 만들고 말았다. 참조, Jaroslav Pelikan, *The Idea of a University: A Reexamination*(New Haven, Conn.: Yale University Press, 1992). 뉴먼의 *Idea of a University*를 암시적으로 언급한 훨씬 유익한 책은 George Marsden, *The Outrageous Idea of Christian Scholarship*(New York: Oxford University Press, 1997)이다. 또한 Mark R. Schwehn, *Exiles from Eden: Religion and the Academic Vocation in America*(New York: Oxford University Press, 1993); Arthur F. Holmes, *The Idea of a Christian College*, 개정판 (Grand Rapids, Mich.: Eerdmans, 1987) 도 참조하라.
3) Newman, *Idea*, p. 100.
4) 같은 책, pp. 97-98.
5) 같은 책, pp. 100-102.

6) Newman, "Christianity and Scientific Investigation" in *Idea*, p. 221.
7) Newman, 설교 "Implicit and Explicit Reason." Ian Ker, *The Achievement of John Henry Newman*(Notre Dame, Ind.: University of Notre Dame Press, 1990), p. 43에 인용된 말.
8) Newman, *Idea*, p. 60.
9) Newman, *An Essay in Aid of a Grammar of Assent*(이하 *Grammar*, Notre Dame, Ind.: University of Notre Dame Press, 1979), p. 228.
10) Ker, *John Henry Newman*, p. 3.
11) 2장의 실체와 비실체에 대한 논의를 참조하라.
12) Newman, *Idea*, p. 60.
13) 같은 책, p. 53.
14) 같은 책, p. 45. 다음 말에도 주목하라. "이미 말했듯이 지식의 모든 분야는 서로 연결되어 있다. 창조주의 행동들과 작업으로, 지식의 주제 자체가 긴밀하게 통합되어 있기 때문이다. 그래서 학문들—우리의 지식은 학문을 주조(鑄造)한다고 할 수 있다—은 서로 복수(複數)의 관계와 내적 공감대를 지니고 있으며, 비교와 조정을 인정하고 심지어 요구한다. 학문들은 서로 완성하고 교정하고 균형을 잡아 준다." 같은 책, p. 76.
15) 같은 책, p. 54.
16) 같은 책, p. 53.
17) Newman, *Grammar*, p. 275.
18) 물론 일부 신학자들, 예컨대 Karl Barth는 피조물 속에서 하나님을 일부 식별한다는 뉴먼의 개념에 암시된 일종의 자연 신학에 이의를 제기한다. 뿐만 아니라 우리는 이 시점에서 뉴먼을 따라 천주교나 교황의 무오성을 믿어야 하는 것도 아니다. 만일 거기에 대해 뉴먼이 옳다면—그는 그렇게 생각했다—우리도 따라야 한다. 하지만 그것은, "지성의 완성"을 떠받치는 공통된 신학적 전제들

에 부수적으로 수반되는 입장일 뿐이다.
19) Ker, *John Henry Newman*, p. 35. *Letters and Diaries*, 2:129-131에 인용된 말.
20) Newman, *Grammar*, pp. 106-107, 304.
21) 예컨대 Newman, *Idea*, p. 66을 참조하라.
22) 같은 책, p. 63.
23) George Marsden, *The Soul of the American University*(New York: Oxford University Press, 1994); James Tunstead Burtchaell, *The Dying of the Light: The Disengagement of Colleges and Universities from Their Christian Churches*(Grand Rapids, Mich.: Eerdmans, 1998). 그 축약 버전을 Burtchaell, "The Decline and Fall of the Christian College" (1-2부), *First Things*, 1991년 4월, pp. 16-29; 1991년 5월, pp. 30-38에서 볼 수 있다.
24) Ker, *John Henry Newman*, p. 649.
25) 예컨대 다음 자료들을 참조하라. Stanley L. Jaki, "Newman's Assent to Reality, Natural and Supernatural" in *Newman Today*, Proceedings of the Wethersfield Institute (San Francisco: Ignatius, 1989), pp. 189-220; John Macquarrie, "Newman and Kierkegaard on the Act of Faith" in *Newman and Conversion*(Notre Dame, Ind.: University of Notre Dame Press, 1997), pp. 75-88; Cyril Barrett, "Newman and Wittgenstein on the Rationality of Belief" in *Newman and Conversion*, pp. 89-99; William J. Wainwright, *Reason and the Heart: A Prolegomenon to a Critique of Passional Reason*(Ithaca, N.Y.: Cornell University Press, 1995).
26) 지성의 주된 신비는, 의식적 지성이 논리를 어떻게 전개하는가가 아니라 오히려 두뇌에 어떻게 지성이 있으며 의식이 어떻게 생겨나는가이다. 이에 대한 흥미로운 고찰로는 유물론자 입장에서 본 John Searle의 논평, *The Mystery of Consciousness*(New York: New York Review Books, 1997)을 참조하라.

27) Newman, *Idea*, p. 89.
28) 같은 책, p. 151.
29) 같은 책.
30) John Henry Newman, *Apologia Pro Vita Sua*, David DeLaura 편집 (New York: W. W. Norton, 1968), p. 191.

4. 사고의 감정: 지성이란 무엇인가?

1) Newman, 설교 "Implicit and Explicit Reason." 다음 책에 인용된 말, Ian Ker, *The Achievement of John Henry Newman*(Notre Dame, Ind.: University of Notre Dame Press, 1990), p. 43.
2) A. G. Sertillanges, *The Intellectual Life: Its Spirit, Conditions, Methods*, Mary Ryan 번역 (Washington, D.C.: Catholic University of America Press, 1987), p. viii.
3) Tim Stafford, "New Theologians" *Christianity Today*, 1999년 2월 8일, p. 47. Ellen Charry와의 인터뷰에서 인용한 말.
4) Sertillanges, *Intellectual Life*, p. 71.
5) 그리고 아기들, 특히 손자 손녀들도 있다. 하지만 그것은 굳이 말할 필요도 없는 일이다. 그래서 본문에 넣지 않았다. 당신의 사고 흐름을 방해하지 않도록 이렇게 주에 달았으니 다행 아닌가.
6) Drusilla Scott, *Everyman Revived: The Common Sense of Michael Polanyi*(Grand Rapids, Mich.: Eerdmans, 1985), p. 40. 이어서 그녀는 Polanyi, *Personal Knowledge: Toward a Post-critical Philosophy*(New York: Harper & Row, 1964), p. 134의 다음 말을 인용한다. "과학자의 발견의 흥분은 지적인 열정이다. 이는 뭔가가 지적으로 소중함을, 더 엄밀히 말해 과학에 소중함을, 보여 준다."

7) Enrique Krauze, "In Memory of Octavio Paz (1914-1998)" *The New York Review of Books*, 1998년 5월 28일, p. 24.

8) Everett Knight, *The Objective Society*(New York: George Braziller, 1960), p. 8.

9) Jacques Barzun, *The House of Intellect*(New York: Harper & Brothers, 1959), p. 95.

10) 본서 2장의 "뉴먼의 지성의 특징" 부분을 참조하라. 거기 길게 인용된 말은 *The Letters and Diaries of John Henry Newman*, Charles Dessain 외 편집 (Oxford, 1984), 6:212-213에 나오며, Ker, *Achievement of John Henry Newman*, p. 150에 인용된 것이다.

11) 본서 7장의 "수평적 사고" 부분(pp. 173-174)을 참조하라.

12) David Hansen, *A Little Handbook on Having a Soul*(Downers Grove, Ill.: InterVarsity Press, 1997), p. 79.

13) Gilbert Highet, *Man's Unconquerable Mind*(New York: Columbia University Press, 1954), p. 36.

14) Josef Pieper, *In Defense of Philosophy: Classical Wisdom Stands Up to Modern Challenges*, Lothar Krauth 번역 (San Francisco: Ignatius, 1992), p. 47. Platon과 Heidegger와 Arendt도 같은 생각이다. Plato, *Theaetetus*, 155d를 인용한 Hannah Arendt, "For Martin Heidegger's Eightieth Birthday" in *Martin Heidegger and National Socialism: Questions and Answers*, Günther Neske and Emil Kettering 편집, Lisa Harries 번역 (New York: Paragon House, 1990), p. 213을 참조하라.

15) Pieper, *In Defense of Philosophy*, p. 47.

16) Josef Pieper는 *Leisure: the Basis of Culture*(South Bend, Ind.: St. Augustine's 1998), pp. 11-12에 이 구분을 논했는데, Heraclitus의 헬라어 (Fragment 112에 나오는) theoreto를 "듣는다"로 번역한 듯 보인다. Kathleen

Freeman은 *Ancilla to the Pre-Socratic Philosophers*(Cambridge, Mass.: Harvard University Press, 1957), p. 32에서 theoreto를, 강도를 낮추어, "주의하다"로 옮겼다.

17) 사실 Josef Pieper는 *Leisure: The Basic Culture*에서 문화 형성에 있어 한가함의 필요성을 지적했다.

18) Lewis A. Coser, *Men of Ideas: A Sociologist's View*(New York: Free Press, 1965), p. ix.

19) Michael Ignatieff, "On Isaiah Berlin (1909-1997)" *The New York Review of Books*, 1997년 12월 18일, p. 10.

20) Jacques Barzun, "The Educated Mind" in *Begin Here: The Forgotten Conditions of Teaching and Learning*(Chicago: University of Chicago Press, 1992), p. 211 (1950년 10월 15일 *Life*지에 처음 실림).

21) Wendell Berry, "Notes: Unspecializing Poetry" in *Standing by Words*(San Franciaco: North Point, 1983), p. 85.

22) Mary Jo Weaver, "Rooted Hearts/Playful Minds: Catholic Intellectual Life at Its Best" *Cross Currents*, 1998년 봄, p. 74.

23) George Steiner, "The Cleric of Treason" in *George Steiner: A Reader*(New York: Oxford University Press, 1984), pp. 197-198.

24) 모든 유명한 사회학자들을 "단지"의 범주에 넣고 싶은 마음은 없다. Max Weber, Peter Berger, Robert Bellah 등 많은 사람은 스스로의 자격으로 지성인들이다.

25) Stuart Hampshire, "On Isaiah Berlin (1909-1997)" *The New York Review of Books*, 1997년 12월 18일, p. 11.

26) Leon Wieseltier, "The Trouble with Multiculturalism" Richard Bernstein 의 *Dictatorship of Virtue: Multiculturalism and the Battle for America's*

Future에 대한 서평, New York Times Book Review, 1994년 10월 23일, p. 11.
27) 유신론, 이신론, 자연주의, 허무주의, 실존주의, 동양의 범신론적 일원론, 포스트모더니즘 등 현대 세계관들의 파노라마를 내 책, The Universe Next Door, 3판 (Downers Grove, Ill.: InterVarsity Press, 1997)에 개괄한 바 있다. 「기독교 세계관과 현대사상」(IVP).

5. 지성의 윤리: 기독 지성이란 무엇인가?

1) A. G. Sertillanges, The Intellectual Life: Its Spirit, Conditions, Methods, Mary Ryan 번역 (Washington, D.C.: Catholic University of America Press, 1987), p. 172.
2) 출전, James Allen, As a Man Thinketh. 다음 책에 인용된 말, Rueben P. Job and Norman Shawchuck, A Guide to Prayer for Ministers and Other Servants(Nashville: Upper Room, 1983), pp. 337-338.
3) Sertillanges, Intellectual Life, pp. 67-68.
4) Dallas Willard, The Spirit of the Disciplines(San Francisco: Harper & Row, 1987, 「영성 훈련」 은성); Richard Foster, Celebration of Discipline(San Francisco: Harper & Row, 1982, 「영적 훈련과 성장」 생명의 말씀사); Job and Shawchuck, Guide to Prayer for Ministers and Other Servants를 가장 강력히 추천한다.
5) 아리스토텔레스의 Metaphysics(「형이상학」)에 나오는 첫 문장.
6) Josef Pieper의 표현이지만 개념은 아리스토텔레스의 것이다(「형이상학」 2.1.993b.20). Josef Pieper, Defense of Philosophy(San Francisco: Ignatius, 1992), pp. 45-46를 참조하라.
7) 앎과 행함이 서로 어떻게 들어맞고, 그 연합이 어떻게 개인적 실천뿐 아니라 공교육에도 실현될 수 있는지, 보여 준 책으로 내가 아는 최고의 저서는 Steven

Garber, *The Fabric of Faithfulness*(Downers Grove, Ill.: InterVarsity Press, 1996)이다. 아울러 하버드 교수 Robert Coles의 날카로운 평론 "The Disparity Between Intellect and Character" *The Chronicle of Higher Education*, 1995년 9월 22일, 뒤 페이지도 참조하라.

8) Sertillanges, *Intellectual Life*, p. 19.
9) 같은 책, pp. 17-18.
10) E. Michael Jones, *Degenerate Moderns: Modernity as Rationalized Sexual Misbehavior*(San Francisco: Ignatius, 1993), p. 258.
11) 욕망이 진리를 가리는 것이 사실일진대, 만일 Habermas의 시각이 옳다면 우리 앞의 전망은 얼마나 암울한가. "아마도 현대성의 가장 뛰어난 옹호자일 Habermas는 포스트모던 세계관에서, 이성을 누른 욕망의 승리밖에 보지 못했다." Philip Sampson, "The Rise of Postmodernity" in *Faith and Modernity*, Philip Sampson, Vinay Samuel and Chris Sugden 편집 (Oxford: Regnum Books International, 1994), p. 40. J. Habermas, *The Philosophical Discourse of Modernity*(Polity, 1987)를 비판하면서 한 말.
12) Jones, *Degenerate Moderns*, p. 259.
13) 같은 책.
14) 죄가 지성에 미치는 영향에 대한 철학적·신학적 고찰로는 Stephen K. Moroney, "How Sin Affects Scholarship: A New Model" *Christian Scholar's Review*, 1999년 봄, pp. 432-451을 참조하라.
15) Eugene (Fr. Seraphim) Rose, *Nihilism: The Root of the Revolution of the Modern Age*(Forestville, Calif.: Fr. Seraphim Rose Foundation, 1994), p. 65.
16) Jones, *Degenerate Moderns*, pp. 19-41. 존스는 또 Alfred Charles Kinsey(악명 높은 킨제이 보고서의 장본인), Anthony Blunt(미술 비평가, 스파

이), Stanley Fish와 Jane Tompkins(문학 비평가들), Pablo Picasso, Sigmund Freud, Carl G. Jung, Martin Luther(!)에 대해서도 주요 장들을 할애했다. 존스는 *Dyonysos Rising: The Birth of Cultural Revolution out of the Spirit of Music*(San Francisco: Ignatius, 1994)에서 Richard Wagner, Friedrich Nietzsche, Arnold Schönberg, Theodor Adorno, Aleister Crowley, Mick Jagger 등과 관련하여, 방탕한 성적 행위의 합리화에 대한 분석을 계속한다. 한편 James H. Jones는 "Annals of Sexology: Dr. Yes" *The New Yorker*, 1997년 8월 5일과 9월 1일, pp. 99-113에서, 킨제이에 대한 존스의 비평을 강력 지지했다. 그는 킨제이가 과학적 데이터를 신중하게 수집하여 그 데이터를 바탕으로 결론을 내린 객관적 과학자가 아니라, "과학을 이용하여 자기에게 답답해 보이는 빅토리아조의 억압적 유산에서 미국 사회를 해방시키기로 작정한 비밀 전사"였다고 썼다(p. 100). 킨제이의 방법론은 처음부터 끝까지 결함투성이였고, 그의 삶은 성적 강박증에 빠졌다. "그는 동성애자인데다 어려서부터 마조히스트였고, 커가면서 점점 더 강박적으로 극단적 섹스에 빠져들었다"(p. 101). 한편 George Steiner는 "The Cleric of Treason" in *George Steiner: A Reader*(New York: Oxford University Press, 1992), pp. 194-197에서, Anthony Blunt의 동성애가 그의 반역에 미친 영향은 비판하면서도, Blunt의 성적 성향이나 심지어 그의 반역이 그의 학문에 악영향을 미쳤는지 여부에 대해서는 결론을 내리지 않았다. "미술사가로서 Blunt의 행적은 밝게 빛나고 있다. '불멸의 지성의 업적들'—예이츠의 자부심에 찬 표현—은 도덕적, 정치적으로 부정(否定)되기 쉬운 것일까? 나는 모른다"(p. 202).
17) Mead의 조잡한 연구 과정을 폭로한 Derek Freeman의 책에 나오는 표현. Freeman, *Margaret Mead and Samoa: The Making and Unmasking of an Anthropological Myth*(Cambridge, Mass.: Harvard University Press, 1983), p. 284를 참조하라. Jones, *Degenerate Moderns*, p. 32에 인용된 말.

18) Jones, *Degenerate Moderns*, p. 32.
19) 같은 책, p. 33.
20) 같은 책, p. 37.
21) 같은 책, p. 40. 인용문 중 Freeman 부분에 대해서는 위 주 17번을 참조하라.
22) 존스가 사용한 번역이다(영어 원문).
23) Sertillanges, *Intellectual Life*, p. 22.
24) Nicholas Lasch가 John Henry Cardinal Newman, *An Essay in Aid of a Grammar of Assent*(Notre Dame, Ind.: University of Notre Dame Press, 1979)에 실린 자신의 서문에 인용한 말, p. 9.
25) Newman, *Grammar*, pp. 106-107. 뉴먼의 말은 이렇게 이어진다. "그럴 때 우리는 살아 계신 인격체이신 그분의 임재 안에 들어가 그분과 대화할 수 있다. 그것도 세상의 윗사람을 대할 때의 솔직함과 단순함과 당당함과 친밀함에, 꼭 필요한 변경만 가하여 말이다. 함께 있는 동료 인간들에 대한 우리의 인식이, 은총 입은 이 지성들이 불가해 하고 보이지 않는 창조주를 묵상하고 흠모할 수 있는 것보다, 과연 더 예리할지 의심스러울 정도다"(p. 107).
26) 자, 숙제의 후반부는 이것이다. 종이 뒷면에 당신이 매주 몇 시간이나(혹은 몇 분이나?) 기도하는지 써 보라. 취지를 알겠는가?
27) Ian Ker, *John Henry Newman*(New York: Oxford University Press, 1988), p. 138.
28) 다음 기사에 인용된 말, Time Stafford, "New Theologians" *Christianity Today*, 1999년 2월 8일, p. 36.
29) 같은 기사, p. 45.
30) 앎과 행함―이분법을 표현하는 또 하나의 방식―의 통합적 관계에 대해서는 이미 내 책 *Discipleship of the Mind*에 쓴 바 있다(5-6장을 참조하라). 「지성의 제자도」(IVP).

31) Lesslie Newbigin, *Proper Confidence: Faith, Doubt and Certainty in Christian Discipleship*(Grand Rapids, Mich.: Eerdmans, 1995), p. 14.
32) Newbigin이 인용한 본문은 여기 내가 Dietrich Bonhoeffer, *The Cost of Discipleship*(New York: Macmillan, 1959), p. 54에서 인용한 것과 약간 다른 번역이다. 「나를 따르라」(대한기독교서회).
33) 역시 내 책 *Discipleship of the Mind*, 5-6장을 참조하라. 「지성의 제자도」(IVP).
34) 비록 그렇게 극명하지는 않지만 두 번째 등식도 비슷하다. 윤리적으로, 분노는 곧 살인이다. "옛사람에게 말한바 '살인하지 말라, 누구든지 살인하면 심판을 받게 되리라' 하였다는 것을 너희가 들었으나 나는 너희에게 이르노니 형제에게 노하는 자마다 심판을 받게 되고"(마 5:21-22).
35) 이 본문으로 야기되는 다양한 문제들과 학자들이 제시한 해답들에 대한 설명으로는 John Stott, *Romans: God's Good News for the World*(Downers Grove, Ill.: InterVarsity Press, 1994), pp. 205-214를 참조하라. 「로마서 강해: 온 세상을 향한 하나님의 복음」(IVP). 이전에 *Men Made New*(Downers Grove, Ill.: InterVarsity Press, 1966), pp. 71-75에서 로마서 5-8장을 다룰 때, 스토트는 로마서 7:14-8:4에서 바울이 자기 자신과 및 그 연장(延長)으로 모든 그리스도인을 언급하고 있다고 했다. 「새사람」(아바서원). 그러나 *Romans*, pp. 2-5-11에서 그는 그 견해도 버렸고, 이 구절들이 중생하지 않은 사람을 가리킨다는 견해도 버렸다. 대신 그는 이 구절들이 내주하시는 성령의 임재나 능력을 인식하지 못한 채―신자들의 가장 간절한 소원인 율법을 이루는 삶은 성령을 통해서만 가능하건만―아직 구약의 지배 아래 살아가는 사람을 기술하고 있다는, 보다 세분화된 입장을 취했다.
36) Stott, *Romans*, p. 221.
37) 같은 책, pp. 217-236. 그러나 여기 내가 인용한 말은 로마서 5-8장에 대한 스

토트의 이전의 짧은 연구인 *Men Made New*, pp. 85-94에 나온다. 지금 언급 중인 주제에 대해서는 스토트의 생각이 바뀌지 않은 것 같다.
38) 같은 책, pp. 86-87.
39) 같은 책, p. 91.
40) 같은 책, p. 92.
41) Michael Casey, *Sacred Reading: The Ancient Art of Lectio Divina*(Ligouri, Mo.: Triumph, 1996), p. 75. 케이시는 계속해서 클레르보의 베르나르(Bernard of Clairvaux)의 말을 인용한다. "그러므로 친구들이여, 그대들에게 주는 내 충고는, 자신의 진보에 대한 괴롭고 불안한 생각을 버리고, 하나님이 행해 오신 선하신 일들을 기억하는 보다 쉬운 길로 피하라는 것이다. 그렇게 할 때, 그대들은 자신에 대한 생각으로 고민에 빠지는 것이 아니라, 하나님께 주목을 돌림으로 안도를 얻게 된다.…죄를 슬퍼하는 마음은 과연 필요한 것이지만, 그것이 항상 주가 되어서는 안 된다. 반대로, 하나님의 후하심에 대한 보다 기쁜 묵상들로 그것을 견제하는 것이 필요하다. 그래야 마음이 너무 깊은 슬픔으로 강퍅해지지 않고, 그리하여 절망 중에 망하지 않는다." SC 11.12, *Santi Bernardi Opera*(Rome: Editions Cistercienses, 1957), 1.55.12-19.

6. 지성의 완성: 지성의 덕

1) John Henry Newman, *The Idea of a University*, Frank M. Turner 편집 (New Haven, Conn.: Yale University Press, 1996), pp. 100-102.
2) Robert Browning, "Andrea del Sarto" 97-99행.
3) A. G. Sertillanges, *The Intellectual Life: Its Spirit, Conditions, Methods*, Mary Ryan 번역 (Washington, D.C.: Catholic University of America Press, 1987), p. 13.
4) W. Jay Wood, *Epistemology: Becoming Intellectually Virtuous*(Downers

Grove, Ill.: InterVarsity Press, 1998), p. 45.

5) 같은 책, pp. 34-40. 이 목록은 원문을 그대로 옮긴 것은 아니다. 내가 더 보태기도 하고 빼기도 했다.

6) 다음 글에 인용된 말, Patrick Henry Reardon, "Truth Is Not Known Unless It Is Loved" *Books & Culture*, 1998년 9-10월, p. 44.

7) Bernard of Clairvaux, *Sup. Cant.* 8.5-6. 다음 책에 인용된 말, Jean LeClercq, *The Love of Learning and the Desire for God: A Study of Monastic Culture*, 3판, Catherine Misrahi 번역 (New York: Fordham University Press, 1982), p. 228.

8) Blaise Pascal, *Pensées*, A. J. Krailsheimer 번역 (Harmondsworth, U.K.: Penguin, 1966), no. 739, p. 256. 「팡세」.

9) Pavel Florensky, *The Pillar and the Ground of Truth*, Boris Jakim 번역 (Princeton, N.J.: Princeton University Press, 1997). 다음 글에 인용된 말, Reardon, "Truth Is Not Known Unless It Is Loved" p. 44.

10) Sertillanges, *Intellectual Life*, p. 19.

11) Wendell Berry, *The Hidden Wound*(San Francisco: North Point, 1989), pp. 65-66.

12) David Lyle Jeffrey, "Knowing the Truth in the Present Age" *Crux*, 1998년 6월, p. 20.

13) Friedrich Nietzsche, *The Anti-Christ*(55), in *Twilight of the Idols/The Anti-Christ*, R. J. Hollingdale 번역 (London: Penguin, 1968), p. 183. 「적 그리스도」.

14) Kai Nielsen, *Ethics Without God*(London: Pemberton, 1973), p. 40.

15) 다음 책에 인용된 말, Simone de Beauvoir, *Adieux: A Farewell to Sartre*, Partick O'Brian 번역 (London: Penguin, 1984), p. 434.

16) 하나님의 존재를 보여 주는 강력한—설득력 있는—논증들이 물론 있다. 그러나 전제들을 의심하거나 논증들 자체를 이해하지 못하는 것은 언제나 가능하다. 예컨대 다음 책들을 참조하라. Peter Kreeft and Ronald K. Tacelli, *Handbook of Christian Apologetics*(Downers Grove, Ill.: InterVarsity Press, 1994), pp. 47-88; J. P. Moreland, *Scaling the Secular City: A Defense of Christianity*(Grand Rapids, Mich.: Baker, 1987), pp. 15-132; J. P. Moreland and Kai Nielsen, *The Great Debate: Does God Exist?*(Nashville: Thomas Nelson, 1990).
17) Friedrich Nietzsche, "Thus Spoke Zarathustra" in *The Portable Nietzsche*, Walter Kaufmann 번역 (New York: Viking, 1954), pp. 378-379.
18) Sertillanges, *Intellectual Life*, p. 215.
19) Mary Jo Weaver, "Rooted Hearts/Playful Minds: Catholic Intellectual Life at Its Best" *Cross Currents*, 1988년 봄, pp. 69-70.
20) Sertillanges, *Intellectual Life*, p. 220.
21) Eviatar Zerubavel, *Social Mindscapes: An Invitation to Cognitive Sociology*(Cambridge, Mass.: Harvard University Press, 1997), p. 32.
22) E. Harris Harbison, *The Christian Scholar in the Age of the Reformation* (New York: Charles Scribner's Sons, 1956), p. 80.
23) Sertillanges, *Intellectual Life*, p. 253.
24) Weaver, "Rooted Hearts/Playful Minds" p. 68. David Lyle Jeffrey는 "중세기의 교육 철학자들은 독서를 통한 진지한 진리 추구에 있어서 겸손을 필수 조건으로 여겼다(예: Hugh of St. Victor, *Didascalicon* 3.13)"고 말했다. *People of the Book: Christian Identity and Literary Culture*(Grand Rapids, Mich.: Eerdmans, 1996), p. 219 주.
25) J. Richard Middleton, "Curiosity Killed the Cat: or, The Outrageous Hope

of Reformational Scholarship and Practice" *Perspectives*(Institute of Christian Studies), 1998년 12월, p. iii.

26) Richard John Neuhaus, "Encountered by the Truth" *First Things*, 1998년 10월, p. 83.

27) Leszek Kolakowski, *Modernity on Endless Trial*(Chicago: University of Chicago Press, 1990), pp. 39-40.

28) 같은 책, p. 40.

29) Thomas Aquinas, *Summa Theologiae* 1-2.q31.a15. 다음 책에 인용된 말, Josef Pieper, *Leisure: The Basis of Culture*, Gerald Malsby 번역 (South Bend, Ind.: St. Augustine, 1998), p. 110. Pieper 자신은 그것을 이렇게 표현했다. "하나님 외에 인간은 아무도 지혜와 지식이 없다. 고로 인간이 할 수 있는 최대한의 일은, 누군가를 '사랑으로 진리를 찾는 자(philo-sophos)'라고 불러 주는 것이다"(*Leisure*, p. 111).

30) Lewis Thomas, "On the Uncertainty of Science" *Harvard Magazine*, 1980년 9-10월, p. 20.

31) Robert Coles는 교만과 겸손에 대한 시몬느 베이유의 씨름을 이렇게 기술했다. "그녀의 본질상 기독교적인 특성이, 그녀 나름의 반지성주의에서보다 더 분명히 나타난 곳은 없다. 이는 무지하고 비열한 사람들의 비위에 맞추려는 의도의 값싸고 통속적인 과잉 반응이 아니라, 교만의 죄가 특히나 종잡을 수 없다는—한순간 좌익이다가 다음 순간 엄격한 도덕주의 보수파가 되는 등—그녀 자신의 진솔한 인정이다. 그만큼 그녀는 자신의 교만의 속내를 믿지 않았다. 우리가 그녀에게서 느끼는 고뇌는 지성인의 교만—겸손이란 다만 조금이라도 이루기 어렵다는 한 참회하는 그리스도인의 인식에 저항하는—에 대한 의식이다." "Simone Weil's Mind" in *Simone Weil: Interpretation of a Life*, George Abbot White 편집 (Amherst: University of Massachusetts Press, 1981), p. 32.

32) Albert Edward Day, *Discipline and Discovery*(The Disciplined Order of Christ, 1961). 다음 책에 인용된 말, Rueben P. Job and Norman Shawchuck, *A Guide to Prayer for Ministers and Other Servants*(Nashville: Upper Room, 1983), p. 92.

7. 지성의 완성: 지성 훈련

1) William J. Wainwright, *Reason and the Heart: A Prolegomenon to a Critique of Passional Reason*(Ithaca, N.Y.: Cornell University Press, 1995), p. 15.
2) Josef Pieper의 말처럼 "서로 다른 지성들 사이의 대화 속에서도, 생생한 철학이 얼마든지—심지어 대화만큼이나—많이 '생기지만,' 그럼에도 불구하고 철학에 팀워크란 있을 수 없다." Josef Pieper, *In Defense of Philosophy: Classical Wisdom Stands Up to Modern Challenges*, Lothar Krauth 번역 (San Francisco: Ignatius, 1992), p. 80.
3) Dora Thornton은 르네상스 때의 학자들이 사용한 그런 방들에 대한 현대의 묘사들을 여럿 인용했다. 그녀의 책, *The Scholar in His Study: Ownership and Experience in Renaissance Italy*(New Haven, Conn.: Yale University Press, 1997)를 참조하라. James Fenton, "A Room of One's Own" *The New York Review of Books*, 1998년 8월 18일, pp. 52-53에 인용되어 있다.
4) Jacques Barzun, *The House of Intellect*(New York: Harper & Brothers, 1959), p. 204.
5) 어떤 음악은 지적인 활동을 자극한다는 지적도 있다. Gordon L. Shaw는, 아마도 "모차르트 효과"를 발견했다. 즉 "특정 종류의 음악[그중에서도 잘 정돈된 모차르트 음악]은 실제로 학습을 강화해 줄 수 있다." Ronald Kotulak, "Q & A [with Gordon L. Shaw]" *Chicago Tribune*, 1998년 5월 24일, Perspective

sec., pp. 1, 3.

6) 다음 책에 인용된 말, Kathleen Norris, *Amazing Grace: A Vocabulary of Faith*(New York: Riverhead, 1998), p. 17.

7) 같은 책.

8) Wendell Berry, *A Timbered Choir: Sabbath Poems 1979-1997*(Washington, D.C.: Counterpoint, 1998), poem I (1997), p. 207. Berry는 이 시집을 읽을 수 있는 최적의 환경에 대하여, "이 시들은 침묵과 고독 속에서, 주로 야외에서 씌어졌다. 내 생각에, 비슷한 환경에서—최소한 조용한 방에서—읽는 독자가 이 시들을 가장 좋아하게 될 것이다"고 말했다(p. xvii).

9) A. G. Sertillanges, *The Intellectual Life: Its Spirit, Conditions, Methods*, Mary Ryan 번역 (Washington, D.C.: Catholic University of America Press, 1987), p. viii.

10) Pieper, *In Defense of Philosophy*, p. 47.

11) Ernest Dimnet, *The Art of Thinking*(New York: Pocket, 1942), p. 25.

12) 같은 책, p. 77.

13) 같은 책, p. 76.

14) 같은 책, p. 86.

15) Simone Weil, *Waiting for God*, Emma Crauford 번역 (New York: Harper & Row, 1951), p. 110. 「신을 기다리며」(대한기독교서회).

16) Eviatar Zerabavel, *Social Mindscapes: An Invitation to Cognitive Sociology* (Cambridge, Mass.: Harvard University Press, 1997), p. 35.

17) Igumen Chariton of Valamo, *The Art of Prayer: An Orthodox Anthology* (Faber & Faber, 연도 미상)에서 인용한 말로, Rueben P. Job, *A Guide to Retreat for All God's Shepherds*(Nashville: Abingdon, 1994), pp. 220-221 에 인용되었다.

18) Weil, *Waiting for God*, pp. 110-111.
19) 같은 책, p. 111.
20) 같은 책, pp. 111-112.
21) 2장 "확신을 향한 열정" 부분을 참조하라. 또한 Ian Ker, *John Henry Newman* (New York: Oxford University Press, 1988), p. 97에 인용된 John Henry Newman, *Parochial Sermons*; John Henry Newman, *An Essay in Aid of a Grammar of Assent*(Notre Dame, Ind.: University of Notre Dame Press, 1979), pp. 25-92도 참조하라.
22) Josef Pieper는 철학자와 궤변가를 대조하면서 "참된 철학자는 자신의 중요성 따위는 전혀 안중에 없고, '모든 자만한 태도를 완전히 버리며,' 자신의 심오한 대상에 사심 없이 열린 마음으로 접근한다. 이 대상에 대한 사유를 통해 그는 한낱 자기만족을 벗어나고, 실제로 이기적 욕구—아무리 '지적이거나' 숭고한 것일지라도—에 대한 집착에서 해방된다"고 썼다, *In Defense of Philosophy*, p. 38.
23) Anthony Bloom, *Living Prayer*(Templegate, 연도 미상). Job, *Guide to Retreat for All God's Shepherds*, pp. 308-309에 인용된 말. 「살아있는 기도」 (가톨릭 출판부).
24) Karl Barth, *The Faith of the Church: A Commentary on the Apostles' Creed According to Calvin's Catechism*, Jean-Louis Leuba 편집, Gabriel Vahanian 번역 (New York: Living Age, 1958), p. 45.
25) 같은 책, p. 44.
26) Earl F. Palmer, "Theological Themes in the Chronicles of Narnia" *Radix* 26, no. 2 (1998년 가을): 7-8.
27) Josef Pieper는 이 개념의 근거를 기독교 형이상학에 둔다. "기독교 형이상학 전체의 구조적 틀은, 어쩌면 다른 어떤 단일한 윤리적 언명에서보다 더 명백하

게, 지혜가 최고의 덕이라는 명제 속에 나타난다. 이 구조는 다음과 같이 세워진다. 즉, 존재는 진리를 선행하고, 진리는 선을 선행한다. 사실, 이 언명 한복판의 꺼지지 않는 불은, 기독교 신학의 중심적 신비다. 즉, 아버지가 영원한 말씀을 낳으시고, 성령이 아버지와 말씀으로부터 나온다는 것이다." Josef Pieper, *The Four Cardinal Virtues*, Richard and Clara Winston 번역 (New York: Harcourt Brace Jovanovich, 1965), pp. 3-4. Josef Pieper, *An Anthology*(San Francisco: Ignatius, 1989), p. 54에 인용되었다.

28) 내가 이 문단을 쓴 후에, Western Michigan University 철학 교수 Tim McGrew가 그 내용을 뒷받침해 주는 마태복음 25:31-46 말씀을 내게 지적해 주었다. 거기 보면 예수께 칭찬받는 사람들은, 자기가 다른 사람들을 섬김으로써 그분을 섬겼다는 사실을 모르고 있다.

29) Evelyn Underhill, *The Spiritual Life*(Harrisburg, Penn.: Morehouse, 1937), p. 20.

30) Henry C. Simmons, *In The Footsteps of the Mystics*(New York: Paulist, 1992). Job, *Guide to Retreat for All God's Shepherds*, p. 106에 수록되어 있다.

31) Sertillanges, *Intellectual Life*, pp. 72-73. 세르티앙즈는 계속해서 "모든 사실은 위대한 사고를 낳을 수 있다. 모든 명상, 심지어 파리나 지나가는 구름에 대한 명상도, 끝없는 사색에 꼭 맞는 경우가 있다. 물체에 발화하는 모든 불은 햇빛처럼 환해질 수 있고, 모든 트인 길은 하나님께로 난 회랑이다"고 썼다(p. 73).

32) 4장 "지성은 회전식 건조기" 부분(pp. 98-99)도 참조하라.

33) Edward De Bono, *New Think*(New York: Avon, 1971), p. 15. Robert Pirsig는 그것을 소설의 형태로 보다 흥미롭게 설명한다, *Zen and the Art of Motorcycle Maintenance*(New York: Bantam, 1975), pp. 114-115, 272-282, 293-320. 「선과 모터싸이클 관리술」(문학과지성사).

34) De Bono, *New Think*, p. 197.
35) 그렇다, De Bono는 "심지어 도서관"이라고 했다(같은 책, p. 155).
36) John H. Westerhoff III and John D. Eusden, *The Spiritual Life*(New York: Seabury, 1982). 다음 책에 인용된 말, Rueben P. Job and Norman Shawchuck, *A Guide to Prayer for Ministers and Other Servants*(Nashville: Upper Room, 1983), p. 221.
37) Sertillanges, *Intellectual Life*, p. ix.
38) 같은 책, p. 31.
39) 같은 책, p. 133.
40) 같은 책, p. 52.
41) Martin Heidegger, *Discourse on Thinking*, John M. Anderson and E. Hans Freund 번역 (New York: Harper & Row, 1966), p. 46.
42) Heidegger, *Discourse on Thinking*, John Anderson 서문, p. 24.
43) Heidegger, *Discourse on Thinking*, p. 56.
44) Anderson 서문, p. 26.
45) Heidegger, *Discourse on Thinking*, p. 68.
46) 같은 책, p. 85. 또한 Os Guinness, *The Call: Finding and Fulfilling the Central Purpose of Your Life*(Nashville: Word, 1998), p. 212도 참조하라.
47) 자신의 삶 속에서 하나님을 존재로 대체한 그 함축적 의미에 대해, 많은 사람이 당연히 Heidegger를 비판해 왔다. Nietzsche와 마찬가지로 하이데거는 서구 기독교의 문화적 하나님은 죽었다고 보았다. 하이데거는 성경 그대로의 하나님의 가능성을 한 번도 직시해 본 적이 없는 것 같고, 그래서 그는 그 상실을 존재라는 개념으로 대체하려 애썼다. 하이데거가 나치주의를 꽤 용인한 것과 실속 있는 윤리관을 내놓지 못한 것은 그의 사상의 적잖은 허점이며, 그의 철학 세계 전체에 심각한 약점이 있다는 표다. 이런 문제를 여기서 장황

히 논할 필요는 없다. 그것을 집중해서 다룬 책들이 이미 많이 나와 있다. 예컨대 Günther Neske and Emil Kettering, *Martin Heidegger and National Socialism: Questions and Answers*, Lisa Harries 번역 (New York: Paragon, 1990); Hans Sluga, *Heidegger's Crisis: Philosophy and Politics in Nazi Germany*(Cambridge, Mass.: Harvard University Press, 1993); Rüdiger Safranski, *Martin Heidegger: Between Good and Evil*, Ewald Osers 번역 (Cambridge, Mass.: Harvard University Press, 1998); 그리고 Safranski의 이 책에 대한 Robert Sokolowski의 서평, "Being, My Way" *First Things*, 1999년 1월, pp. 54-57을 참조하라.

48) Anderson 서문, p. 29. Heidegger가 "Conversations on a Country Path" 후반부에 이런 개념들을 전개하는 동안, 언어는 점점 더 복잡해진다. 개념들을 설명하려고 풀어놓을수록 본문은 더 알쏭달쏭해진다. 예컨대 이런 표현법이 나온다. "그러나 만일 여태까지 사고의 지배적 본질이 그 초월적-수평적 표현이었다면, 그리고 해방이 '그 어떤 영역들'에의 소속 때문에 그런 표현에서 스스로를 해방시킨다면, 그렇다면 사고는 해방을 통해 그런 표현으로부터 '그 어떤 영역들'을 시중하는 것으로 바뀐다." 물론 앞에 이런 난해한 용어들의 정의가 나오기는 하지만, 내용을 이해하는 작업은 만만치 않다.

49) Sertillanges, *Intellectual Life*, p. 247.

50) Doris Lessing, "An Evening with Doris Lessing" *Partisan Review* 65, no. 1 (1998): 12.

51) Sertillanges, *Intellectual Life*, p. 42.

52) 같은 책, p. xiii.

53) 같은 책, p. 82.

54) Blaise Pascal, *Pensées*, 370번. 다음 책에 인용된 말, Emile Cailliet, *The Clue to Pascal*(Philadelphia: Westminster Press, 1943), p. 83.

55) Sertillanges, *Intellectual Life*, pp. 82-83.
56) 같은 책, p. 260.

8. 독서를 통한 사고

1) Augustine, *Confessions* 8.12.
2) 같은 책.
3) "독서가 사고를 주도한다"와 "사고가 독서를 주도한다"는 표현은 내 것이다. 이렇게 구분한 후 나는 하이데거가 구분한 "명상적 사고"와 "계산적 사고"(7장 "하이데거의 통찰" 부분에 논한)도 그와 유사함을 발견했다. 아울러 George Steiner가 구분한 "비평가"와 "독자"("Critic/Reader" in *George Steiner: A Reader* [New York: Oxford University Press, 1984], pp. 67-98), David Lyle Jeffrey가 구분한 "냉정한 독자와 상처 입은 독자"(*People of the Book: Christian Identity and Literary Culture*[Grand Rapids, Mich.: Eerdmans, 1996], p. 370)도 마찬가지다.
4) Lynne Sharon Schwartz는 "사실 독서가 가르쳐 주는 바는 무엇보다도, 장시간 가만히 앉아 시간과 정면 대결하는 법이다. 모두가 내면의 역동이다. 이는 우리의 전부를 끌어들이는 숭고한 영적 행위라서, 우리는 인생의 모든 작은 시름들은 물론 시간과 죽음까지 망각한 채 그저 영원한 현재 속에 젖어 든다"고 썼다. *Ruined by Reading: A Life in Books*(Boston: Beacon, 1996), p. 116.
5) Alberto Manguel, *A History of Reading*(New York: Viking, 1996), p. 267. 「독서의 역사」(세종서적).
6) Jeffrey, *People of the Book*, pp. 84-85. Augustine, *On Christian Doctrine* 2.8.12-14를 고찰한 대목이다.
7) Manguel은 "수세기에 걸쳐 흑인들은 엄청난 악조건 속에서 목숨까지 걸고 글을 깨쳤다. 많은 역경이 길을 가로막았으므로 그 과정은 때로 몇 년씩 걸렸다"

고 썼다. *History of Reading*, p. 280.
8) 같은 책, p. 287.
9) Virginia Woolf, *A Room of One's Own*(New York: Harcourt Brace Jovanovich, 1929), p. 76. 「자기만의 방」(민음사).
10) A. G. Sertillanges, *The Intellectual Life: Its Spirit, Conditions, Methods*, Mary Ryan 번역 (Washington, D.C.: Catholic University of America Press, 1987), p. 149.
11) Sven Birkerts, *The Gutenberg Elegies: The Fate of Reading in an Electronic Age*(New York: Fawcett Columbine, 1994), p. 101.
12) Paul Byer가 개발한 보다 진보된 형태의 IVF 성경 공부(원고 사본 연구)는, 신비평(New Criticism)이라는 준(準)전문적 방법론을 사용하여, 성경 본문들을 요즘의 단락 구분과 절 숫자 없이 분석하도록 되어 있다.
13) Michael Casey, *Sacred Reading: The Ancient Art of Lectio Divina*(Liguori, Mo.: Triumph, 1996), pp. 9-10.
14) Eugene Peterson, "Caveat Lector" *Crux*, 1996년 3월, p. 2.
15) Rueben P. Job and Norman Shawchuck, *A Guide to Prayer for Ministers and Other Servants*(Nashville: Upper Room, 1983).
16) 같은 책, p. 154.
17) Casey, *Sacred Reading*, p. 8.
18) Jean LeClercq, *The Love of Learning and the Desire for God: A Study of Monastic Culture*, 3판, Catherine Misrahi 번역 (New York: Fordham University Press, 1982), p. 73.
19) St. Ambrose (340?-397) 이전에는 아마 모든 사람이 소리 내어 읽었던 것 같다. "암브로스의 묵독에 대한 아우구스티누스의 묘사는 (한번도 소리 내어 읽어 본 적이 없다는 암브로스 자신의 말을 포함하여) 서구 문서에 처음 기록된

예다." Manguel, *History of Reading*, p. 43.

20) LeClercq, *Love of Learning*, p. 73.

21) 같은 책, p. 15.

22) Peterson, "Caveat Lector" p. 6.

23) Casey도 무리한 요구는 없다. "렉치오 디비나를 통한 사고와 심성 개발은 충분한 시간을 투자한 후에만 이루어진다. 예컨대 내가 생각하는 바로는, 거의 매일 약 30분씩 몇 년은 지속해야 한다." Casey, *Sacred Reading*, p. 21.

24) Gordon Fee, "Exegesis and Spirituality: Reflections on Completing the Exegetical Circle" *Crux*, 1995년 12월, p. 30.

25) Peterson, "Caveat Lector" p. 6.

26) 같은 기사, p. 7.

27) Dylan Thomas, 같은 제목의 시 첫줄.

28) Casey, *Sacred Reading*, p. vi.

29) Peterson, "Caveat Lector" p. 9.

30) 같은 기사.

31) Jacques Le Goff는 *Intellectuals in the Middle Ages*, Teresa Lavender Fagan 번역 (Cambridge: Blackwell, 1993)에서, 중세기 수도원 제도의 반지성주의 사조를 지나치게 강조하면서, 중세의 학문적 사상 속에서 현대성을 실제보다 더 많이 본 듯하다. 이는, 세상 학자들은 스콜라 철학자들을 독단적이라고 폄하하거나 아니면 "시대에 앞선"―"우리 시대에 맞는다"는 뜻―학자들로 묘사한다는, G. K. Chesterton의 말에 대한 좋은 예라 할 수 있다. G. K. Chesterton, *St. Thomas Aquinas*(Garden City, N.Y.: Doubleday Image, 1956 (초판 1933), pp. 33-34. 어쨌든 Le Goff는, 사상이 깊은 수도사의 훌륭한 전형인 성 베르나르가 학생들에게 파리의 대학들을 피하라고 권한 말을 인용한다. "그대들은 책보다 숲에서 훨씬 많은 것을 얻게 될 것이다. 나무와 바위가 그대들에게 어

떤 스승보다도 훨씬 많은 것을 가르쳐 줄 것이다." Le Goff, *Intellectuals in the Middle Ages*, p. 21. 반면, Jean LeClercq는 St. Bernard를 온전히 통합된 인간의 최고 전형으로 보았다. "클레르보에 도착하던 날로부터 천국에 들어가던 날까지 진짜 베르나르, 유일한 베르나르는 떼려야 뗄 수 없을 정도로 학자이자 동시에 하나님의 사람, 사상가이자 동시에 성인, 휴머니스트이자 동시에 신비가였다." LeClercq, *Love of Learning*, p. 161.

32) 이 용어의 짝들은 LeClercq, *Love of Learning*, pp. 2-3, 5, 199-203, 213-214, 216, 223, 226, 257에서 온 것이다. Alberto Manguel은 16세기 유태인 학자들에게서 유사한 구분을 보았다. "한편으로 스페인과 북아프리카의 Sephardic(스페인이나 포르투갈계의 유태인—옮긴이) 학교들을 중심으로는, 본문을 구성하는 세부적 요소들은 별로 논하지 않고, 문자적·문법적 의미에 치중하면서 본문 내용만 요약하는 쪽을 선호했다. 다른 한편으로 주로 프랑스, 폴란드, 게르만 국가들에 기반을 둔 Ashkenazi(독일과 폴란드 지방에 사는 유태인—옮긴이) 학교들에서는, 모든 가능한 의미를 찾아 행마다 단어마다 일일이 분석했다. Manguel, *History of Reading*, p. 89.

33) G. K. Chesterton은 St. Francis와 St. Thomas 둘 다 세상을 인정한 점에 주목했다. 성 프랜시스는 자연계의 가치와 영광을 인정했고, 성 토마스는 물질세계를 공부하여 깨우친 정신세계의 가치를 인정했다. "성 프랜시스가 시를 유난히 좋아하면서도 책을 별로 신통치 않게 여긴 것은 역설이었다. 성 토마스가 책을 사랑하여 책을 먹고 살았던 것은 눈에 띄는 사실이었다." Chesterton, *St. Thomas Aquinas*, p. 21.

34) Le Goff, *Intellectuals in the Middle Ages*, p. 89.

35) 같은 책, pp. 89-90.

36) 같은 책, p. 90.

37) 같은 책, p. 92.

38) 같은 책, p. 117.
39) Sertillanges, *Intellectual Life*, p. 173. 여기서 세르티앙즈는 Abbé de Tourville의 견해를 고찰하고 있다.
40) Josef Pieper, *The Silence of St. Thomas: Three Essays*, John Murray and Daniel O'Connor 번역 (South Bend, Ind.: St. Augustine's, 1999), p. 35.
41) 같은 책, p. 35. Thomas Aquinas, *Commentaria in Aristotelis De Caelo et mundo* 1.22에서 인용한 말.
42) George Ledin Jr., *Scriabin Études* CD 재킷, Alexander Paley, piano, Naxos, CD 8.553070 (1997). 심할 정도로 과다한 언어가 총 4페이지의 재킷을 가득 메우고 있다.
43) Schwartz, *Ruined by Reading*, p. 1.
44) James W. Sire, *The Universe Next Door*, 3판 (Downers Grove, Ill.: InterVarsity Press, 1997). 「기독교 세계관과 현대사상」(IVP); *How to Read Slowly*(Downers Grove, Ill.: InterVarsity Press, 1978), 재판 *The Joy of Reading*(Portland, Ore.: Multnomah Press, 1984), 개정판 간행 *How to Read Slowly*(Wheaton, Ill.: Harold Shaw, 1988). 「어떻게 천천히 읽을 것인가」(이레).
45) 세계관의 정의에 관한 상세한 설명은 Sire, *Universe Next Door*, pp. 17-18을, 수필을 세계관적 관점에서 읽는 자세한 예는 Sire, *How to Read Slowly*, pp. 23-53을 참조하기 바란다.
46) Saul Bellow, *Mr. Sammler's Planet*(Greenwich, Conn.: Fawcett, 1970), p. 7.
47) 같은 책, pp. 21-22.
48) "새믈러 씨는, 자기가 읽는 내용을 곧이곧대로 믿는다고는, 말할 수 없었다. 그러나 읽고 싶은 책이 이것밖에 없다고는 말할 수 있었다." 같은 책, p. 231.
49) 같은 책, p. 284.

50) Sertillanges, *Intellectual Life*, p. 150.
51) 같은 책, pp. 158-159. 세르티앙즈는 Victor Hugo의 말을 인용하고 있다.
52) 같은 책, pp. 169-170.
53) Richard M. Weaver, *Ideas Have Consequences*(Chicago: University of Chicago Press, 1984), p. 1.
54) Schwartz, *Ruined by Reading*, p. 101.
55) 같은 책, p. 1.
56) 같은 책, p. 106.
57) John Baillie, *A Diary of Private Prayer*(New York: Simon & Schuster/Fireside, 1996), p. 89. 「매일기도」(성서유니온).

9. 논쟁자 예수

1) 1997년 3월, Dallas Willard는 미국과 캐나다에서 대학원생들을 섬기고 있는 IVF 간사들 모임에서 강연했다. 본 장의 내용은 그 강연 외에도 역시 윌라드의 다음 네 자료에 힘입은 바 크다. 1998년 12월 31일 IVF 후원으로 시카고에서 개최된 Following Christ, Shaping Our World 수련회에서 한 강연; 1999년 6월 1일 BIOLA 대학교에서 있은 "Jesus: The Smartest Man Who Ever Lived"라는 제목의 강연 2편; 학술 기사 "Jesus the Logician" *The Christian Scholar's Review*, 1999년 여름, pp. 605-614; *The Divine Conspiracy: Rediscovering Our Hidden Life in Christ*(San Francisco: HarperSanFrancisco, 1998), pp. 93-95. 「하나님의 모략」(복 있는 사람).

2) E. Harris Harbison도 어조만 약간 유할 뿐 다분히 똑같이 말했다. "공관복음의 예수에 대한 가장 명백한 사실은, 그분이 스승으로서 자신의 관계를 알고 계시며, 그 관계 형성의 소명을 의식하고 계시다는 것이다. 그 정도로 그분은 '학자'이시다." *The Christian Scholar in the Age of the Reformation*(New York:

Charles Scribner's Sons, 1956), p. 3.
3) Diogenes Allen도 거기에 포함된다. "예수는 알렉산더 대제처럼 신체 조건이 대단한 것도 아니고, 아인슈타인처럼 지적인 수준이 대단한 것도 아니다." *Christian Belief in a Postmodern World*(Louisville, Ky.: Westminster John Knox, 1989), pp. 109-110. 그 근거로 Allen은 부와 권력과 지성과 거룩과 지혜의 위대함을 각각 구분한 블레즈 파스칼의 말을 인용하면서, 인간이 다른 것들 없이 그중 하나만 가질 수도 있음을 지적한다. "예수는 부도 없고, 겉으로 내보인 지식도 없지만, 남다른 거룩이 있다. 그는 아무것도 발견하지 않았고 통치하지도 않았으나, 겸손했고 인내심이 있었고 하나님께 매우 거룩했고 귀신들에게 호되었고 죄가 없었다"(*Pensée* 308). Blaise Pascal, *Pensée*, A. J. Krailsheimer 번역 (Harmondsworth, U.K.: Penguin, 1996), p. 124를 참조하라. 파스칼이 예수께 위대한 지성이 없었다고 하지 않고 다만 "겉으로 내보인 지식"이 없었다고만 말한 데 주목하라. 이는 전혀 다른 문제다. 겸손은 지성을 배제하지 않는다. 오히려, 6장 "겸손" 부분에 논한 대로, 진정한 지성은 겸손을 요한다.
4) C. S. Lewis, *Letters to Malcolm: Chiefly on Prayer*(London: Geoffrey Bles, 1964), pp. 62-63.
5) Willard, "Jesus: the Smartest Man Who Ever Lived?" 그리고 *Divine Conspiracy*, p. 94.
6) Following Christ, Shaping Our World 수련회에서 있었던 Willard의 강연을 직접 인용한 말.
7) Willard, "Jesus the Logician" pp. 613-614.
8) 원전의 신빙성에 대한 기본적 설명으로는 Paul Barnett, *Is the New Testament Reliable?*(Downers Grove, Ill.: InterVarsity Press, 1986)을 참조하라. 「신약 성경은 믿을 만한가」(IVP). 보다 깊이 다룬 책으로는 R. T. France, *The Evidence for Jesus*(Downers Grove, Ill.: InterVarsity Press, 1986), 「예수에 대한 증

거」(요단); James D. G. Dunn, *The Evidence for Jesus*(London: SCM Press, 1985); Craig Blomberg, *The Historical Reliability of the Gospels*(Downers Grove, Ill.: InterVarsity Press, 1987), 「복음서의 역사적 신빙성」(솔로몬) 등이 있다.

9) Willard, "Jesus: the Smartest Man Who Ever Lived?" 질의응답 시간.

10) W. H. Werkmeister, *An Introduction to Critical Thinking*(Lincoln, Neb.: Johnson, 1948), p. 366.

11) 예: 누가복음 11:11-12; 12:4-5, 6-7, 24, 27-28, 54-56; 13:14-16; 14:1-4; 18:1-8.

12) 요한복음 7:53-8:11이 본래는 이 복음서의 것이 아닌데 거기에 삽입되었다는 것이 학자들의 공통된 의견이다.

13) William L. Lane, *The Gospel According to Mark*(Grand Rapids, Mich.: Eerdmans, 1974). 「뉴인터내셔널 성경주석 마가복음」(생명의말씀사).

14) Willard, "Jesus the Logician" pp. 607-610.

15) Eta Linnemann, *Parables of Jesus*, John Sturdy 번역 (London: SPCK, 1966), p. 74. 다음 책에 인용된 말, Robert H. Stein, *Introduction to the Parables of Jesus*(Philadelphia: Westminster Press, 1981), p. 77. 「예수님의 비유 어떻게 읽을 것인가」(따뜻한 세상).

16) 그밖에 끝이 열려 있는 비유로는 다음과 같은 것들이 있다. (1)시몬에게 들려 주신 비유(눅 7:36-50). 예수는 시몬이 거리의 창녀보다 더 죄가 많다는 아이러니로 시몬을 안달복달하게 하신 다음, 여자는 용서하시고 시몬은 용서하시지 않는다. (2)탕자의 비유(눅 15:11-32). 형은 선택의 기로에 선 채 바깥에 남겨진다. 예수께서 바리새인들을 선택의 기로에 두시는 것과 같다. 그들은 죄인들을 향한 아버지의 은혜를 받아들일 것인가? (3)강한 자를 결박하는 비유(막 3:20-30). 예수께서 자신을 귀신으로 보는 바리새인들의 논리를 파헤치신다. 그분은 그들의 비난 내용이 용서받을 수 없는 죄라고 질책하신다. 그분은 귀신

들린 것이 아니라 성령으로 충만하신 것이다. 심지어 귀신들도 그분이 누구인지 바리새인들보다 더 많이 안다(21절).

10. 기독 지성의 책임

1) 교육받지 못한 부두 노동자 Eric Hoffer는 *The True Believer*라는, 심기를 불편하게 하지만 매우 통찰력이 뛰어난 책으로 유명해졌다. 이는 자신이 옳다고 절대적으로 확신하며 주장하는 사람들에게 흔히 수반되는, 생각 없는 광신을 연구한 책이다(New York: New American Library, 1958, 초판 1951). 「맹신자들」(궁리).

2) 예정론이나 자유 의지의 문제는 다루고 싶지 않다. 기독교에서 인간의 책임을 논할 때 늘 공통되는 내용, 거기에 주목하는 것으로 충분하다.

3) Evelyn Underhill, *The Spiritual Life*(Harrisburg, Penn.: Morehouse, 1937), pp. 29-30.

4) Karl Barth, *The Faith of the Churuch: A Commentary on the Apostles' Creed According to Calvin's Catechism*, Gabriel Vahanian 번역 (New York: Meridian, 1958), p. 27.

5) 같은 책, p. 28.

6) Habel은 이 표현을 자신의 멘토인 체코의 철학자 Jan Patočka의 것으로 돌린다.

7) Habel은, 검표원이 없을 때도 자기가 전차 차비를 낼 책임을 느끼는 이유를, 이렇게 설명한다. "그렇다면 사실 누가 나와 이야기하고 있나? 물론 내가 교통 당국보다, 내 친한 친구들보다(그 음성이 그들과 논쟁하면 이 문제가 불거질 것이다) 높게, 그리고 어떤 의미에서 나 자신—세상 속 내 실존의 주체이자 내 '실존적' 이익(그중 하나는 동전을 아끼려는 아주 자연스런 노력)의 심부름꾼인 나 자신—보다 높게 여기는 누군가이다. '모든 것을 알고'(그래서 전지하고) 어디에나 있고(그래서 무소부재하고) 모든 것을 기억하는 누군가이다. 그는 모든 도덕

적 문제에서 내게 가장 높고 절대 확실한 권위이며, 그래서 법 자체다. 영원한 그는 자신을 통하여 나 또한 영원하게 하며, 그래서 나는 모든 것이 끝날 그리하여 그에 대한 내 의존마저 종료될 순간의 도래를 상상할 수 없다. 나는 그와 전적으로 관계하고 있으며, 결국 모든 것을 그를 위하여 할 것이다. 동시에 이 '누군가'는 나를 직접 인격으로 대한다(교통 당국처럼 한낱 익명의 대중 승객으로 대하지 않는다)." 그럼에도 불구하고 하벨은 여러 이유로 이 '누군가', 이 '존재' 또는 '절대적 지평'을 성경의 하나님은 고사하고 온전한 인격적 신으로 보기를 거부한다. Václav Havel, *Letters to Olga: June 1979-September 1982*, Paul Wilson 번역 (New York: Henry Holt, 1989), pp. 345-346을 참조하라. 나는 하벨의 책임 개념과 그 기초인 존재에 대하여 "An Open Letter to Václav Havel" Crux, 1991년 6월, pp. 9-14에 분석한 바 있다.

8) 이 이야기는 Havel, "The Power of the Powerless" in *Living in Truth* (London: Faber and Faber, 1986), pp. 41-57에 나온다.

9) 같은 글, p. 42.

10) 같은 글, p. 55.

11) 이것은, 대부분의 정의에 비추어 그 자신도 지성인인, Julian Benda의 유명한 책 제목이다. Benda는 자기 시대—20세기 초—의 지성인들이 초월적 세계의 대변인 역할을 유기한 채 당리당략에 빠졌다고 지적했다. Julian Benda, *The Treason of the Intellectuals*(*La trahison des clercs*, 1928), Richard Aldington 번역 (New York: W. W. Norton, 1969)을 참조하라. Benda에 따르면 참된 지성인들이란 "그 활동이 본질상 실용적 목표들의 추구가 아닌 모든 자들, 예술이나 과학이나 형이상학적 사유(思惟)를 행하는 데서—요컨대 비(非)물질적 이익을 얻는 데서—기쁨을 구하며 그리하여 어떤 의미에서 '내 나라는 이 세상에 속한 것이 아니니라'고 말하는 모든 자다"(p. 43).

12) 이는 자신의 부인들 중 하나인 Barbara Skelton(Johnson은 그녀를 "아름다

운 지성인의 정부(情婦)"라 부른다)의 일기에 등장하는 Cyril Connolly의 "초상"을 두고 한 말이다.

13) Ernest Gellner, "La trahison de la trahison des clercs" 다음 책에 다시 수록됨, Ian Maclean, Alan Montefiore and Peter Winch, *The Political Responsibility of the Intellectuals*(Cambridge: Cambridge University Press, 1990), pp. 17-27; Tony Judt, *Past Imperfect: French Intellectuals, 1944-1956*(Berkeley: University of California Press, 1992); Leszek Kolakowski, "The Intellectuals" in *Modernity on Endless Trail*(Chicago: University of Chicago Press, 1990), pp. 32-43; Archibald MacLeish, "The Irresponsibles" *The Nation*, 1940년 5월 18일, pp. 618-619, 620-623, 다음 책에 다시 수록됨, *The Intellectuals: A Controversial Portrait*, George B. de Huszar 편집 (Glencoe, Ill.: Free Press of Glencoe, 1960), pp. 239-246; Thomas Molnar, *The Decline of the Intellectual*(New York: World, 1961).

14) Kolakowski, *Modernity on Endless Trail*, p. 39.

15) Judt, *Past Imperfect*, pp. 306-307.

16) 같은 책, p. v에 인용된 Albert Camus의 말.

17) Ralph Waldo Emerson, "The American Scholar" in *Selections from Ralph Waldo Emerson*), Stephen E. Whicher 편집 (Bosgon: Houghton Mifflin, 1957), p. 74.

18) 같은 책, p. 78.

19) 같은 책, p. 70.

20) 같은 책, p. 72.

21) 같은 책, p. 73.

22) 미국의 초월론은 사실 내재론이라고 해야 옳다. 신적 실체가 결국, 물질적 외양 이면의 실체인, 정신적 본질과 동등시되기 때문이다.

23) Karl Mannheim, *Ideology and Utopia*, Louis Wirth and Edward Shils 번역 (New York: Harcourt, Brace & World, 1955), p. 10. 「이데올로기와 유토피아」 (김영사).

24) Václav Havel, "The Responsibility of Intellectuals" *The New York Review of Books*, 1995년 6월 22일, p. 36.

25) Judt, *Past Imperfect*, p. v에 인용된 카뮈의 말.

26) Friedrich Nietzsche, "On Truth and Lie in an Extra-moral Sense" in *The Portable Nietzsche*, Walter Kaufmann 번역 (New York: Viking, 1954), pp. 95-96; Richard Rorty, *Contingency, Irony and Solidarity*(Cambridge: Cambridge University Press, 1989), 특히 2-3장.

27) Josef Pieper, *Leisure: The Basis of Culture*(South Bend, Ind.: St. Augustine's, 1998), pp. 11-12.

28) John Henry Newman, *The Idea of a University*, Frank M. Turner 편집 (New Haven, Conn.: Yale University Press, 1966), p. 100.

29) Alan Wolfe는 클린턴-르윈스키 스캔들에 있어 기독 지성인들—다른 사람들 중에서도 Elshtain—의 역할을 논하면서, 그들의 책임에 대해 논평했다. Alan Wolfe, "Judging the President: The Perplexing Role of Religion in Public Life" *Brookings Review*, 1999년 봄, pp. 28-31을 참조하라.

30) Glenn Tinder, *The Political Meaning of Christianity: An Interpretation* (Barton Rouge: Louisiana State Press, 1989). 짤막한 서문은, 학자가 어떻게 기독교적 입장을 지혜롭게 공표하면서도, 자동적으로 반감을 사거나 혹은 연구물을 전도 책자로 전락시키지 않을 수 있는지를 보여 주는 모델이다. 영문학 교수 Horold K. Bush Jr.는 사신(私信)에서, 기독교적 학문이 "바로 우리 눈앞에서 [더 나은 쪽으로] 변하고 있다"고 보았다. 그는 "'Invisible Domains' and the Theological Turn in Recent Literary Studies" *Christianity and*

Literature, 1999년 가을, pp. 91-109에서, 그런 몇몇 작품들에 대한 자신의 서평을 예로 들었다. 자신의 책 American Declarations: Rebellion and Repentance in American Cultural History(Urbana: University of Illinois Press, 1999)도 거기 넣었을 법하다.

31) Newman, Idea of a University, p. 29.

32) Terrence Merrigan은 "뉴먼에게 있어, 물리적 우주에 대한 사유의 출발점으로 정말 충분한 것은, 오직 하나님의 도덕적 통치의 경험뿐이며, 물론 그것은 일차적으로 양심의 경험으로 나타난다"고 썼다. Clear Heads and Holy Hearts: The Religious and Theological Ideal of John Henry Newman(Louvain, Belgium: Peeters, 1991), p. 135.

33) Alvin Plantinga는 대학의 두 이데올로기인 영속적 자연주의(계몽주의의 지속적인 영향력을 대변하는 주류 사조)와 창의적 반(反)현실주의(해체주의와 관점주의 그리고 암시적으로 허무주의 같은 구체적 예들이 포함되는 포스트모던 버전의 자연주의)를 더 엄밀히 구분했다. 내가 본문에 진부한 플래카드 문구들을 열거할 때는, 이런 엄밀한 구분을 염두에 두지 않았다. Alvin Plantinga, "On Christian Scholarship" RTSF Bulletin, no. 6 (1994년 11-12월): 9-17을 참조하라. 그중 일부는 The Challenge and Promise of a Catholic University, Theodore M. Hesburgh(Notre Dame, Ind.: University of Notre Dame Press, 1994)에서 발췌한 내용이다.

34) Vanderbilt 대학교 사학 교수 Lewis Perry의 말로, Jeff Sharlet, "In a New Book, Historians Conduct a Moral Inquiry" The Chronicle of Higher Education, 1999년 5월 21일, p. A18에 인용된 말.

35) 방법론적 자연주의(이 말로 압축되는)가 아직 대다수 과학자—일반 및 기독교—사이에 지배적인 전제이기는 하지만, 다수의 과학자들과 철학자들과 문화 비평가들이 거기에 심각한 도전을 가해 왔다. W. Christopher Stewart는

"Religion and Science" in *Reason for the Hope Within*, Michael J. Murray 편집 (Grand Rapids, Mich.: Eerdmans, 1999), pp. 318-344에서, 그리스도인들 사이의 의견 대립을 설명했다. 방법론적 자연주의를 반대하고 대신 "설계" 내지 "유신론적" 과학을 지지하는 사람들에 관해서는, 특히 Michael J. Behe의 작품, *Darwin's Black Box: The Biochemical Challenge to Evolution* (New York: Free Press, 1996), 「다윈의 블랙박스」(풀빛); 수학자이며 철학자인 William A. Dembski, *The Design Inference*(New York: Cambridge University Press, 1998) 그리고 *Intelligent Design: The Bridge Between Science and Theology*(Downers Grove, Ill.: InterVarsity Press, 1999), 「지적 설계」(IVP); 법학 교수이며 문화 비평가인 Phillip E. Johnson, *Darwin on Trial*(Downers Grove, Ill.: InterVarsity Press, 1993). 「심판대 위의 다윈」(까치). 그리고 *Reason in the Balance: The Case Against Naturalism in Science, Law and Education*(Downers Grove, Ill.: InterVarsity Press, 1995), 「위기에 처한 이성」(IVP); 화학자이며 과학 사가인 Charles B. Thaxton과 작가 Nancy R. Pearcey, *The Soul of Science: Christian Faith and Natural Philosophy*(Wheaton, Ill.: Crossway, 1994). 「과학의 영혼」(SFC)을 참조하라. 아주 다양한 학자들의 평론을 모은 두 권의 수록집, William A. Dembski 편집, *Mere Creation: Science, Faith & Intelligent Design*(Downers Grove, Ill.: InterVarsity Press, 1999); J. P. Moreland 편집, *The Creation Hypothesis: Scientific Evidence for an Intelligent Designer*(Downers Grove, Ill.: InterVarsity Press, 1994)도 같은 주제를 중점적으로 다루고 있다. 가장 활발하고 기독교적 특색이 강한 학문을, 이들 다양한 학자들의 작품에서 일부 접할 수 있으며, 일반 대학 쪽에서도 그들의 작품은 세상의 지배적 패러다임에 대한 가치 있는 도전으로 인정받기 시작하고 있다.

36) Terry Eagleton, *Literary Theory: An Introduction*(Minneapolis: University

of Minnesota Press, 1983), p. 22. 「문학이론 입문」(인간사랑).

37) 덴마크의 한 조직신학자가 무신론자라는 말을 나는 그의 한 동료에게서 들었다. 이는 별을 믿지 않는 천문학자가, 남들이 별을 믿는다는 것을 믿고서 그들의 믿음을 연구하는 것과 같은 꼴이다.

38) Michael Foucault, "Truth and Power" in *Power/Knowledge* in *Foucault: A Reader*(New York: Pantheon, 1984), p. 60에 나오는 말을 고친 것.

39) Peter L. Berger and Thomas Luckmann, *The Social Construction of Reality: A Treatise in the Sociology of Knowledge*(New York: Doubleday/ Anchor, 1966), p. 49. 본래의 문장은 "인간에게 본성이 있다는 말도 가능하지만, 인간의 본성은 인간이 만들어 낸다, 또는 더 간단히, 인간은 인간이 생산한다는 말이 더 의미 있다"이지만, 슬로건이란 이데올로기적으로 맞아야 한다. 「종교와 사회」(종로서적).

40) 몇 년 전 "The Academy of Religion and the Society of Biblical Literature" 모임에서 한 동료 참석자한테 들은 말이다.

41) John C. Green의 이 말은 Peter Steinfels, "Universities Biased Against Religion, Scholar Says" *New York Times*, 1993년 11월 26일, p. A22에 보도되었고, George Marsden, *The Outrageous Idea of Christian Scholarship* (New York: Oxford University Press, 1997), p. 7에 다시 인용되었다.

42) Charles Habib Malik, *A Christian Critique of the University*(Downers Grove, Ill.: InterVarsity Press, 1982), pp. 15-16.

43) Mark Noll은 복음주의 반지성주의의 길고도 종종 서글픈 이야기를—그것이 어디서 시작되어 어떻게 자랐으며, 현재 복음주의 지성의 르네상스가 왜 어려운지를—들려 준다. Noll, *Scandal of the Evangelical Mind*, 특히 pp. 211-253을 참조하라. 「복음주의 지성의 스캔들」(IVP). 아울러 James C. Turner, "Something to Be Reckoned With: The Evangelical Mind

Awakens" *Commonweal*, 1999년 1월, pp. 11-13에도 간략한 분석이 나온다. 교회 교부들로부터 현재에 이르기까지 천주교 지성 생활에 대한 보다 간결한 역사적 개괄을 보려면, Mary Jo Weaver, "Rooted Hearts/Playful Minds: Catholic Intellectual Life at its Best" *Cross Currents*, 1988년 봄, pp. 61-74를 참조하라. 기독교 지성 생활에 대한 다른 책들로는 Jean LeClercq, *The Love of Learning and the Desire for God: A Study of Monastic Culture*, 3판, Catherine Misrahi 번역 (New York: Fordham University Press, 1982); Jacques Le Goff, *Intellectuals in the Middle Ages*, Teresa Lavender Fagan 번역 (Cambridge: Blackwell, 1993); E. Harris Harbison, *The Christian Scholar in the Age of the Reformation*(New York: Charles Scribner's Sons, 1956); David Lyle Jeffrey, *People of the Book: Christian Identity and Literary Culture*(Grand Rapids, Mich.: Eerdmans, 1996); James Tunstead Burtchaell, *The Dying of the Light: The Disengagement of Colleges and Universities from Their Christian Churches*(Grand Rapids, Mich.: Eerdmans, 1998) 등이 있다. 그중 마지막 책은 James Tunstead Burtchaell, "The Decline and Fall of the Christian College" (1-2부), *First Things*, 1991년 4월, pp. 16-29, 1991년 5월, pp. 30-38에 압축되어 있다. 이 두 기사에 제시한 천주교 고등 교육 기관들의 변화를 위한 Burtchaell의 처방은, 대다수 그리스도인 교수들이 자신들의 행태에 꼭 필요한 개혁에 움찔할 정도로, 극단적이다. 그러나 온전한 기독교 및 천주교 대학에 대한 Burtchaell의 열정을 감안할 때(그는 성가[聖架] 수도회 사제다), 그 처방을 탓하기는 어렵다. 이런 권고 사항들의 복음주의 개신교 버전도 똑같은 도전이 될 것이다.

44) George Marsden, *The Soul of the American University: From Protestant Establishment to Established Nonbelief*(New York: Oxford University Press, 1994); *The Outrageous Idea of Christian Scholarship*(New York:

Oxford University Press, 1997). 아울러 Mark Schwehn, *Exiles from Eden: Religion and the Academic Vocation in America*(New York: Oxford University Press, 1993); Nicholas Wolterstorff, "The Professorship as a Legitimate Calling" *The Crucible*, 1992년 봄, pp. 19-22; Walter R. Hearn, *Being a Christian in Science*(Downers Grove, Ill.: InterVarsity Press, 1997)도 참조하라. 개인적 차원에서는 Paul M. Anderson 편집, *Professors Who Believe*(Downers Grove, Ill.: InterVarsity Press, 1998); Kelly James Clark, *Philosophers Who Believe*(Downers Grove, Ill.: InterVarsity Press, 1993); Thomas V. Morris, *God and the Philosophers: The Reconciliation of Faith and Reason*(New York: Oxford University Press, 1994)을 참조하기 바란다. 최고의 간략한 상황 진술과 가장 적절한 대응들은 아마도 Plantinga, "On Christian Scholarship"일 것이다.

45) *The Chronicle of Higher Education*, 1994년 5월 4일, pp. A1, A18을 참조하라.

46) 기독교 고등 교육에 관한 어느 회의에서, 나는 어느 기독교 대학교의 30명 남짓 되는 신임 교수들에게, 각자의 전공 분야를 떠받치고 있는 전제들을 숙고하여 기독교 신앙에 일치되는 것들과 그렇지 않은 것들을 파악하고, 자신의 가르침과 학문의 기초를 기독교 세계관에 부합되는 전제들에 두고자 힘쓰라고 권했다. 내가 "근본주의적" 접근의 학문을 권하고 있다는 의혹과, 내 말대로 했다가는 자신들의 연구가 유수한 학술지들에 실리지 않을 거라는 분노가, 그들의 만장일치에 가까운 반응이었다. 내가 권하려던 내용은 적어도 오해되었고, 기껏해야 전면 거부되었다.

47) James W. Sire, *Discipleship of the Mind*(Downers Grove, Ill.: InterVarsity Press, 1980) pp. 219-243의 참고 도서 목록 "A Bibliography We Can't Live Without"은 Brian J. Walsh and J. Richard Middleton이 작성해 준 것이다.

48) 워싱턴 주립 대학(지금은 대학교) 대학원 재학 시절에, 나는 기독교와 문학의

관계에 관한 기사들과 책들로 참고 도서 목록을 작성한 적이 있다. 열 개밖에 찾지 못했다. 물론 그곳 도서관에 모든 자료가 완비되지 못한 탓도 있었다. 지금은 해당 참고 도서가 수천에 달할 것이다. 그래도 그중 대다수는 설령 무신론자, 힌두교인, 불교인이 썼더라도 다르지 않을 것이다. 어떤 주어진 종교적 개념의 진리가 위협받고 있다는 암시가 전혀 혹은 거의 없기 때문이다.

49) Noll이 복음주의 학문의 성장을 예시하고자 각주에 소개한 책들은 대부분 Eerdmans와 IVP 두 출판사에서 간행된 것이다. Noll, *Scandal of the Evangelical Mind*, pp. 211-253을 참조하라.

50) 같은 책, pp. 248-249.

51) Judt, *Past Imperfect*, p. v에 인용된 카뮈의 말.

52) Thomas Merton, *Seeds of Contemplation*(New York: Dell, 1949), p. 29.

옮긴이 **윤종석**은 서강대 영어영문학과를 졸업하였으며, 미국 Golden Gate Baptist Theological Seminary에서 교육학(MA)을, Trinity Evangelical Divinity School에서 상담학(MA)을 공부했다. 「마음과 마음이 이어질 때」, 「남자는 무슨 생각을 하며 사는가?」, 「하나님이 축복하시는 삶」, 「하나님의 음성」, 「모자람의 위안」, 「거침 없는 은혜」(이상 IVP), 「재즈처럼 하나님은」(복있는사람), 「영성 수업」(두란노) 등 다수의 책을 번역하였다.

지식건축법

초판 발행_ 2013년 3월 25일

지은이_ 제임스 사이어
옮긴이_ 윤종석
펴낸이_ 신현기

발행처_ 한국기독학생회출판부
등록번호_ 제313-2001-198호(1978.6.1)
주소_ 121-838 서울 마포구 서교동 352-18
대표 전화_ (02)337-2257 팩스_ (02)337-2258
영업 전화_ (02)338-2282 팩스_ 080-915-1515
직영서점 산책_ (02)3141-5321
홈페이지_ http://www.ivp.co.kr 이메일_ ivp@ivp.co.kr
ISBN 978-89-328-1286-1

ⓒ 한국기독학생회출판부 2013

책값은 뒤표지에 있습니다.
무단 전재와 복제를 금합니다.